بسم الله الرحمن
الرحيم

أساسيات إدارة المشاريع
وتكنولوجيا المعلومات

المملكة الأردنية الهاشمية
رقم الإيداع لدى دائرة المكتبة الوطنية
(٢٠٠٩ / ١٢ / ٥٣٧٧)

٦٥٨,٤٠٤
طيطي، خضر مصباح
أساسيات إدارة المشاريع وتكنولوجيا المعلومات / خضر مصباح إسماعيل طيطي
_ عمان : دار الحامد ، ٢٠٠٩ .
(   ) ص .
ر. أ. : (٢٠٠٩ / ١٢ / ٥٣٧٧) .
الواصفات : /إدارة المشاريع// المعلومات//تكنولوجيا الاتصالات/

- أعدت دائرة المكتبة الوطنية بيانات الفهرسة والتصنيف الأولية .

* (ردمك) ISBN ٩٧٨-٩٩٥٧-٣٢-٤٩٠-٢

دار الحامد للنشر والتوزيع

شفا بدران - شارع العرب مقابل جامعة العلوم التطبيقية
هاتف: ٠٠٩٦٢-٥٢٣١٠٨١ فاكس : ٠٠٩٦٢-٥٢٣٥٥٩٤
ص.ب . (٣٦٦) الرمز البريدي : (١١٩٤١) عمان - الأردن

Site : www.daralhamed.net
E-mail : info@daralhamed.net
E-mail : daralhamed@yahoo.com
E-mail : dar_alhamed@hotmail.com

أساسيات
إدارة المشاريع و تكنولوجيا المعلومات

Fundamentals of
Projects & Information Technology
Management

الدكتور
خـضر مـصباح إسـماعيل الـطيطي

الطبعة الأولى
1431هـ - 2010م

قائمة محتويات الكتاب

تمهيــــــــــــــــــد ......

قال تعالى :

" قال اجعلني على خزائن الأرض إني حفيظ عليم"

سورة يوسف

بسم الله والحمد لله والصلاة والسلام على رسول الله وخاتم الأنبياء والمرسلين وعلى آله وصحبة ومن تبعهم بإحسان إلى يوم الدين وسلم تسليما كبيرا إلى يوم الدين واشهد أن لا اله إلا الله وان محمدا رسول الله بلغ الرسالة وأدى الأمانة ونصح وجعلها على المحجة البيضاء ليلها كنهارها لا يزيغ عنها إلا زائغ ، أما بعد فلله الحمد والمنة من قبل ومن بعد اللهم لا علم لنا إلا ما علمتنا انك أنت العليم الحكيم ، اللهم علمنا ما جهلنا وذكرنا ما نسينا واجعلنا من الذين يقولون ويعملون واجعلنا من ورثة جنة النعيم برحمتك يا ارحم الراحمين يا رب العالمين ، فلا معبود ولا اله سواك ، إياك نعبد وإياك نستعين يا رب العالمين ويا ارحم الراحمين ويا أكرم الأكرمين ، رزقتنا وسخرت لنا ما في السموات الأرض نستغفرك من كل ذنوبنا ونتوب إليك ، ولا اله إلا أنت سبحانك وبحمدك أستغفرك وأتوب إليك إني كنت من عبادك الظالمين أما بعد ،،،

إن السؤال الذي يشغل بال كل مدير منظمة هو كيف استطيع أن أزيد من أرباح المؤسسة وفي نفس الوقت كيف استطيع أن استثمر في تقنيات المعلومات من أجل هذا لهدف؟

يشهد العالم حالياً تغيرات جوهرية في مجال التطبيق التقني، خاصة في مجال المعلوماتية، بالاضافة الى تغيرات جوهرية في تناول علم الإدارة كمنهج واسلوب دون المساس بالمبادىء والأسس التي قام عليها. حيث تعتبر جودة التعامل مع المعلومات من العوامل الأساسية التي يمكن أن تغير من الوضع الحالي غير المقبول في العمل الإداري في دول العالم الثالث مع قدوم القرن الحادي والعشرين، قرن الاقتصاد المبني على المعرفة والادارة بالمعلوماتية.

ان الكثير من المنظمات والشركات في الدول النامية تتجه نحو تبني سياسات واستراتيجيات للعلم والتكنولوجيا، حيث أنها تشعر أكثر من السابق أنها لم تعط موضوع التطبيق التنموي للتكنولوجيا حقه، مما يتطلب إجراء تغييرات في منظومة

الإدارة التقليدية وتفعيل التكنولوجيا كمنهج يهدف للتطوير القادر على إيجاد نظام إدارى متقدم يعتمد على تكنولوجيا المعلومات .

يعتبر هذا العصر الذي نحن فيه في الوقت الحالي بعصر المعلومات ، وعصر المنظمات و عصر التغيير فكلّ شيء وكلّ فرد وكلّ مؤسسة قائمة على المعلومات حيث أن جميع المؤسسات الخاصة والعامة كلها مبينة على تداول وتبادل المعلومات لذا فإن المعلومات هي المقياس الذي نقيس به قوة المنظمات فمن يمتلك المعلومة في الوقت المناسب والمكان المناسب في هذا العصر يمتكلك القوة والمال والسيطرة والسلاح الذي يوصل الأشخاص إلى تحقيق أهدافهم ويوصل الشركات إلى الريادة والسيادة والسيطرة على الأسواق فمن لديه المعرفة وكيفية إدارة هذه المعرفة والمعلومات سوف يسيطر ويظهر على غيره ولو بعد حين.

بالإضافة إلى ذلك فإن المعلومات الضخمة والتي يتم تبادلها تحتاج إلى أدوات وأجهزة تقوم بمعالجتها وتنظيمها وحفظها واسترجاعها عند الحاجة بالسرعة الممكنة كالحاسوب والإنترنت والبرمجيات المختلفة وتحتاج إلى عناصر بشرية تضم عناصر إدارية ومستخدمين ومتخصصين.

إن أي مؤسسة أو منظمة تحتاج إلى من يقودها إلى النجاح وتحقيق الأهداف الموضوعة مثل الطائرة التي في السماء فهي لديها هدف هو الوصول إلى الهدف المخطط له، فنجاح تحقيق هذا الهدف يعتمد وبالأساس على قبطان الطائرة، حيث أن هذه الطائرة لا بد لها من أن تواجه العديد من المطبات والمشكلات فإذا كان هذا القبطان على دراية وقدرة عالية في الطيران ولديه المعلومات والخبر المناسبة فإنه سوف يوصل هذه الطائرة إلى وجهتها بسلامة وأمان ، وأما إذا كان القبطان بدون خبرة وبدون معلومات كافية لمواجهة المطبات والمشكلات التي تمر بها فإن هذه الطائرة لن تصل إلى بر الأمان، بل ومن الممكن أن تسقط هذه الطائرة وهذا هو الحال بالنسبة إلى المنظمات فهي تعتمد بشكل أساسي على الإدارة الجيدة والتي تقوم بوضع الخطط والاهداف والعمل على تحقيقها بنجاح باستخدام كل التقنيات الحديثة المتوفرة. ففشل الادارة يعني فشل الشركة وبالتالي الخسارة ومن ثم السقوط في المشاكل التي تتبع هذا السقوط.

هناك منظمات مثل شركة تويوتا والتي لها ميزانية تفوق ميزانية الكثير من الدول النامية حيث أن هذه الشركة استثمرت في تكنولوجيا المعلومات في العام 2006 م

بقيمة 1.7 مليار دولار وهذا مبلغ كبير يشكل جانب استثماري من أجل تحسين أداء الشركة ومن أجل التغيير للأفضل.

إن عملية التغيير في الشركات شيء لا بد منه من أجل البقاء والمنافسة ، إن إدارة عملية التغيير في المنظمات تحتاج إلى إدارة وخبرة ورأس مال ومعلومات ومعرفة وبدون الإدارة الجيدة لن يكون هناك تغيير الأفضل بل تغيير الأسوأ يؤدي إلى فشل الشركات وخسارتها في السوق.

تأتي أهمية هذا الكتاب في ظل الاهتمامات الحالية لتطوير المنهجية الإدارية ، حيث يسهم هذا الكتاب في إلقاء الضوء على التقنيات الحديثة المستخدمة في أسلوب الإدارة والمبني على تكنولوجيا المعلومات الرقمية واقتراح المعالجات المختلفة للحدّ من المشكلات القائمة الناتجة من النمط الإدارى التقليدى المسيطر على التنمية فى منظمات وشركات الدول النامية والعربية مما أوجد الحاجة إلى ضرورة التطوير المنهجى للطرق التقليدية ودعم استيعاب التغيرات العالمية.

فالمرحلة الحالية التي تمر بها المنظمات الحالية في كافة القطاعات في الدول النامية جديرة بأن تدرك طبيعه ومعطيات هذه المرحلة والتفاعل بين قواها المختلفة ومدى تأثير ذلك على عملية صنع القرار الإداري الفعّال والمبني على تقنيات وتكنولوجيا المعلومات . فامتلاك المعرفة والقدرة على حسن توظيفها يعتبران محورين أساسين في المنهجية الجديدة للإدارة بالمعلوماتية

العصر الحالي يمثل عصر المعلوماتية و في الوقت الراهن وفي ظل التنافس الدولي المستمر تعد المعلومات المادة الأولية لأي نشاط إنساني (الاقتصاد والاجتماع والسياحة...) ، والمعلوماتية منهجية لدعم مجالات التطوير مثل (الإدارة والتسويق والتنمية ..) والتكنولوجيا وسيلة للتطوير وذلك من خلال مجموعة من نظم المعلومات الداعمة للعمل الإدارى أبرزها:

- نظم المعلومات التنفيذية

- نظم دعم القرار

- نظم الذكاء الاصطناعي

- نظم المعلومات الجغرافية

- نظم المعلومات الإدارية

إن الرؤيا المستقبلية للإدارة المعلوماتية المبنية على استخدام التقنيات الحديثة هو المشاركة مع المجتمع المحيط تأسيساً لمجتمع المعلوماتية من خلال وضع وتطبيق السياسات الادارية المتوغلة في ثقافة المجتمع ، وهناك ضرورة حتمية بمحو الأمية المعلوماتية لجميع المستويات الإدارية والمجتمعية في كافة المنظمات والشركات في دول العالم النامي ومنها دول العالم العربي .

فنحن ولأسف الشديد ما زلنا نعيش على هامش الثورة المعلوماتية وما زالت أطراف العالم متباعدة وصعبة المنال ،وعلى الرغم من هذا فقد تحولت العديد من المنظمات السنوات القليلة الماضية إلى ما يشبه نظام القرية في صغره وبساطته- العولمة- وفي مواجهة ذلك تطورت النظرة إلي المعلومات ومعاييرها لكي تتمتع بمركز اقتصادي واستراتيجي فعّال و قوي يدعم الرؤية الإدارية لتحقيق تنمية شاملة وتطوير حقيقي يمكننا من الاستمرار والريادة وعلى مستوى العالم كله .

بعد قراءتك لهذا الكتاب سوف تتعلم العديد من الأمور التي تتعلق بإدارة المنظمات وفائدة استخدام التقنيات الحديثة في عملية الإدارة والتنظيم.

في هذا الكتاب قدم المؤلف المفاهيم والمبادىء الأساسية التي بنيت عليها أصول إدارة المشاريع وأساسياتها المبنية على استخدام تقنيات المعلومات والحاسوب والأدوات البرمجية المختلفة وتوضيحها بلغة سهلة بسيطة.

والحمد لله رب العالمين.

د. خضر مصباح الطيطي

الفصل الأول

ظهور وإدارة المنظمات الرقمية

الأهداف التعليمية للفصل الأول:

يهدف هذا الفصل إلى التعريف بأهم المفاهيم المتعلقة بالمنظمات الحديثة والتي ظهرت وسميت بالمنظمات الرقمية وتعريف وأهمية الإدارة لهذه المنظمات، حيث يشرح هذا الفصل الدور الرئيسي ـ الذي تقوم به أنظمة المعلومات المبنية على الحاسوب والتكنولوجيا الحديثة والتي تخدم عملية التغيير في هذه المنظمات نحو الأفضل وأيضا يقدم هذا الفصل مقدمة هامة للأنظمة الحقيقية الموظفة حالياً في المنظمات الرقمية مع التركيز على العلاقات مع غيرها من المنظمات والعمليات التجارية والاستراتيجيات وأهمية قضايا العلاقات الاجتماعية والأخلاقية في المنظمات.

الأهداف الرئيسية لهذا الفصل هي:

- التعرف على الدور الرئيسي لنظام المعلومات في بيئة التنافس التجاري الحالية.

- ما هو نظام المعلومات والمبني على الحاسوب والتكنولوجيا الحديثة ؟

- كيف يعمل نظام المعلومات على عمل نقلة كبيرة للمنظمات في المعاملات التجارية

- ما هو دور الانترنت والتكنولوجيا الحديثة في العملية التجارية ؟

- ما هي التحديات الإدارية في عملية تأسيس وبناء نظام معلومات متكامل في المنظمات ؟

محتويات الفصل الأول

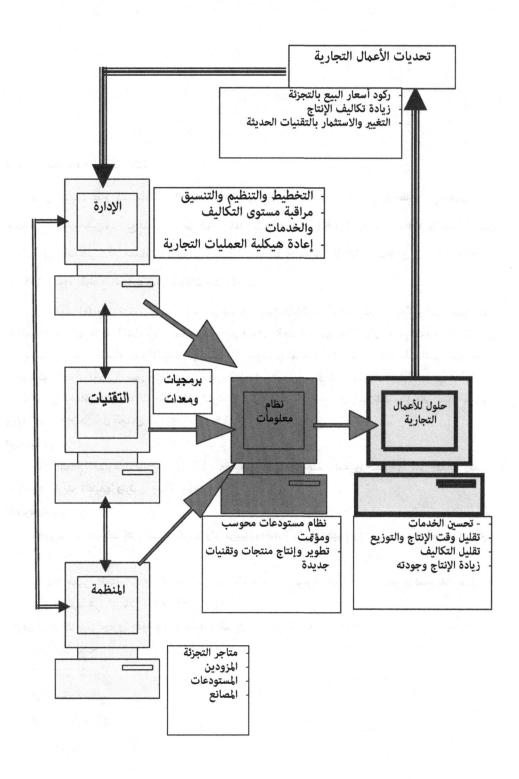

تحديات الأعمال التجارية

- ركود أسعار البيع بالتجزئة
- زيادة تكاليف الإنتاج
- التغيير والاستثمار بالتقنيات الحديثة

الإدارة

- التخطيط والتنظيم والتنسيق
- مراقبة مستوى التكاليف والخدمات
- إعادة هيكلية العمليات التجارية

التقنيات

برمجيات ومعدات

نظام معلومات

حلول للأعمال التجارية

- نظام مستودعات محوسب ومؤتمت
- تطوير وإنتاج منتجات وتقنيات جديدة

- تحسين الخدمات
- تقليل وقت الإنتاج والتوزيع
- تقليل التكاليف
- زيادة الإنتاج وجودته

المنظمة

- متاجر التجزئة
- المزودين
- المستودعات
- المصانع

شكل 1-1 إدارة المنظمات الرقمية

-17-

1-1   ما هو نظام المعلومات؟

يمكن تعريف نظام المعلومات من الناحية التقنية على أنه مجموعة من المكونات المتداخلة والتي تعمل على جمع ومعالجة وتخزين وتوزيع المعلومات بهدف المساعدة في دعم عملية اتخاذ القرارات والتحكم والسيطرة على المنظمة، بالإضافة على دعم عمليات التنسيق والتنظيم والتخطيط ومساعدة المدراء والموظفين في عمليات تحليل المشكلات ورؤية المواضع المعقدة وبناء منتجات جديدة .

إن أنظمة المعلومات تتكون من مجموعة من المعطيات عن الأماكن والأشياء داخل المنظمة أو التي تحيط بها ومعلومات عمن له علاقة بالمنظمة من عملاء ومزودين وشركاء العمل وغيرهم، كما أن نظام المعلومات يتضمن معلومات عن الشركات المنافسة والتقنيات الجديدة والموجودة في المؤسسة، إن هذه المعلومات التي تضم نظم المعلومات يجب أن تكون في صورة ذات معنى ومفيدة للجنس البشري، وفي المقابل فإن البيانات هي عبارة عن مجموعة من الحقائق تمثل أحداث حصلت في الشركة أو تمثل البيئة المادية قبل أن يتم تنظيمها على شكل مفهوم وقابل للاستخدام من قبل الجنس البشري.

البيانات هي :

المادة الخام للمعلومات والتي تكون عادة مبهمة وغير مفهومة للجنس البشري حيث أنها تمثل أحداث وقعت في الشركة ولم يتم تنظيمها وترتيبها بشكل مناسب.

المعلومات هي :

مجموعة من البيانات التي تمت معالجتها وتمّ ترتيبها ووضعها بشكل مفهوم وذا معنى ومفيد للجنس البشري.

مثال :

لتبسيط مفهوم المعلومات والبيانات والفرق بينهما سوف نقوم بشرح المثال التالي والذي يوضح بالتفصيل ما هي المعلومات وما هي البيانات وما هو الفرق بينهما ؟

لنفرض أن هناك مركز تجاري يقوم بجمع عشرات الملايين من قطع البيانات مثل:

1.   رقم المنتج

2.   اسم المنتج

3.   تكلفة المنتج

4.   تاريخ الإنتاج

5.   تاريخ الانتهاء

6. عدد القطع المباعة لكل منتج

7. سعر بيع المنتج للمستهلك

إن مثل هذه البيانات من ممكن القيام بالعديد من العمليات والتحاليل عليها مثل إيجاد المجاميع والمتوسط الحسابي والقيام بعمليات رسم مخططات بيانية لتوضيح هذه المجاميع وعمل تقارير ملخصات تكون ذات معنى مفهوم وواضح يفيد الموظفين والمدراء للحصول على العديد من التقارير المهمة والمفيدة التي تساعد في تحليل السوق ومعرفة أعداد وكميات كل صنف من المنتجات بالتفصيل فعلى سبيل المثال يستطيع المدراء الحصول على التقارير والمعلومات التالية :

- ما هي كمية المبيعات لمنتج س في شهر أيلول لعام 2009 م؟

- ما هي كمية الأرباح لكل منتج تمّ بيعه لعام 2009 م؟

- ما هو المنتج الذي يقدم أكبر كمية من الربح للشركة؟

- ما هو المنتج الذي يقدم أقل ربح للشركة ؟

نستطيع الحصول على العديد من التقارير المفيدة باستخدام العديد من البرمجيات مثل البرنامج الشهير أم أس إكسل MS-Excel من شركة ميكروسوفت الشهيرة والشكل التالي 1-2 يبين كمية المبيعات لعدد من المنتجات على مدار عدد من الأشهر:

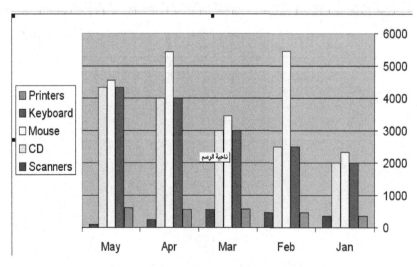

شكل 1-2 كمية مبيعات لعدد من المنتجات

يوجد ثلاث نشاطات أساسية في نظام المعلومات والتي تعمل على إنتاج المعلومات والتي تحتاج إليها المنظمات للمساعدة في اتخاذ القرارات وهذه النشاطات هي :

1-   عناصر المدخلات

2-   المعالجة (عمليات الحساب، الترتيب، الفرز، التصنيف، ....الخ)

3-   عناصر المخرجات

إن هذه النشاطات الثلاثة تساعد المدراء في العديد من النشاطات مثل :

•   اتخاذ القرارات.

•   تحليل المشكلات .

•   التحكم والسيطرة على المعاملات والعمليات التجارية .

•   بناء وإنشاء منتجات وخدمات جديدة .

يوضح هذه النشاطات الشكل 1-3 حيث يعمل عنصر المدخلات على جمع المادة الخام من داخل المؤسسة أو من البيئة الخارجية لها، أما عنصر المعالجة فيعمل على تحويل المادة الخام من البيانات إلى شكل قابل للفهم ومفيد للعنصر البشري، أما عنصر المخرجات فيعمل على نقل البيانات التي تمت معالجتها إلى العناصر البشرية التي سوف تقوم باستخدامها أو تعمل على نقل النشاطات إلى حيث يتم استخدامها واستفادة منها وهناك عنصر رابع لا بد من التطرق إليه وهو عنصر التغذية الراجعة حيث أن أنظمة المعلومات تتطلب هذا العنصر من أجل عمليات التقييم والتحسين والتطور.

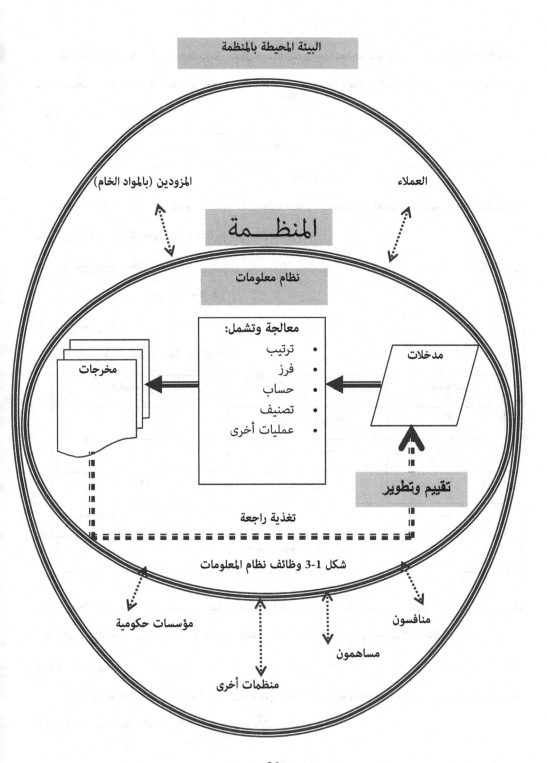

شكل 1-3 وظائف نظام المعلومات

-21-

الشكلين التاليين 1-4-1 و 1-4-2 يبينان بشكل مبسط الفرق بين المعلومات والبيانات حيث نلاحظ أن البيانات هي مجموعة من الأرقام أو الأحداث أو الحقائق والتي تكون مبهمة وغير مفهومة للعنصر البشري فمثلاً السطر التالي يحتوي على البيانات التالية :

2،09	ماسحات ضوئية	512

الشكل 1-4-1 : مفهوم البيانات

فكما نلاحظ هذه البيانات غير مفهومة ولا تعني شيئاً فنحن لا نعرف ما المقصود بالعنصر 512 أو ماسحات ضوئية وفي المقابل إذا نظرنا إلى التقرير التالي والذي يمثل المعلومات :

مؤسسة س للتقنيات المعلومات

اسم فرع المبيعات : إربـــــد - الأردن

رقم الفرع : 909

تقرير عن مبيعات شهر أيلول عام 2009

الكمية المباعة	البيان	رقم العنصر
875	ماسحات ضوئية	323
546	لوحة مفاتيح	434
3442	طابعات	333
مجموع المبيعات	$4863	

الشكل 1-4-2 : مفهوم المعلومات

إن نظام المعلومات الذي يعنينا في هذا الكتاب هو نظام معلومات مبني على الحاسوب وغيرها من تقنيات المعلومات (تكنولوجيا المعلومات) مثل الإنترنت والماسحة وشبكات الحاسوب والبرمجيات المختلفة وغيرها .

تكنولوجيا المعلومات :

هي عبارة عن استخدام التقنيات (الوسائل) الحديثة مثل الحاسوب والطابعة والإنترنت والماسحات الضوئية والأجهزة الخلوية وأجهزة المراقبة والبرمجيات وغيرها من الوسائل

في عمليات جمع البيانات وحفظها ومعالجتها وتوزيعها وبثها بسرعة ودقة كبيرة من أجل المساعدة في عمليات دعم اتخاذ القرارات وحلّ المشكلات وتحليل البيانات .

إذن إن نظام المعلومات المبني على الحاسوب ما هو إلا نظام معلومات يعتمد على معدات وبرمجيات الحاسوب في معالجة وحفظ واسترجاع وبث المعلومات .

أما النظام فيمكن تعريفه كما يلي:

النظام عبارة عن مجموعة من العناصر المترابطة مع بعضها البعض من أجل تحقيق هدف ما، فعلى سبيل المثال هناك النظام الشمسي والذي يتكون من الأرض والقمر والشمس والنجوم .... الخ وهذه العناصر مرتبطة مع بعضها البعض من أجل تحقيق الهدف وهو الحياة. وهناك نظام الطائرة حيث تتكون الطائرة من المحرك والأجنحة وأجهزة الحاسوب وغيرها من العناصر والتي تتضافر مع بعضها البعض من اجل تحقيق الهدف وهو الانتقال من مكان إلى آخر.

ولا يوجد أي اتفاقية حول ماهية المعلومات أو كيف سوف يتم حفظها ومعالجتها إلا أن هذه المعلومات ضرورية لبقاء المنظمة وتنافسها في السوق، أما منظمة المعلومات الرسمية فهي إما أن تكون مبنية على الحاسوب أو يدوية مبنية على الورق والملفات حيث تقوم هذه الأنظمة اليدوية بالمهمات الضرورية التي تحتاج إليها الشركات التقليدية والتي لن تكون ضمن دراستنا في هذا الكتاب، أما بالنسبة لأنظمة المعلومات المبينة على الحاسوب والتي تستخدم تقنيات الحاسوب لمعالجة المادة الخام وتحويلها إلى معلومات مفيدة جداً للمدراء والموظفين في الشركة فأجهزة الحاسوب التي تكون المعدات لتخزين ومعالجة المعلومات وبرمجيات الحاسوب ما هي إلا مجموعة من تعليمات تسيطر وتتحكم في عمليات المعالجة التي تتم في الحاسوب حيث أن معرفة مبدأ عمل الحاسوب مهم جداً في تصميم الحلول التجارية لمشكلات الشركات إلا أن الحاسوب يعتبر جزء من نظام المعلومات والذي يمثل الجزء الأساسي والمهم للمنظمات الحديثة

1-2 لماذا نحتاج لأنظمة المعلومات ؟

كما بينا سابقاً فان نظام المعلومات يمكن تعريفه على أنه مجموعة من العناصر المتداخلة مع بعضها البعض تقوم بجمع ومعالجة وحفظ وتوزيع وبث المعلومات من أجل المساعدة في عمليات اتخاذ القرارات من قبل الإدارة كما يساعد الإدارة في كل الوظائف الإدارية كالتنسيق والتحكم والتحفيز والتنظيم وغيرها. إذن بدون نظام معلومات ذا كفاءة عالية لن يكون هناك وظائف إدارية فعالة ولن تكون هناك قرارات صائبة فالمدير من أجل

أن يتخذ قرار ما لا بد له من الحصول على المعلومات المناسبة وبالكمية المناسبة وفي الوقت المناسب وبالسرعة المناسبة عندها يستطيع أن يتخذ القرار المناسب، فمثلاً لنأخذ المثال أو السيناريو التالي:

تأخر أحد الموظفين عن الحضور إلى عمله أكثر من ساعة وتم إبلاغ المدير بذلك، إذن ما هو القرار الـذي سوف يتخذه المدير في هذه الحالة، للإجابة على هذا السؤال لا بد من الحصول على المعلومات الكافية من أجل اتخاذ القرار المناسب فما هي المعلومات المطلوبة؟

- هل تأخر الموظف قبل هذه المرة؟
- ما هي أسباب تأخر الموظف فيه هذه المرة وفي المرات السابقة ان كان تأخر من قبل؟
- ما هو الإجراء السابق الذي تم اتخاذه بحق الموظف المتأخر؟
- ما هي وظيفة هذا الموظف؟
- ما مدى الضرر الذي سببه الموظف بسبب تأخره للمؤسسة؟
- هل هناك بديل عن هذا الموظف أم انه موظف حسـاس ومهـم ولا يمكـن للشركة أن تقـوم بعمـل قـاس ضده.؟

كل هذه الأسئلة بحاجة إلى إجابة من قبل المدير قبل أن يتخذ أي قرار بحـق هـذا الموظف، والمـدير في هـذه الحالة لديه العديد من القرارات التي باستطاعته أن يتخذها مثلاً:

- تقديم تنبيه أو إنذار للموظف
- القيام بعمل حسم بقيمة معينة من راتب الموظف .
- فصل الموظف
- نقل الموظف نقلاً تأديبياً
- الاكتفاء بمناقشة الموظف عن سبب تأخيره وتعهد بعدم تكرار ذلك .

إن المدير الجيد لكي يكون قائداً كفؤاً لا بد له من أن يقوم باتخاذ القرار المناسب وفي الوقت المناسب بمسـاعدة نظام معلومات مبني على الحاسوب ذا كفاءة عالية، وهنا تكمن أهميـة نظـام المعلومـات، لنأخـذ المثـال والسيناريو التالي:

أحد الأجهزة أو الماكينات التي تعمل في المؤسسة تعطلت، فما هو القرار الذي يجب أن يتخذه المـدير في هـذه الحالة.

للإجابة على هذا السؤال لا بد أولاً من إجابات على العديد من الأسئلة مثل:

- ما أهمية هذه الآلة ؟

- هل تعطلت هذه الآلة من قبل ؟

- ما هي تكلفة الصيانة لهذا الآلة كل فترة زمنية ؟

- من المسؤول عن هذه الآلة ؟

- ما هو سبب تعطل الآلة ؟

هذه الأسئلة لا بد من إجابات سريعة لها يحصل عليها المدير في الوقت المناسب لكي يستطيع أن يتخذ القرارات

التالية:

- بيع الآلة وشراء واحدة جديدة

- القيام بصيانة الآلة وتصليحها بالسرعة الممكنة

- إعادة هيكلة أعمال الصيانة في المؤسسة.

في هذه الأيام تعتبر المعرفة والإدراك بنظام المعلومات ضرورة لكل مسؤول وقائد ومدير وذلك لأن معظم المؤسسات تحتاج إلى أنظمة المعلومات من أجل استمرارها وازدهارها بين الشركات المحلية والإقليمية والعالمية، إن نظام المعلومات يساعد الشركات لكي:

- توسع من مدى أعمالها إلى الكثير من الأسواق الجديدة.

- تساعدها في إنشاء وخلق منتجات جديدة وخدمات جديدة .

- تساعد على فعالية تدفق العمل وخط الإنتاج .

- تساعد في إعادة تصميم وهندسة الوظائف والعمليات والحركات في الشركة .

- تساعد على تحسين وتطوير طريقة إجراء العمليات التجارية .

إن البيئة التنافسية للأعمال التجارية في العصر الحديث قد أدت إلى النقاط الخمس الرئيسية التالية :

1. العولمة Globalization

2. ظهور الشركات الرقمية The Rise of Digital Firm

3. ظهور الاقتصاد ألمعلوماتي

4. تغير المنظمات وطريقة عملها

5. دمج وتكامل تقنيات المعلومات وتقنيات الاتصالات في الأعمال التجارية .

العولمة :

لقد ساهمت تكنولوجيا المعلومات وأنظمة معلومات الحاسوب وتقنيات الاتصالات على إمداد الشركات التجارية بالقدرات والإمكانيات الفعالة التي تحتاجها من أجل تسويق منتجاتها في كل أنحاء العالم فهذه التقنيات جميعها زودت المؤسسات بالقدرات الفعالة لعمل ما يلي :

- الكفاءة في الاتصالات مع كل العملاء في كل أنحاء العالم
- القدرة التحليلية الفعالة لإدارة وإجراء الأعمال التجارية على مستوى عالمي.
- العمل على مدار الساعة (24 ساعة في اليوم 7 أيام في الأسبوع و 365 يوم في العام).
- العمل ضمن مختلف التقاليد والعادات والثقافة واللغة على مستوى العالم .
- تنسيق العمل العالمي كفريق عمل واحد من مختلف مواقع تجارية في العالم.
- تلبية الاحتياجات من التقارير العالمية والمحلية بشكل سريع وفعال .

العولمة : وهنا نقصد العولمة التجارية فقط وهي عالمية التجارة أي القيام بالنشاطات التجارية للشركات في كل أنحاء العالم بدون قيود سياسية أو حدودية أو ثقافية.

وفي المقابل فإن العولمة وتكنولوجيا المعلومات قد جلبت معها الكثير من التهديدات والمخاطر الجديدة والتي تعمل على وضع المطبات والعوائق أمام الشركات التجارية ومن هذه المخاطر ما يلي :

- القضايا الأمنية (فيروسات، قراصنة كمبيوتر ،سرقة المعلومات، ... الخ).
- حقوق الملكية الفكرية وحقوق النسخ والطبع والتوزيع الغير قانوني .
- التكلفة العالية للاستثمار في تكنولوجيا المعلومات في الشركات التجارية .
- ظهور حركات مقاومة للعولمة من قبل الصناعات الوطنية في العالم .
- القضايا السياسية والتحالفات الدولية وشروط منظمة التجارية العالمية من أجل عولمة التجارة والتي رفضتها أو لم تستطع أن تلبيها الكثير من دول العالم وخاصة في الدول الفقيرة ودول العالم النامي .

بسبب عولمة التجارة يستطيع أي إنسان في العالم أن يتسوق 24 ساعة في اليوم للحصول على أسعار المنتجات ومواصفاتها بسرعة كبيرة جداً لذا فالشركات التجارية

التنافسية بحاجة إلى نظام معلومات فعال يمكنها من الدخول إلى الأسواق العالمية من أجل تلبية طلبات العملاء في مختلف أنحاء العالم .

ظهور الشركات الرقمية

يتميز العصر الحديث بغزارة استخدامه للوسائل والتقنيات الحديثة مثل: الحاسوب والإنترنت والشبكات والهاتف النقال حيث نلاحظ وبشكل كبير تحول الشركات التقليدية إلى شركات رقمية مبنية على استخدام تكنولوجيا المعلومات في كل معاملاتها التجارية داخل الشركة وخارجها حيث تمتاز هذه الشركات بخصائص ميزتها عن الشركات التقليدية في كثير من النواحي منها :

- تعتمد على بنية تحتية من شبكات الحاسوب والاتصالات الرقمية .

- علاقات مبنية على التكنولوجيا الرقمية مع العملاء والموظفين وشركاء العمل وغيرهم .

- إكمال وانجاز الأعمال التجارية الجوهرية يتم من خلال شبكات الحاسوب الرقمية .

- أعمال إدارية مبنية على التكنولوجيا الرقمية والتي تشكل أساس رأس المال لهذه الشركات .

- الاستجابة السريعة للمتغيرات التي تطرأ في بيئة الأعمال التجارية والتكنولوجيا الرقمية .

الشركات الرقمية : هي منظمات تعتمد عملياتها التجارية وعلاقتها مع البيئة المحيطة بها من عملاء ومزودين وغيرهم على التكنولوجيا الرقمية أي استخدام الحاسوب وبرمجياته في إدارة أصول الشركة وكل تعاملاتها التجارية والإدارية.

ظهور الاقتصاد المعلوماتي

لقد تحولت العديد من الدول المتقدمة من دول صناعية إلى دول معلوماتية مثل الولايات المتحدة الأمريكية وألمانيا واليابان حيث قام ببناء اقتصادها اليوم على اقتصاد المعرفة واقتصاد الخدمات المبنية على المعلومات بينما تم نقل المصانع إلى دول العالم الثالث فكما نرى فقد أصبحت الكثير من الدول النامية كالدول العربية دول صناعية تقوم بتصنيع معظم الصناعات الخفيفة و الثقيلة كالسيارات والثلاجات والطائرات وغيرها.

إن الاقتصاد المبني على المعرفة والمعلومات هو طريق الدول المتقدمة حالياً لجمع الثروات من دول العالم الثالث. لقد بدأ هذا الاقتصاد المعلوماتي في نهاية القرن العشرين وتسارع بشكل كبير منذ بداية القرن الواحد والعشرين حيث ازداد عدد الموظفين ذوي

الهندام الأبيض والذين يمثلون الطبقة المتعلمة والحاصلة على شهادات جامعية وفي نفس الوقت تدنت أعداد العمال ذوي الهندام الأزرق والذين يشكلون طبقة العمال والذين لا يحملون أي شهادات عليا ويعملون في العديد من القطاعات كقطاع الزراعة والنظافة وفي المصانع على خطوط الإنتاج (شكل 1- 5).

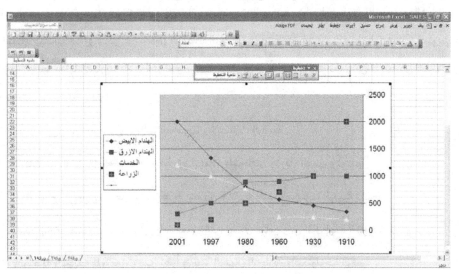

شكل 5-1 نسبة القوى العاملة منذ العام 1910 إلى 2001

فكما نرى في الوقت الحاضر فإن العدد الأكبر من العاملين يعملون في قطاع التعليم والصحة والمبيعات والبنوك وشركات التأمين والقانون وغيرهم من الشركات التي تقدم في معظمها خدمات للمواطنين حيث تعتمد الوظائف فيها بشكل خاص على تقديم المعلومات والمعرفة حيث يشكل الموظفين ذوي الهندام الأبيض مصدر هذه المعلومات، حيث تكون قيمة هذه الشركات مبنية على أصول الشركة الغير مادية وليس على أصولها المادية مثل الشركات التقليدية كالمباني والعقارات التي تمتلكها، حيث أن أصول الشركات الرقمية من مباني وعقارات وأجهزة تكون عادة أقل من 20% من قيمة رأسمالها و تعتبر المعلومات والمعرفة التي تقدمها الشركات الرقمية الحديثة هي رأس المال الحقيقي والقيم للشركة ومثال على ذلك شركة ياهو yahoo.com وهي شركة تقدم خدمة البحث عن المعلومات وتزويد المعلومات عبر الانترنت لكل المستخدمين في العالم وهذه الشركة لا تمتلك الكثير من المباني او العقارات بل تعتبر قيمتها في السوق ما تزوده من معلومات وخدمات للمستخدمين في كل أنحاء العالم .

إن المعرفة والمعلومات هي أساس المنتجات والخدمات الجديدة مثل خدمة بطاقات الصراف الآلي وبطاقات الاعتماد وخدمة توصيل الطرود والبريد أو أنظمة حجز تذاكر السفر وأنظمة حجز غرف الفنادق من مختلف أنحاء العالم، وتعتبر المنتجات المبنية على المعلومات والمعرفة مثل العاب الحاسوب ذات قيمة كبيرة تعتمد على أفراد وفنيين ذوي معرفة وخبرات برمجة الحاسوب أي تعتمد على أعمالهم الذهنية والفكرية ومقدار المعلومات والمعرفة لديهم. وحتى في صناعة السيارات والماكينات والأجهزة الثقيلة يعتمد تصنيعها بشكل أساسي وجوهري على المعلومات والمعرفة.

إن عملية الاستثمار في تقنيات المعلومات يشكل نسبة كبيرة للشركات الرقمية قد تفوق الـ 50% من أرباحها لما له من أهمية في نجاح هذه الشركات وزيادتها على مستوى العالم حيث يبين الشكل التالي (1-6) نسبة الاستثمار في تكنولوجيا المعلومات ونسبة الاستثمار في العمل التجاري حيث كما نلاحظ أن نسبة الاستثمار في تكنولوجيا المعلومات منذ العام 1980 إلى العام 2002 بلغت 35% أما نسبة الاستثمار في كافة الأعمال التجارية فبلغت 19% فقط.

والمقصود بالاستثمار في تكنولوجيا المعلومات هو عملية توظيف وشراء العديد من التقنيات مثل :

- الحاسبات الالكترونية
- البرمجيات وأنظمة التشغيل
- معدات الاتصالات السلكية اللاسلكية
- طابعات وماسحات ضوئية
- معدات شبكات الحاسوب (راوترات Routers ، جسورBridges، كابلات Cables، ...الخ)

تغير المنظمات وطريقة عملها

لقد تغيرت طريقة الشركات الحديثة في الإدارة وطريقة المعاملات مع العملاء والمزودين كما تغيرت أيضاً تعامل الشركات مع الموظفين وكيفية إدارة وتنظيم العمل من الداخل، إن الشركات التقليدية تبنى على هيكلية الهرم المعروفة كما هي موضحة في الشكل التالي :

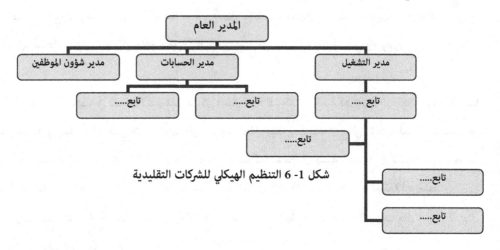

شكل 1- 6 التنظيم الهيكلي للشركات التقليدية

اما الشركات والمنظمات الرقمية الجديدة فقد تغيرت بشكل اساسي في تنظيمها الهيكلي فاصبحت شركات مستوية التنظيم الهيكلي (شكل 1- 7- 1 و شكل 1- 7-2) حيث بني هذا النظام على اعطاء الصلاحيات لكل موظف لكي يقوم بعمله بدون الرجوع إلى المدير الأعلى منه كما هو في التنظيم الهيكلي للشركات التقليدية حيث أن الموظف لا يستطيع أن يقوم بأي عمل بدون الرجوع إلى المسؤول عنه والمسؤول عنه يرجع إلى المدير الأعلى منه حتى يصل القرار النهائي إلى المدير العام.

1 – 3 الشركات الرقمية **Digital Firms**

أصبحنا اليوم نعيش في عالم رقمي ومعلوماتي حيث كل شيء يعتمد على المعلومات وطريقة تنظيمها وجمعها وبثها بحيث ظهرت ما يعرف بالشركات الرقمية والتي تعتمد على التقنيات والانترنت وشبكات الحاسوب المحلية لأداء أعمالها الإدارية والتجارية وهذه الشركات لها مميزات وصفات وخصائص منها :

أنها أصبحت أقل هرمية Less Hierarchy أو مسطحة Flatten

بمعنى أن التنظيم الهيكلي أصبح أقل هرمية وذلك بإعطاء الموظفين المزيد من الصلاحيات في عمليات اتخاذ القرارات بدون الرجوع إلى المسؤولين مما يوفر الوقت

ويزيد من كفاءة الموظفين والشركة بشكل عام

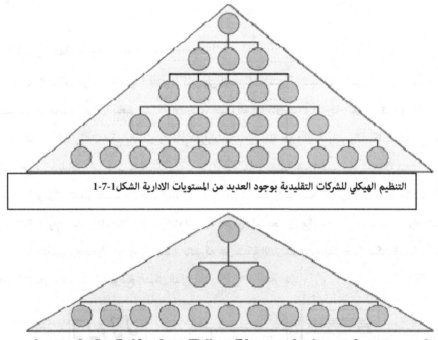

التنظيم الهيكلي للشركات التقليدية بوجود العديد من المستويات الادارية الشكل1-7-1

An organization that has been "flattened" by removing layers of management

الشكل1-7-2 التنظيم الهيكلي للشركات الرقمية بإزالة العديد من المستويات الإدارية وإعطاء صلاحيات للموظفين

2- المرونة Flexibility

حيث تستطيع الشركات الرقمية التكيف والتطور بما يلائم العصرالحديث والتطورات التي تطرأ على ساحتي التقنيات Technology والبرمجيات Software ، وأيضاً تعتبر الشركات الرقمية مرنة جداً حيث تكون صغيرة بالتحكم والضبط للأصول والموارد البشرية فيها وكأنها شركه صغيرة جداً وبنفس الوقت تكون مرنة بحيث تنتج هذه الشركة الرقمية الصغيرة ما تنتجه الشركات التقليدية الضخمة وذلك بسبب التقنيات الجديدة التي تستخدمها وبسبب اعتمادها على إدارة تستخدم استراتيجية قوية في الإدارة وتنظيم العمل.

3- اعطاء صلاحيات أكثر للموظفين Empowerment

الشركات الرقمية كما بينا سابقاً تعتمد على مبدأ الأقل هرمية في السلم الإداري حيث هناك صلاحيات موزعة على الموظفين ومدراء الافرع والأقسام والتي من خلالها يستطيعون اتخاذ القرارات بدون الرجوع إلى المدير الأعلى وبهذه الطريقة يكون ليس فقط المدير

-31-

مسؤول عن الشركة فقط بل كل الموظفين العاملين يكونون مسؤؤلون عن الشركة ونموها وازدهارها وبالتالي زيادة الربح والقيمة بين الشركات الأخرى.

1 – 4 تدفق العمل الكترونياً Electronic workflow

تعتمد الشركات الرقمية الجديدة اعتماداً كليا على الحاسبات المتصلة بشبكات حاسوب محلية وهـذه الشـبكات المحلية بدوها مرتبطة بعضها ببعض بشبكة الانترنت، حيث أنه إذا كان هناك للشركة أكثر من فرع في أكثر مـن مكـان أو قطر. فعملية الإدارة والتحكم بالعمل واتخاذ القرارات تتم بواسطة هذه الحاسبات والشبكات والبرامج المتصلة بها وذلك لإجراء العمليات والحركات داخل الشركة وخـارج الشركة وعمليـة التخاطـب مـع العمـلاء Clients والمـزودين Suppliers وشركاء العمل Business Partners كله يتم التعامل معه رقمياً عـبر أجهـزة الكمبيـوتر والشـبكات. فعـلى سبيل المثال يقوم مندوب المبيعات في الشركات الرقمية بعرض المنتجات وإجراء عمليات التسويق وإبرام العقـود عـن طريق جهاز كمبيوتر محمول Laptop والمتصل بالشركة عبر شبكة الانترنت Internet حيث يمكن التخطاب مع الشركة بالصورة والنص والصوت كما يوضح الشكل التالي :

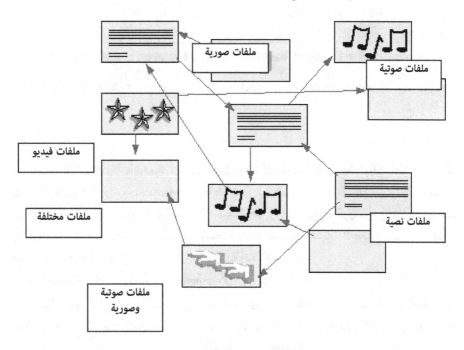

شكل 1-8 تدفق البيانات عبر الانترنت بالنص والصوت والصورة

1 – 5 العملاء الجدد New Customers

لقد ظهرت شركات رقمية جديدة ولكن بالمقابل هناك زبائن أو عملاء من نوع مختلف ولهم خصائص وسـمات تختلف عن العملاء أو الزبائن قبل عشرة سنوات أو أكثر من الآن، حيث يتصف الزبائن الجدد بالمميزات التالية:

- ذوي ثقافة عامة عالية Sophisticated

نلاحظ في هذا العصر أن التعليم والمدارس والجامعات انتشرت بشكل كبير، كـما انتشرت ثقافـة الكمبيوتر في مختلف المستويات، فالزبائن الجدد متعلمون ويضغطون على الشركات أن تستخدم التقنيات الجديدة مثل الانترنت والكمبيوتر وغيرها في عملية التخاطب معهم وفي عمليات البيع والشراء لهم.

- ذوي حساسية للسعر Price Sensitive

إن غالبية الزبائن في هذا العصر لهم درجة عالية من الحساسية بالنسبة للسعر، حيث من المهم لـه أن يشـتري البضاعة أو الخدمة بأقل سعر ممكن وبأفضل جودة ولذلك من المهم على مدراء الشركات إقامة علاقات طويلة الأمـد مع الزبائن مما يجعل الحساسية للسعر أقل حـدة وسـوف نـأتي لاحقاً في الفصـول القادمـة عـن أهميـة إدارة علاقـة الزبائن في النجاح والازدهار.

- تريد أن تلبى احتياجاتهم ومتطلباتهم Want their needs met

إن الكثير من الزبائن في هذا العصر يرغبون بأن يتم تصميم المنتجات أو الحصول على الخدمات بالطريقة التي يفضلونها ، حيث يقوم الزبون بطلب تغيير على السلعة بحيث تلبي احتياجه بشكل تام كما يريده هـو. لـذلك تقـوم العديد من الشركات على اشراك الزبون في عملية التصميم وطرح الأفكار والآراء والتي تؤدي إلى إنتاج منتجات تلبـي طلبات الزبائن بشكل كبير مما يضمن رضاهم وبالتالي ولائهم لهذا الشركات.

- كثيري المتطلبات والاحتياجات Are demanding more and more

حيث يمتاز الزبائن في هذا العصر بكثرة طلبهم لمنتجات جديدة ليست بالضرورة من الأساسيات الضـرورية لهـم لذلك تقوم الشركات في كل سنة بتحسين منتجاتهم وابتكار أشكال وتصاميم جديدة وجذابة تلائم مختلف الأذواق.

- يريدون المنتجات أو الخدمات بسرعة وتكون مناسبة لهم

want their products or service fast and convenience

حيث نلاحظ في هذا العصر الرقمي عمليات تسليم للمنتجات فورية وبمجرد الضغط على زر الفأرة يتم إنزال الكتب الإلكترونية أو التطبيق المعين بسرعة الضوء.

الفصل الثاني

تقنيات الانترنت Internet Technology

يهدف هذا الفصل إلى تقديم أهم التقنيات المتطورة في الشركات العصرية الرقمية ومن ضمنها الانترنت والتـي تستخدم كقاعدة وأساس العديد من الأعمال التجارية الالكترونية وكوسيلة اتصالات فعالة في العملية الإدارية ، حيـث يفصل هذا الفصل أساس الشبكات والبنية التحتية لها وشرح للكثير من القضايا والمصطلحات المهمة .

الأهداف التعليمية Learning Objectives

بعد اتمامك لهذا الفصل سوف تكون قادراً على :

- التعرف على مفهوم الانترنت والانترانت والاكسترانت

- التعرف على فوائد الإنترنت .

- التعرف على تقنية البنية التحتية .

- التعرف على كيفية التخطيط لبناء الانترنت .

- التعرف على مفهوم مبدأ الخادم/عميل وعملية الدعم الفني والإداري لهذا المبدأ .

- التعرف على دور كل من البريد الإلكتروني والإنترنت .

- التعرف على بعض النقاط المهمة والتي يجب أخذها بعين الاعتبار توظيف الإكسترانت .

المحتويات Contents

2 - 1 الانترنت والاكسترانت Internet and Extranet

ما هي الانترانت؟ What is Intranet

ان الكثير من الشركات الصغيرة استفادت وتمتعت كثيراً بفوائد العمل عبر بيئة الشبكات المحلية الانترانت وذلك لأنهم وجدوا طريقة جديدة للتعاون والتنسيق فيما بينهم أثناء العمل وعلى مدار الساعة، إن الانترانت ببساطة هي مجموعة من انظمة توزيع للمعلومات Information Distribution Systems تقوم بتطبيق تكنولوجيا الإنترنت والمعايير الخاصة بها عبر شبكة محلية داخلية للشركة أو المؤسسة، إن هذه الشبكة تربط كل مصادر الشركة من معلومات وملفات وقواعد بيانات وأجهزة مثل الطابعات والماسحات الضوئية وأجهزة الفاكس مودم وبرامج مثل البريد الالكتروني المحلي وغيرها بحيث يتم تبادل المعلومات وتداولها بطريقة منظمة كل حسب صلاحيته المعطاه له. إن شبكة الانترانت تعتبر طريقة مثالية لأداء العمل الجماعي بطريقة سهلة وسريعة وشيقة.

إن الانترانت ما هي إلا مشروع للاتصالات بين الموظفين في الشركات وفي مختلف الأقسام والأفرع المختلفة للشركة، ولا بد من وجود فريق فني كامل للشبكة يتكون هذا الفريق من :

- **مدير للشبكة Administrator** كي يقوم بكل العمليات المطلوبة مثل عملية اعطاء اسماء الحسابات accounts والكلمات السرية Passwords وحلّ المشكلات Troubleshooting الفنية والبرمجية والتي قد تطرأ أثناء العمل على الشبكة.
- **مدير لقاعدة البيانات Database administrator** وهو مسؤول عن إدراة قاعدة البيانات وتنظيمها في الحاسبات الرئيسية.
- **فريق فني** للصيانة وحل المشكلات التي قد تطرأ عند المستخدمين.
- **فريق للنسخ الاحتياطي** وللتزويد بالمستلزمات الضرورية للشبكة من أقراص نسخ وأوراق وحبر للطابعات وعمليات صيانة دورية وتنظيف للأجهزة والخادمات وغيرها من الوظائف المتعلقة بالشبكة.

إن شبكة الانترانت تعتمد على مبدأ الخادم / عميل Client/Server حيث تتكون الانترنت من ملايين من أجهزة الحاسوب المتصلة مع بعضها البعض فمنها أجهزة خاصة صغيرة يقوم الأفراد بالشبك بالانترنت عبرها، مثل جهاز الكمبيوتر الشخص أو جهاز الهاتف النقال وهناك أيضاً أجهزة كبيرة تقوم بخدمة هؤلاء الأفراد حيث تلبي كل طلباتهم مثل خادمات البريد الالكتروني Mail Server حيث تقوم على الإشراف والإدارة لكل

عمليات ارسال وتلقي البريد الالكتروني وخادمات الويب Web Serve حيث تعمل على تحميل الصفحات إلى أجهزة المستخدمين من قواعد البيانات المحفوظة في أجهزة كمبيوتر كبيرة ذات قدرات كبيرة . يتم الاتصال والتواصل بين كل أجهزة الكمبيوتر حول العالم في الانترنت باستخدام بروتوكول TCP/IP وبروتوكولات أخرى تعتمد على نظام التشغيل المستخدم تساعد في عملية نقل المعلومات ومشاركتها بين مختلف الأجهزة، كما وأن هناك جدر نارية Firewalls تمنع شبكات أخرى ومستخدمين غير مصرح لهم من الوصول إلى شبكات محلية خاصة تمنعهم من استخدام مصادرها.

الانترانت مفيدة جداً في التجارة الالكترونية وخاصة من النوع B2B، حيث تعمل على مشاركة المعلومات والتنسيق بين أقسام الشركة المختلفة مثل قسم الحسابات والمبيعات والانتاج والتسويق بشكل فعال وسريع وبدون إعاقات، وتعمل على تقليل الجهد والتكلفة اللازمة لإجراء مختلف الأعمال والحركات التجارية المطلوبة.

2 - 1 - 1 فوائد الانترانت Benefits of Intranet

منذ فترة طويلة والشركات تبحث عن وسيلة فعالة وغير مكلفة لزيادة الاتصالات بين الموظفين داخل الشركة وذلك لزيادة عملية التنسيق والتنظيم لتوزيع المعلومات وإجراء المخاطبات بين الموظفين من جهة والموظفين والإدارة من جهة اخرى والانترانت تعتبر الوسيلة المثلى لذلك فهي غير مكلفة ولا تحتاج إلى أجهزة ثمينة مثل أجهزة الفاكس القديمة والتي كانت تأخذ وقتاً وجهداً للارسال والاستقبال، والانترانت تعمل على الوصول الفعّال والسريع للمعلومات ومصادر الشركة وعلى مدار الساعة بطريقة منظمة من قبل المستخدمين وكل حسب الصلاحيات المعطاه له وذلك للوصول إلى تطبيق أو ملف أو معلومة معينة مخزنة في جهاز الخادم الرئيسي Main Server.

إن الانترانت تعتبر وسيلة لتجميع المعلومات والمعرفة في مكان رئيسي داخل الشركة مما يمثل مصدر للمعلومات وخبرات الشركة متاح لكل من الإدارة والموظفين حيث يستطيع المدراء الحصول على المعلومات وتحليلها عن طريق برامج ذكية وبالتالي تساعده في اتخاذ القرارات بشكل أسرع وفعّال ومفيد للشركة لتحقيق أهدافها. لذا يمكن تلخيص فوائد الشبكات المحلية الانترانت إلى الفوائد التالية:

- مشاركة مصادر الشبكة من طابعات وأجهزة الفاكس والملفات والمجلدات بين كل المستخدمين في الشبكة.

- كفاءة الاتصال والتنسيق بين مختلف أقسام الشركة وأفرعها مما يسهل عملية الإدارة والتحكم بكل النشاطات والعمليات داخل الشركة وخارجها.
- الوصول إلى المعلومات المطلوبة بشكل سريع وفعّال من قبل كل المستخدمين في الشركة.
- تعتبر الانترانت وسيلة فعّالة لإجراء عمليات التدريب ونشر المعرفة والوعي والارشادات المتعلقة بالعمل والمنتجات في الشركة.
- تعتبر الانترانت وسيلة اتصالات بين الموظفين وبمختلف الأقسام وبتكلفة بسيطة جداً مقارنة مع استخدام أجهزة أخرى كالفاكس أو أجهزة التلفون.
- تساعد الانترانت في عمليات المراقبة والتحكم بالأجهزة والموظفين.

2 - 1 - 2 لماذا تحتاج الشركات إلى الانترانت

Why Companies Need Intranet

الشركات الصغيرة والتي يقل عدد الموظفين فيها عن 10 موظفين لا تحتاج إلى الانترانت، إن الانترانت تقلل من استخدام الهواتف وأجهزة الفاكس وبالتالي تقلل من التكلفة وتعمل على تحسين التنسيق بين أفرع الشركة المختلفة حيث قامت الكثير من الشركات بإنشاء وبناء شبكة الانترانت بسبب كثرة الطلب من الموظفين وخاصة في قسم مصادر القوى البشرية بسبب طبيعة عملهم والتي تعتمد على كثرة الاتصالات وتبادل المعلومات والإجابة على الكثير من الأسئلة والتي تتكرر باستمرار مما يؤدي إلى الملل وسوء الخدمة لذا فإن الشركات في العالم تحتاج إلى الانترانت وذلك للأسباب التالية:

-1 عندما تكون للشركة كمية ضخمة من المعلومات والمطلوب مشاركة هذه المعلومات مع الموظفين، فهي الطريقة الفعالة لإلغاء تكلفة الاتصالات ولإلغاء تكلفة نشر وبث المعلومات بين الموظفين، إن الانترانت تساعد الموظفين على ترتيب وتخزين كميات ضخمة من البيانات والتي قد تحتاج إلى مئات الآلاف من الملفات الورقية والتي يصعب تنظيمها والحصول على المعلومات المطلوبة منها عند الحاجة وفي الوقت المناسب وبشكل سريع.

-2 لأن تكلفة توزيع المعلومات من خلال الانترانت تتم بتكلفة قليلة جداً فالانترانت تعتبرذات كلفة بسيطة جداً وتعمل بفعالية وسرعة حيث يتم تداول المعلومات بثواني بدلاً من دقائق أو حتى ساعات بالطريقة اليدوية.

-3 الانترانت تستطيع العمل مع مختلف أنظمة التشغيل مثل نظام التشغيل يونيكس UNIX

ونظام التشغيل أبل ماكنتوش Apple Mac ونظام التشغيل ويندوز من مايكروسوفت -MS Windows فهي الطريقة السهلة لوصل مختلف المستخدمين مع مختلف انظمة التشغيل معاً.

4- إن المعلومات الموجودة على الانترانت يمكن تحديثها وتعديلها بسرعة مما تبقي الموظفين على اتصال بالمعلومات الحديثة والمعدلة بوقت قصير.

2 – 2 البنية التحتية للتقنية Technical Infrastructure

إن الانترانت تعتمد على بروتوكول TCP/IP لنقل المعلومات وتبادلها بين مختلف أنظمة أجهزة الكمبيوتر وبروتوكل الانترنت IP يناسب التقنيات الجديدة والتي تمّ تطويرها واستخدامها في شبكة الانترنت والشبكات المحلية مثل تقنيات خادم/عميل Client/server، إن مبدأ الخادم والعميل يعتمد على المستخدم user فيعطيه مرونة كبيرة في استخدام المعلومات لاتخاذ القرارات بوقت قصير.

2 –3 أساسيات الخادم/عميل Client/server basics

إن مبدأ الخادم/ العميل والذي تبنى عليه الانترانت يعتمد على وجود بنية تحتية متكاملة لتسهيل عملية تداول واستخدام المعلومات بمرونة وبسرعة وهي تعتمد على واجهة استخدام رسومية Graphical User Interface حيث السهولة والمتعة في الاستخدام والتي تعتمد على مبدأ الرسومات التي تمثل كائنات صورية صغيرة تدل على نشاطات أو تطبيقات معينة وتعتمد أيضاً على اختيار الأوامر من قوائم باستخدام الفأرة Mouse، إن المصطلحات والعناصر المبني منها مبدأ الخادم/عميل يمكن تلخيصها بالنقاط التالية(أنظر الشكل 2 – 1).

- **العميل Client** : وهو الذي يقوم بالعمل على الشبكة ويطلب خدمة معينة من الخادم مثل الموظف أو المدير.
- **الخادم Server** : وهو جهاز كمبيوتر ذو قدرة عالية على تنفيذ التعليمات وحفظ المعلومات حيث يقوم بتزويد الخدمة والملفات وبيانات قواعد البيانات وغيرها إلى المستخدمين بسرعة وفاعلية كبيرة.

- **التبادلية Interoperability** : وهي قدرة اثنين أو أكثر من الأنظمة على تبادل المعلومات واستخدامها فيما بينهما.
- **التوسع Scalability** : وهي سهولة عملية التعديل والتطوير والتوسع بإضافة المزيد من الأجهزة.

- **واجهة المستخدم الرسومية GUI** :ميزات سهلة تستخدم للعمل على نظام التشغيل تستخدم مبدأ الرسومات واختيار الأوامر من القوائم Menu باستخدام الفأرة.
- **بناء الخادم/عميل Client/server Architecture** : وهو نموذج يقدم خدمة خادم قاعدة البيانات Database server و خادم الملفات File server، حيث يقوم بتلبية طلبات استعلامات المستخدمين Clients مباشرة باستخدام مبدأ الاستجابة عن طريق الاستعلام Query response بدلاً من نقل كل الملف بالكامل فيؤدي إلى تخفيض زحمة مرور البيانات وزيادة سرعة تبادل البيانات.
- **استدعاء إجراء بعيد Remote Procedure Call** : وهي مبنية على نظام الخادم/العميل بتوزيع خدمة برنامج معين إلى أكثر من عميل وبمختلف أنواع الأنظمة التشغيلية وهي أيضاً تخفض من التعقيدات في تطوير التطبيقات والتي تحتاج إلى أنظمة تشغيل مضاعفة وتحتاج أيضاً إلى برتوكولات إضافية تؤدي إلى زيادة الازدحام في نقل البيانات.

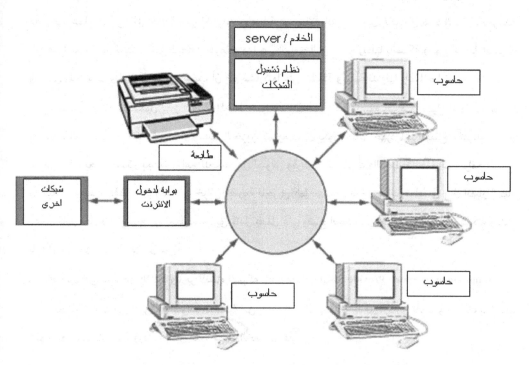

الشكل 2 - 1 شبكة محلية (انترانت) لربط ومشاركة أجهزة كمبيوتر وملحقاتها مع الخادم

2 - 4 تخطيط الانترانت Intranet Planning

بوجود التقنيات الحديثة مع وجود متطلبات العملاء المختلفة وضخامة المعلومات المتبادلة وكثرة التطورات والتغييرات في تقنية المعلومات Information Technology وبشكل سريع يحتاج إلى إدارة فعّالة تتضمن تخطيط وتنظيم وتنسيق مع تبنى استراتيجية فعّالة بوجود موظفين ذوي خبرة ومهارة عالية، مما يؤدي إلى انشاء بنية تحتية قوية ومرنة تعمل بدون عوائق وقابلة للتوسع ومواكبة التطورات الحديثة في تقنية المعلومات.

إن التخطيط ضروري في عملية التصميم لشبكة الحاسوب المحلية وعملية التنفيذ والحفاظ على شبكة انترانت قوية، إن عملية التخطيط تتطلب الإعداد والتنفيذ لكل من الخطوات الستة التالية:

- **الإعداد ووضع الخطط وتحديد الأهداف Preparatoin, Plan ahead and setting goals:**

إن الخطوة الأولى يجب أن تبدأ بوضع الأهداف من إنشاء شبكة الانترانت والتخطيط لكل التقنيات المرتبطة بها وتحديد نوع المعدات ومصدرها. وهذا يتطلب الكثير من التحضير، حيث يجب أن يتم تجهيز كشف بالمتطلبات كلها مع وجود عملية توثيق لكل خطوة حتى الانتهاء من عملية إنشاء الانترانت بالكامل. يجب في هذه الخطوة تعريف من هم المستخدمين للشبكة وما طبيعة المعلومات وما هي البرامج التي يجب ربطها بالشبكة ونوع الربط للشبكة وما هي المعلومات والمحتويات والتي يجب أن يتم مشاركتها على الشبكة وكيفية تداولها والصلاحيات المرتبطة بها.

يحب أن يضع المصممون بعين الاعتبار المخاطر التي قد تواجه هذه المعلومات من ضياع أو تلف بسبب فيروسات الحاسوب او تلف للأجهزة او وسائط التخزين كما يجب ان يكون هناك اجهزة لمنع انقطاع الكهرباء بشكل مفاجيء كما يجب التفكير بجدية ببرامج للحماية من لصوص وقراصنة الحاسوب والتخطيط لعمليات وبرامج النسخ الاحتياطي وكيفية حفظ هذه النسخ في خزائن مقاومة للحريق كما يجب ان تكون هناك خطط في حال انهيار النظام بشكل كامل، كل ذلك يحتاج إلى تخطيط وفريق كامل يعمل على وضع الخطط في حال حدوث أي مشكلة وذلك للعمل على حل المشكلة بشكل سريع.

2 - الحصول على دعم من الادارة وتبرير لانشاء الشبكة Provide Justification and Management support

تحضير دراسة تبرر الفوائد والعوائد المكتسبة من إنشاء الشبكة لكسب الدعم الإداري للمشروع وذلك بحساب الفوائد والعائدات المالية ورداسة مدى قدرة شبكة الحاسوب على

توفير الجهد والوقت والأيدي العاملة وحساب مجموع التكاليف ومقارنتها مع العائدات المالية والفوائد مع الأخذ بعين الاعتبار سهولة تحديث الشبكة وتطويرها في المستقبل وسهولة استخدامها .

3- **البدء ببناء الشبكة اما بكادر محلي او بالاستعانة بطرف ثاني** Start building the Intranet In-house or by second party

بعد موافقة الإدارة العليا على الخطة الرئيسية لبناء شبكة الانترانت يجب اتخاذ القرار بشأن بناء الشبكة باستخدام طاقم من الفنيين من داخل الشركة أو بالاستعانة بشركة أخرى للقيام بتنفيذ المشروع وفي هذه الحالة يفضل الاستعانة بمستشار حاسوب Computer consultant وذلك ليقوم هو باختيار أحد الشركات الموثوق فيها بحيث يتم التعاقد معها على طريقة بناء الشبكة بفترة زمنية يتم تحديدها والاتفاق عليها وأيضاً يجب الاتفاق على كيفية إجراء الصيانة وخدمة ما بعد البيع وعملية تدريب العاملين والموظفين على كيفية العمل على الشبكة وكيفية القيام بالصيانة وغيرها من الأمور التقنية المطلوب إجراءها عند بناء الشبكة.

إن عملية اتخاذ القرار لبناء الشبكة محليا أو بالاستعانة بشركة أخرى تعتمد على العديد من العوامل ومنها:

• هل هناك مصادر متوفرة من العنصر البشري والمعدات لبناء الشبكة محليا؟

• يجب دراسة من منهما أقل تكلفة بناء الشبكة محليا أم الاستعانة بطرف اخر؟ واختيار الأفضل.

• هل المعدات والبرمجيات والتي تدعم الشبكة متوفرة ؟

• هل هناك تمويل كافٍ لدعم عملية انشاء الشبكة بالكامل أم لا؟

وهناك أيضاً نقاط كثيرة يجب أخذها بعين الاعتبار في حالة بناء الشبكة محلياً هي:

o يجب على الموظفين أن يكونوا على علم كافي بسياسة الشركة وعملياتها وبأهدافها وبما تحتاج إليه الشركة.

o هناك بيانات ومعلومات تكون سرية ويمكن الحفاظ على سريتها اكثر عند إنشاء الشبكة بطاقم محلي.

o عملية الصيانة والتحديث والتحسين سوف تكون أسهل

o مع وجود البنية التحتية المناسبة فإن عملية التحديث في المستقبل سوف تكون أسرع وأسهل.

3 - تشكيل فريق لشبكة الانترانت Form a Team for the Intranet network

في هذه المرحلة يجب بناء قسم تكنولوجيا المعلومات أو دائرة الحاسوب وفيها مختلف الموظفين من مـدراء ومهندسين ومدير صيانة الشبكة وفنيين وغيرهم، يراعى في اختيار الموظفين في هذه الدائرة العديد من النقاط منها :

- الخبرة
- الكفائة
- الأمانة
- عدم الانتماءات السياسية والتي قد تؤثر على الشركة وعملها في المستقبل.

وحيث أن دائرة الحاسوب تعتبر مركز للمعلومات من كـل أقسـام الشركة اي أنهـا تعتبر الشرايين الرئيسـية في الشركة وهي أكثر الأقسام حساسية لأن كل المعلومات تصب فيهـا، لـذا يجب أن تـتم عمليـة التخطيط للصلاحيات وتداول البيانات بشكل دقيق وعلمي مدروس.

4- بناء نموذج واختباره Building and Testing the Prototype

يفضل قبل البدء بإنشاء شبكة الانترانت كاملة أن يقوم الفريـق ببنـاء جـزء أو نمـوذج أولي حيـث يـتم اختبـاره منفرداً من قبل الموظفين بوضع بعض البرامج والملفات عليه ثم القيام ببعض المهمات والوظائف على الشبكة ومن ثم اعطاء تغذية راجعة وذلك قبل البدء ببناء مشروع الشبكة ككل (الشكل 2-2) .

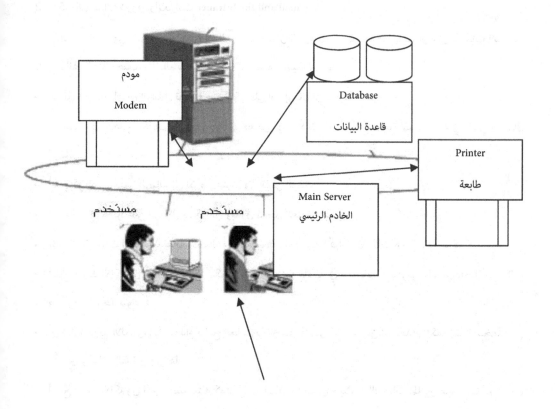

الشكل 2-2 نموذج اولي بسيط لتجربة الشبكة والتطبيقات عليها.

5- الصيانة الفعّالة والدورية للنظام Effective maintenance

عملية تحديث المعلومات من العمليات المهمة وذلك على مدار الساعة لضمان فعالية الشبكة وكذلك إذا كانت الصيانة ضعيفة فإنها سوف تعطي انطباعا سيئاً للموظفين بأن هـذه الشبكة لم تجلب أي شيء جديد وان الوضـع القديم أفضل حالاً.

إن الصيانة تعني استمرارية عمل الشبكة حسب المقاييس والمعايير التي وضعت من أجلها عند التخطيط لهـا في باديء الأمر.

2 - 5 البريد الالكتروني والانترانت e-mail and the Intranet

البريد الالكتروني e-mail عبارة عن ارسال وتلقي رسائل الكترونية عبر شبكة الانترنت او عبر شبكات لاسلكية مثل الهاتف النقال حيث يمتاز البريد الالكتروني بالعديد من الميزات منها:

- أنه آني instant اي ان الرسائل تصل بمجرد النقر على أمر إرسال أي بسرعة الضوء.
- أنه شبه مجاني وغير مكلف ولا يحتاج إلا إلى بعض الإعدادات البسيطة للبرامج المستخدمة في تلقي وارسال الرسائل.
- أنه يمكن ارسال نفس الرسالة إلى أكثرمن عنوان وفي نفس الوقت
- أنه يمكن أتمتة الرد على الرسائل بشكل آلي وبدون تدخل العنصر البشري.
- أنه اكثر التقنيات استخداما لغاية الاتصال والتخاطب بين مختلف الأفراد والشركات عبر العالم بأسره.
- أصبح البريد الالكتروني جزءاً أساسياً لا يمكن الاستغناء عنه وخاصة في عمليات التسويق والبيع داخل الشركات وللأفراد على حد سواء.
- إن إدارة البريد الالكتروني باستخدام برامج الحاسوب أفضل وأكثر فعالية من استخدام الكميات الضخمة من الأوراق ورسائل الفاكس وغيرها.
- أصبح البريد الالكتروني أكثر شعبيه مثله كمثل جهاز الهاتف الخلوي حيث هناك مئات الملايين من المشتركين حول العالم بأسره يستخدمونه كل يوم.

هناك بروتوكول لدعم البريد الالكتروني في شبكة الانترانت وهو بروتوكول SMTP أي Simple Mail Transport Protocol او بروتوكول نقل البريد الالكتروني البسيط وهذا البرتوكول تم اشتقاقه من برتوكل TCP/IP وهو مسئول عن عملية تنظيم الرسائل وارسالها إلى العناوين المناسبة ومسئول عن عملية استقبال الرسائل الالكترونية ووضعها في صندوق البريد الخاص بالمستقبل.

مع وجود كل الفوائد السابقة الذكر إلا أن البريد الالكتروني يعتبر الوسيلة الكبيرة لنشر الفيروسات عبر شبكة الانترنت ولذا يجب وضع استراتيجيات لحماية مصادر الشركة من هذه الفيروسات كوضع ماسحات للفيروسات Viruses scan لمنع الرسائل التي تحمل الفيروسات من اختراق الشبكة كما يجب أن تكون هناك استراتيجية في عملية النسخ الاحتياطي الدورية وذلك ان بعض البيانات قد يتم فقدها بسبب أو بآخر فيتم الرجوع إلى النسخ الاحتياطية لاستعادتها مرة أخرى.

2 – 6 ما هي الاكسترانت   What is Extranet

عندما يكون للشركة أكثر من فرع في أكثر من مكان وفي كل فرع شبكة انترانت فعند ربط هاتين الشبكتين بواسطة الانترنت فعندئذ تسمى هذه الشبكة بالاكسترانت. إذن فالاكسترانت ما هي إلا استخدام تقنية الانترنت لربط أكثر من شبكة انترانت معاً. الانترانت هي شبكة محلية يتم فيها تبادل المعلومات محلياً داخل الشركة ويتم نقل البيانات فيها بشكل سريع وفعّال. إن الاكسترانت تستخدم لربط فروع الشركة معاً كما أنها تربط شركاء العمل وأطراف أخرى معها بطريقة فعّالة وسريعة وعند استخدام شبكة الاكسترانت يجب على جميع الأطراف استخدام نفس برنامج التطبيق في عملية الاتصال، فمثلاً لا يجوز أن يكون أحد الأطراف يستخدم برنامج نتسكيب نافيجيتر Netscape Navigator والطرف الآخر متصفح مايكروسوفت اكسبلورر Microsoft Explorer. إن الاكسترانت تعتبر العمود الفقري لمستقبل الأعمال التجارية الإلكترونية في كل أنحاء العالم. إن الهدف الأساسي من الاكسترانت هو سرعة التنسيق والاتصال بين الفروع، وأن عملية توظيف الاكسترانت تعتمد اعتماداً كاملاً على فهم العمليات والحركات المتعلقة بالعمل التجاري من طلبيات وبيع وتسليم وغيرها من النشاطات التجارية (الشكل 2 – 3).

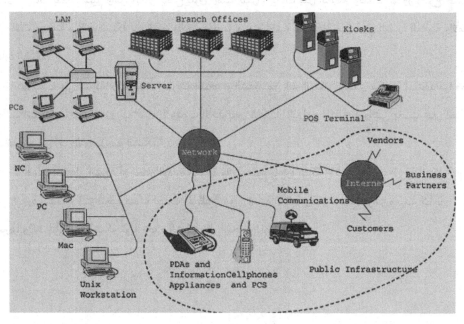

الشكل 2-3 توضيح فكرة الاكسترانت لربط اكثر من شبكة عبر الانترنت المصدر (laudon, 2006)

2 – 7 نقاط يجب أخذها بعين الاعتبار Key Considerations

عند الشروع في توظيف الاكسترانت يجب الأخذ بعين الاعتبار العديد من النقاط منها:

1-   تعريف المستخدمين لشبكة الاكسترانت.

2-   يجب عمل قائمة بكل المتطلبات والتقنيات المطلوبة.

3-   يجب تحديد كل المتطلبات الأمنية Security Requirement

4-   يجب توضيح وفهم عملية إدارة شبكة الاكسترانت Extranet Administration

5-   يجب فهم الوظائف المختلفة لشبكة الاكسترانت.

6-   يجب تحديد الملفات والمجلدات والمعلومات اللازمة مشاركتها في الشبكة.

إن مستخدمين شبكة الاكسترانت عادة هم من الموظفين والزبائن والممولين والموزعين والمستشارين والبائعين وغيرهم حيث يجب تحديد اولويات الدخول والصلاحيات والإجراءات الأمنية لكل فئة من المستخدمين من أجل تأمين تبادل البيانات بشكل سليم وأمن وذلك باتباع طرق أمنية لنقل البيانات مثل التشفير وكلمات المرور ونوع خطوط الاتصالات وعملية مراقبة الشبكة بين الحين والآخر ويجب أن يتم اختيار موظفين من ذوي الخبرة العالية والأمانة لإدارة الشبكة.

كما يجب على الشركة أن تتأكد من طريقة استخدام الشبكة من قبل الزبائن ومدى سهولة استخدامها وهل يتطلب استخدامها بعض التدريب الخاص؟ ويجب الأخذ بعين الاعتبار البرامج المطلوبة والتي يجب على العملاء استخدامها من أجل التواصل مع الشبكة.

وأخيراً يجب على الشركة أن تختار الإدارة الجيدة والتي تقوم بإدارة شبكة الاكسترانت بشكل فعّال كما يجب على الإدارة استخدام استراتيجية معينة لجذب الموظفين ذوي الخبرة العالية وذلك بوضع حوافز معينة كأجور عالية وغيرها وذلك لتأمين بناء شبكة قوية تخدم الشركة وكل أصحاب المصالح.

أسئلة الفصل ثاني

ضع دائرة حول رمز الإجابة الصحيحة

1- مدير قاعدة البيانات هومسؤول عن

أ – الصيانة وحل المشكلات الرئيسية

ب. إدارة قاعدة البيانات وتنظيمها في الحاسبات

ج -إعطاء أسماء الحاسبات والكلمات السرية وحل المشكلات الفنية

د. تزويد الشبكة باقراص النسخ وأوراق وحبر الطابعات

2- عندما يكون للشركة أكثر من فرع في أكثر من مكان وفي كل فرع شبكة انترانت فعند ربط هاتين الشبكتين بواسطة الانترنت فعندئذ تسمى هذه الشبكة ------

أ. الإنترنت

ب. بالإكسترانت

ج. الإنترانت

د. غير ذلك

3- يراعى في اختيار الموظفين في دائرة الحاسوب :

أ – الخبرة

ب - الكفاءة

ج - الأمانة

د. جميع ما ذكر

4- -------- تعني استمرارية عمل الشبكة حسب المقاييس والمعايير التي وضعت من أجلها عند التخطيط لها في باديء الأمر.

أ – المشاركة

ب - الكفاءة

ج –الصيانة

د - لاشيء مما ذكر

5- إن الخطوة الأولى التي يجب تبنيها عند إنشاء شبكة الإنترانت هي :

أ – الاعداد ووضع الخطط وتحديد الأهداف

ب. الحصول على دعم من الادارة وتبرير لانشاء الشبكة

ج – البدء ببناء الشبكة اما بكادر محلي او بالاستعانة بطرف ثاني

د. تشكيل فريق لشبكة الانترانت

المراجع :

- Dr. Febrache, A Pathology of computer viruses, Pringer – Velag, New York , 1991.

- H. Highland, computer virus Handbook, Elsevier Advance tech. Oxford, UK(1990)

- Matt Bishop, Introduction to computer security, 2005 Pearson education inc. ISBN: 0-321-24744-2

الفصل الثالث

بناء وفهم أساسات المشروع

الأهداف التعليمية للفصل الثالث:

يهدف هذا الفصل إلى تقديم العديد من المفاهيم الأساسية والمهمة في فهم وبناء أساسيات المشروع حيـث يـتم بيان ماهية المشروع ومن هو المدير الناجح وما هي صفاته والمنهج العلمي الذي يجب عليـه أن يتبعـه مـن اجـل أن يسير بالمشروع نحو تحقيق أهدافه وتحقيق النجاح في نهاية المطاف.

ومن أهم أهداف هذا الفصل:

- التعرف على مفهوم المشروع
- التعرف على صفات مدير المشروع الناجح.
- التعرف على مفهوم منهجية الإدارات
- التعرف على أهمية تصنيف المشروع.

محتويات الفصل الثالث

يحتوي الفصل الثالث على النقاط الأساسية التالية:

3-1 ما هو المشروع ؟

3- 4 تصنيف المشروع

1-3 ما هو المشروع ؟

إن تعريف المشروع يختلف ويتنوع من شركة إلى أخرى وفي الكثير من الحالات فإن كلمة مشروع قـد تسـتخدم لوصف أي مهمة أو نشاط شاذ عن الروتين المعتاد في الشركة، لذا فإن المشروع قد يعني أي أعمال غير روتينية يتطلب انجازها وقت ما وفي هذا الكتاب سوف نقوم بالتمييز بين المشروع والروتين بأربعة نقاط أساسية ملخصة في الشـكل 3- 1 وهذه النقاط هي :

1- **المشروع عبارة عن حالة استثنائية أو شاذة** : يتطلب المشروع العديد من التحقيقات والتحري والترتيبات وعمليات استخراج تقارير خارج نطاق النشاطات أو الأعمال المعتادة في الشركة بينما يعرف الروتين على أنه ضـمن نطـاق وظائف الأقسام الرئيسية للشركات.

مثال :

قام مدير قسم خدمة العملاء بإعداد تقارير شهرية حول مقترحات واستفسارات وشكاوي العمـلاء كجـزء مـن عمله المعتاد أو الروتيني Routine وبعد ذلك عندما تمّ تكليفه بمهمة التحري والتحقيق ومقارنة البرمجيات المتعلقة بخدمة العملاء المؤتمتة فهو الآن يعتبر مسئول عن مشروع Project

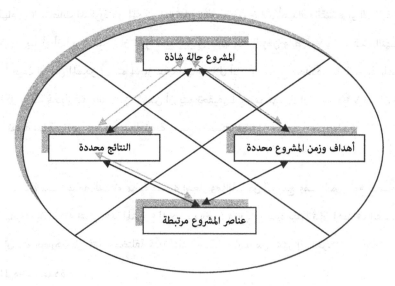

شكل 3- 1 الفرق بين المشروع والروتين

2- **تعتبر نشاطات المشروع ومهامة مرتبطة ومتعلقة بعضها مع بعض Related**

إن الأعمال الروتينية للمهام المتكررة التي يتم تنفيذها في قسم ما في الشركة متعلق ومرتبط بالمهام المنوطة لذلك القسم فقط وليس هناك ارتباط بين هذه المهام في هذا القسم ومهام أخرى في قسم آخر من الشركة . أما بالنسبة للمشروع فالنشاطات تتطلب مجموعة من المراحل مرتبطة مع بعضها البعض من حيث المتطلبات والنتائج لذا فإن مشروع ما قد يتطلب التنسيق ليس فقط في قسم ما بل في أكثر من قسم أو دائرة في الشركة كما أنه من الممكن أن يتطلب ان يكون له ارتباط خارج مصادر الشركة.

مثال :

وكّل مدير خدمة العملاء بمشروع التحري والتحقيق حول الأنظمة المحوسبة حيث أنه يستطيع ان يعمل مع مدير معالجة البيانات ومع قسم التسويق ومع العديد من المزودين خارج الشركة حيث أن هذا المدير في النهاية سوف يستطيع بهذه المعلومات التي جمعها من العديد من الأقسام والمدراء من داخل الشركة وخارجها أن يقوم بكتابة تقريرة وتعرف نقاط كثيرة لمقارنة هذه الأنظمة المحوسبة .

3- **أهداف المشروع والمدة الزمنية المحددة له:**

إن المهام أو النشاطات المتكررة من الممكن إدارتها وتنظيمها من خلال أهداف القسم أو الدائرة إلا أن هذه الأهداف تكون ثابتة أو أنها من الممكن أن يطرأ تغيير ايجابي عليها مع الزمن وايضاً يكون الوقت النهائي لاكمالها محدداً وثابتاً حيث انه من الممكن أن يتم انجاز هذه المهام خلال أيام أو أسابيع محددة. أما بالنسبة للمشروع فإن له ٔأهداف لكل مهمة فردية فيه والتي من الممكن أن يتم تحقيقها أو تفويتها إلا أن المشروع لا بد أن يكون لكل مهمة تاريخ نقطة بداية واضح وتاريخ نقطة نهاية واضح ومحدد لانهائه.

مثال :

لقد تمّ توكيل مدير خدمة العملاء بمهمة مقارنة أسعار ومزايا بعض البرامج ومن ثم يقوم بوضع التوصيات والتقارير النهائية خلال ثلاثة اشهر. هذا المشروع له هدف محدد وتاريخ محدد بينما فإن أهداف القسم الروتينية من الممكن أن يتم انجازها على فترات مختلفة قد تختلف مدة ا نجازها من شهر إلى آخر.

4- **النتائج المروجة محددة**

إن الأعمال الروتينية تكون ليس بهدف عمل مخرجات محددة ولكن من خلال الأعمال اليومية التي تتم في الشركة بينما يكون هدف المشروع لاخراج منتجات ملموسة ونتائج مرجوة محددة.

مثال:

من أجل المشروع الموكل به توقع مدير خدمة العملاء أن يقوم بتسليم تقريرحصري يقوم بعمله مـرة واحـدة فقط وليس عملاً يتكرر كل شهر وأما بالنسبة للروتين فإن التقارير سوف يتم استصدارها كعمل روتيني بـتم انجازهـا كل فترة كمهمة رئيسية للقسم التابع له.

أيضاً يتم التفريق بين المشروع والروتين بحسب طريقة العمل به وتحت خمســة نقاط هي:

1. النتائج
2. الميزانية
3. الوقت
4. الخطة
5. المراقبة

وإلى حدّ ما فإن كل الوظائف الإدارية تعمل تحت هذه الثوابت الخمسة فعلى سبيل المثال فإن قسـم مـا في الشركة من المتوقع أن يقوم بتنفيذ أو إنتاج نتائج معينة ضمن الميزانية المحددة حيث أن هذه النشـاطات يجب أن يتم تخطيطها وتنفيذها ضمن جداول زمنية محددة وواضحة . (الشكل 3- 2)

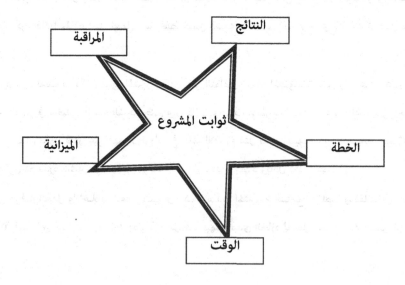

شكل 3-2 ثوابت المشروع

2-3 مدير المشروع الناجح:

إن مدير المشروع الناجح هو الذي يعرف كيف يقوم بتعريف عناصر المشروع وضبطها وتشغيلها بشكل فعال وهذا يعني ان على المدير أن يمارس المهارات الإدارية المطلوبة في القائد والتي تمّ توظيفها في إدارة القسم في الشركة وبكلمات اخرى فإن المدير الناجح المؤهل يقوم بتوظيف المهارات الإدارية المطلوبة من تنسيق وتنظيم ومراقبة وتخطيط من أجل أن يتم المشروع كما كان مخططاً له منذ البداية، لذا لا بد لمدير المشروع أن يتصف بالصفات التالية والتي تجعل منه مديراً ناجحاً :

- **خبرة كبيرة في المهارات الإدارية:** إن على المدير التنفيذي والذي تكون احد مهامه البحث عن مدير مشروع ناجح يتصف بالخبرة والكفاءة وبعد النظر والذي سبق ان قام بقيادة وإدارة العديد من المشاريع الناجحة والذي يكون قادراً على إدارة مشاريع ذات مدى طويل.
- **المقدرة على التواصل مع المصادر المطلوبة:** للمشاريع التي تحتاج إلى التنسيق بين الأقسام والإدارة العليا لا بد أن يكون مدير المشروع قد تواصل مع الاقسام والدوائر الاخرى الموجودة في الشركة ويكون على دراية وعلم بكافة اقسام الشركة ووظائف كل قسم فيها.
- **المقدرة على تنسيق كتل كبيرة من المصادر:** إن عملية الاتصال من قبل مدير المشروع خارج قسمه غير كافية فيجب على مدير المشروع ان يكون قادراً على العمل مع فئات عديدة من العمال والموظفين في مختلف الاقسام وان يكون قادراً على مراقبة العمل ليس فقط ضمن قسمه بل ضمن اقسام اخرى كان قد تواصل معها من قبل.
- **مهارات التواصل :** يجب أن يكون مدير المشروع قادراً على التواصل واخذ المعلومات من وإلى عدد كبير من أعضاء فرق العمل في مختلف أقسام الشركة حتى وإن كانت وجهات النظر بالنسبة إليه مختلفة عن وجهته حيث أنه يجب أن يكون قادراً على فهم الأولويات في كافة الأقسام مثل قسم المبيعات أو التسويق حيث انه يجب ان يكون ذو قدرة كافية على تحفيز الموظفين للعمل بجد واجتهاد وبأقل تكلفة ممكنة.
- **مقدرة على مراقبة العمل والاخلاص له:** يجب ان يكون مدير المشروع الناجح مخلصا ومتفانياً في عمله ومراقبة لكل الموظفين فرداً فرداً ومعرفة وظيفة كالمل فرد فيهم ومدى انجازه للعمل المنوط به ضمن الوقت المقرر له.

- **الاستقلالية:** يجب ان يكون مدير المشروع على ثقة باستقلالية وإدارته وقدرته على اتخاذ القرارات المناسبة في الوقت المناسب وبدون الرجوع إلى المسؤولين .

إن كفاءة مدير المشروع من الممكن قراءتها من خلال قائمة من التقييمات التي يتم اختبارها من قبل مدير القسم في الشركة لذا فإن كل مدير ناجح لا بد من أن يكون على استعداد تام لتنفيذ مشاريع متجددة ومختلفة بحيث تكون ضمن خبراته وتخصصه ومهاراته.

إن على المدير المنهجي الناجح أن يعرف ما هي الأسئلة الصحيحة والمناسبة التي لا بد منها عندما يتم توكيله بإدارة مشروع ما وهذ الأسئلة تتضمن الأسئلة السبعة التالية والتي تؤدي إلى تعريف تام بالمشروع وكيفية انهائه بنجاح :

1. **ما هو الهدف من هذا المشروع ؟**

يستطيع مدير المشروع من وصف المهمة الموكلة له أن يقوم بعمل سلسلة من الافتراضات حول ما هو المطلوب منه عمله وتوكيله به من قبل مرؤوسيه. حيث أنه من الممكن أن يكون مفترضاً مهام ورؤية للمشروع قد تكون مختلفة تماماً عما يريده من المدير التنفيذي أو المدير العام الذي وكله بالقيام بإدراة المشروع .

مثال :

لنفرض أن مدير قسم المحاسبة قد وكل بإدارة مشروع لتطوير اجراءات يدوية لإعداد الميزانية. ففي البداية يبدو بأن المشروع ما هو إلا تعريف ميزانية المصاريف، ولكن بالقليل من المناقشة وطرح الأسئلة تبين لمدير قسم المحاسبة بأن المطلوب ليس هو ميزانية المصاريف ولكن ميزانية أصول رأس المال، حيث أن اجراءات عمل ميزانية رأس المال تختلف كثيراً عن اجراءات عمل ميزانية المصاريف بناءً على هذا التعريف .

2. ما هو شكل المخرجات أو نتائج المشروع؟

يجب على مدير المشروع الناجح أن يكون متأكداً من أن يعرف بالضبط ماذا يتوقع أن تكون نتائج المشروع من وجهة نظر الغير في نهاية المشروع، حيث أن مدير المشروع يجب أن يعرف ما هو المطلوب منه من حيث :

إذا طلب منه أن يقوم بتصميم سلسلة من الاجراءات في الشركة هل يعني ذلك أنه يجب أن يقوم بكتابة كتيب تشغيل شامل أو أنه يكتفي بكتابة ارشادات لكل قسم.

هل يتطلب المشروع كتابة تقرير وإذا كان كذلك فما هو مقدار تفاصيل هذا التقرير.

هل يتوقع من مدير المشروع أن يقوم بتقديم عرض وشرح مفصل للمشروع أم لا وإذا كان كذلك فما هي النقاط الأساسية التي يجب ان يتضمنها هذا التقديم.

3. ما هي نوع المشكلات التي سوف يقوم هذا المشروع بحلها أو معالجتها.

يجب على مدير المشروع الناجح أن يفترض دائماً أن هناك العديد من المشكلات المحددة و التي سوف يعمل هذا المشروع على تناوله وحلها، حيث أنه لن يتواجد أي شخص آخر لسرد كل القضايا المحتملة والتي سوف يعالجها هذا المشروع، حيث أنه من الممكن أن يكون المشروع صمم من أجل تعريف هذه القضايا والمشكلات بدلاً من حلها والتغلب عليها.

ان مدير المشروع الناجح لا بد له حتى وأن شك واشتبه بأن هناك عدد من المشكلات سوف يتم تعريفها عند المناقشة وطرح الأسئلة لا بد من أن يبدأ المشروع بفرضية معينة حيث أن قضية معينة أو سلسلة من القضايا تمّ تعريفها إذن يجب أن يكون هدف مدير المشروع حل هذه القضية أو أن يقوم باقتراح البدائل للحلول . يجب أن يسأل مدير المشروع ما هي المشكلات التي سوف يتولاها هذا المشروع، إن على مدير المشروع أن لا يبدأ بتنفيذ المشروع حتى تتوضح الصورة المطلوبة والكلية لكل الأسئلة.

4. ما هي مسئوليتي كمدير للمشروع ؟

كمدير مشروع لابد ان يكون لديه تعريف واضح لما يتوقع منه أن يفعل

- هل مسئوليتي هي تعريف الحلول وتوظيفها لحل المشكلات؟
- هل مسئوليتي هي افتراض البدائل فقط؟
- ما هو المدى الذي يجب أن أصل إليه وما هي حدودي؟
- ما هو مستوى المسئولية وما هي الحدود التي يجب أن لا اتعداها؟
- ما هي الأقسام التي سوف تتأثر بهذا الحل الذي سوف أقدمه؟
- ما هي التغييرات الإيجابية التي سوف تطرأ بعد اكمال المشروع ؟
- ما هو حال الشركة قبل بدء المشروع وبعدها؟

5. ما هو مدى الصلاحيات المعطاة لي ؟

يجب أن يتم تعريف وتوضيح الصلاحيات بشكل دقيق مع الحرص الشديد على تحديدها بشكل مفصل من حيث جوانب مختلفة منها :

- توظيف كفاءات جديدة
- اجراءات وعمليات التغيير في المراكز الوظيفية
- ما هي الميزانية التي يجب أن لا اتجاوزها في عمليات الصرف على المشروع لتوظيف كافة المصادر والمواد المطلوبة.

- صلاحيات السفر والتنقل والمدة المسموح فيها وطريقة السفر(برا، جواً، درجة سياحية أو غيرها ...الخ)
- صلاحيات الدخول إلى أنظمة الحاسوب والمعلومات المحفوظة في قواعد البيانات والعمليات المخولة (قراءة، حفظ، تعديل، ...الخ)

6. ما هي الميزانية الخاصة بالمشروع ؟

هناك بعض المشاريع التي تتطلب ميزانية بسيطة ومصاريف قليلة من أجل اتمامه على أكمل وجه وغيرها يتطلب القيام بالعديد من المصاريف وخاصة مصاريف على الأبحاث العلمية وكتابة التقارير او شراء المعدات . يجب على مدير المشروع الناجح أن يبدأ مشروعه بفهم عميق وواضح حول الميزانية بحيث أنه لا يتجاوزها .

7. ما هو التاريخ النهائي لانجاز وتسليم المشروع ؟

يجب على مدير المشروع الناجح أن يسأل دائما ما هو تاريخ تسليم المشروع النهائي، حيث انه مع هذا التاريخ النهائي فقط يمكن لمدير المشروع أن يضع الجدول الزمني لكل نشاطات المشروع وذلك من أجل النجاح في اتمامه في الوقت المطلوب، إذا ما اعتقد ان تاريخ التسليم النهائي غير كاف فيجب على مدير المشروع أن يطالب بالمزيد من الوقت وتحديد وقت تسليم نهائي أطول .

3-3 منهجية الإدارات

منهجية الإدارات عبارة عن عملية أو نشاطات متكررة يتم من خلالها التوصل إلى رؤى ونظريات تمثل واقع عمليات ونظام التشغيل بهدف تحقيق أقصى فعالية ممكنة لدعم عملية اتخاذ وصنع القرار، وإذا ما أمعنا النظر في مدى تقدم التقنيات الذاتية في أنظمة التشغيل في الدول النامية وخاصة الدول العربية منها نجد أنها تعاني من قصور كبير في البنية الإنتاجية وذلك بسبب السلوك الغير علمي في مختلف القطاعات الاقتصادية والمالية والتجارية وغيرها من القطاعات والاعتماد بشكل حصري على الاطار التقليدي في عميلة التنمية والتطور وهذا ناتج عن عدم الوعي والجهل والقصور في المعرفة للأنظمة الإنتاجية المتكاملة ووظائفها الأساسية ومهامها الفرعية من تصميم وتصنيع وتنظيم وكذالك مقوماتها الأساسية وعناصرها المهمة من مواد ومعدات وعمالة حيث اقتصرت الصناعات على تجميع المكونات وضعف القدرة في التصنيع المتكامل وضعف القدرة الابداعية مما أدى إلى تقييد عملية التغير والتجديد والابداع. ولذلك تواجه المؤسسات الإنتاجية المحلية الوطنية

العديد من التحديات الكبيرة مثل :

- عدم الالتزام معايير المواصفات المعيارية للانتاج
- عدم التمسك بمعايير وأنظمة تأكيد ضمان الجودة.

مما أدى كل ذلك الى عزوف العديد من المستهلكين عن المنتجات المحلية وتوجههم الى المنتجات المستوردة الأجنبية كما أدى الى ضعف القدرات التنافسية بين الشركات.

يعتمد نجاح المؤسسات سواء كانت مؤسسات تقدم خدمات (مؤسسات خدمية) أم كانت مؤسسات تصنيعية (مؤسسات تصنيعية)

4-3 تصنيف المشروعات

إن طريقة تنظيم وتخطيط وعمل المشروع تعتمد بحد كبير على طبيعة المشروع، فإذا كانت النشاطات أو الأعمال الروتينية لقسم ما لشركة ما تشبه إلى حدّ كبير المشاريع ففي هذه الحالة لا بد من توظيف طريقة إدارة المشاريع لتنظيم العديد من المهام التي تتطلب التنفيذ.

مثال :

مدير قسم الأبحاث العلمية قام بتوظيف تقنيات إدارة المشاريع لكل مهمة وقام بتعديل المهام المتكررة لتناسب التعقيد ومدى البحث المراد تنفيذه.

الفصل الرابع

الوظائف الإدارية و أساسيات إدارة المشروع

الأهداف التعليمية للفصل الرابع:

يهدف هذا الفصل إلى التعريف بأهم المفاهيم المتعلقة بالوظائف الإدارية و أساسيات إدارة المشروع :

ومن أهم أهداف هذا الفصل:

- التعرف على التطور الكبير في تقنيات المعلومات والاتصالات .

- معرفة أهمية تبني منهج علمي في إدارة المشاريع.

- التعرف على بحوث العمليات وأهميته ومجال استخدامه في الشركات.

- التعرف على نمذجة الأنظمة وأهميتها للإدارة

- التعرف على مهام الإدارة ووظائفها.

محتويات الفصل الرابع

1-4 مقدمة عامة Introduction

لقد أدى التطور الكبير في تقنيات المعلومات وتقنيات الاتصالات والمعلومات إلى تطور سريع في عملية الإدارة على جميع المستويات فقد أصبحت عملية الإدارة في العصر الحديث قائمة على أساس معلومات ونظام علمي وليست حسب آراء أو وجهات نظر شخصية لتصل إلى نتائج إيجابية وليست نشاطات تنموية حتى تقوم بمعالجة المشكلات من جذورها وذلك بأسباب وأساليب منهجية الأمر الذي أدى إلى أن أصبحت المعلومات هي المصدر الأساسي لجمع الأموال والهيمنة الاقتصادية في العالم كله حيث تحول الاقتصاد العالمي إلى اقتصاد معلوماتي منظم بطريقة علمية وأساسه تقنية المعلومات .

يجب على كلّ الشركات بمختلف أنواعها أن تهتم باستخدام الحاسبات والاتصالات وأنظمة المعلومات في تطوير الإدارة العلمية ووسائل تدعيم القرار من أجل أن تنافس الدول المتقدمة في هذا المجال حيث أن التكنولوجيا تسهم بشكل كبير بإتاحة الفرص وطرح تحديات لم يسبق لها مثيل أمام المجتمع بأكمله، حيث أننا نعيش اليوم في عالم يتغير بشكل سريع وخاصة في النظام الاقتصادي العالمي المتجدد والذي يقوم على التقدم العلمي والتقني والقدرة على استيعات تدفق المعلومات والتمكن من استخدامها وتطبيقها في مجالات التنمية وتطور وبناء الدولة بشكل قوي ومتين.

إن عملية صنع القرار أصبحت عملية صعبة ومكلفة في هذا العصر والذي يتسم بالتقدم السريع لأنه أصبح عالم المعرفة السريعة والمعلومات المتوفرة في كلّ وقت وفي كلّ زمان وبسرعة لم يسبق لها مثيل، فالقرار الذي كان يستند على الاحساس الداخلي أو الحدس الشخصي أو الحظ الاحتمالي أو التخمين الفكري أو حسب الحالة المزاجية أو من خلال التجربة والخطأ هذا كله لم يعد صائباً لأن كل هذا لم يعد يصنع قراراً فعالاً وسريعاً مما قد يتسبب في ضياع فرص غالية وتكلفة باهظة في الجهد والوقت والمال لذا يحتاج صنع القرار إلى قدراً كبيراً من البيانات والتي هي المادة الخام الأولية التي تعالج تحليلاً وتركيباً لاستخلاص ما تضمنته من معلومات عن طريق تطبيق للنماذج الرياضية والطرق الإحصائية والأساليب المنطقية وغيرها حتى يمكن إجراء ووضع مختلف السيناريوهات والاستراتيجيات وعمليات تحليل المخاطر والتهديدات التي تصاحب المشاريع.

إن تكنولوجيات المعلومات وتكنولوجيات الاتصالات تطورت تطوراً فائقاً حيث ظهرت بمقتضى دمج هاتين التقنيتين عدة حقائق واكتشافات مفيدة للجنس البشري ومن هذه الفوائد:

- زيادة سرعة وسعة نقل البيانات في شبكات الاتصالات الحديثة .

- زيادة سعة دوائر الاتصال عبر الأقمار الصناعية وعبر الهواتف الخلوية مما أدى إلى انخفاط تكلفة الاتصالات بشكل كبير .
- أدت تكنولوجيا المعلومات الحديثة إلى نمو وارتقاء تقني لا مثيل له من قبل.
- أدت التقنيات الحديثة إلى خلق مفاهيم وأساليب جديدة فرضت تحديات لزيادة المعرفة والثقافة والتطور.

يوجد فجوة كبيرة بين الدول المتقدمة والدول النامية حيث تتسع هذه الفجوة كلّ يوم، لذا ينبغي تشجيع البحث العلمي والتطوير والابتكار مع الحرص على تبني تقنيات الدول المتقدمة ومحاولة فهمها واستيعابها وتطويرها بما يتلائم مع الظروف المحلية، حيث أن هذا التغير قد يؤثر على مستوى الحياة ونوعية المتطلبات مما يؤدي إلى مزيد من استخدام تقنيات المعلومات الحديثة مما يؤدي إلى ظهر تخصصات حديثة مع اختفاء كثير من المهن والتخصصات القائمة حيث تصبح عملية تغيير التخصص والوظيفة أكثر من مرة أمراً مألوفاً.

إن عملية إدارة المشاريع وتنظيمها بشكل فعال يؤدي إلى النجاح المضمون لا بدّ أن تبنى على بنية قوية من تقنية المعلومات وعلى فهم للوسائل العلمية التي تعتمد على المعارف والمهارات ومنها :

- فهم دقيق لبرامج الحاسوب والنماذج المختلفة والمستخدمة في عمليات اتخاذ القرارات ودعمها.
- استخدام النماذج الرياضية المبنية على الحاسوب للتنبؤ بسلوك النظم .
- الاستيعاب الكامل للأساليب الإدارية العلمية الحديثة مع الأخذ بعين الاعتبار النواحي الاقتصادية والاجتماعية من أجل صنع قرارات رشيدة في معالجة المشكلات الفنية والإدارية.
- معرفة معمقة بأساليب العلاقات الإنسانية للتحكم في استخدام الموارد البشرية بفاعلية وكفاءة.
- القدرة العالية على التعبير عن التصورات والتحكم في الاتصالات والتقنيات الحديثة من أجل الوصول إلى الأهداف المرحلية والنهائية.
- زيادة المعرفة في مختلف المجالات لمواجهة الطلب المتزايد على الأعمال التي تتطلب دراسة بينية في مختلف المجالات.

من أجل ذلك لا بد للإدارة العلمية الحديثة الرقمية أن تتسم بالكثير من السمات والتي تخولها لقيادة الشركة والمشاريع الناجحة ومن هذه السمات:

- إدارة قادرة على الابتكار والتصور والتفكير من فكر مستقل.
- إدارة قادرة على استخدام التقنيات الحديثة في إدارة المعلومات .
- إدارة قابلة للتغيير وقابلة للإسهام في أحداثه.
- إدارة قادرة على التعامل مع أدوات العصر الحديث بحكمة وفاعلية كبيرة.
- إدارة قادرة على صنع قرارات رشيدة حكيمة لمعالجة مختلف المشكلات بطرق علمية .
- إدارة مرنة تتقبل مختلف الحلول والآراء .
- إدارة قادرة على تبني منهج علمي في إدارة المشاريع .
- إدارة قادرة على التعامل مع أفراد ذوي مهارات عالية بتقنية المعلومات وقادرة على استغلال المهارات بشكل فعّال .
- إدارة قادرة على تحفيز الأفراد للعمل بجد وجهد وباقصى طاقة وبأقل تكلفة.
- إدارة حكيمة تعتمد على الله أولاً وأخيراً وتعمل وفق الأحكام والأخلاق العلمية والمبادىء والقيم الإسلامية .
- إدارة مبنية على العدل والمساواة واعطاء الحقوق في وقتها .

2-4 منهج إدارة المشاريع

من أجل أن تكون الإدارة ناجحة في تحقيق أهداف المشروع لا بد من أن تتبنى منهج علمي وواضح وهو عبارة عن عملية ذات طبيعة تكرارية يتم من خلالها التوصل إلى نظريات تمثل واقع منظومات التشغيل لغاية تحقيق أقصى فعالية ممكنة ولغايات تحقيق عمليات دعم وصنع القرارات. وإذا أمعنا النظر في مدى تقدم التقنيات الذاتية في منظومات التشغيل في الدول النامية وخاصة الدول العربية نجد أنها تعاني من ضمور في البنية الإنتاجية وهذا يرجع إلى السلوك الغير ناضج أو الغير مدرك وذلك في مختلف القطاعات الاقتصادية والصناعية والزراعية والتجارية والاجتماعية والمالية، حيث يعتمد على الإطار التقليدي في التنمية . وهذا كله ناتج عن قصور المعرفة للمنظومات الانتاجية المتكاملة ووظائفها الرئيسية ومهامها الفرعية من تصميم وتصنيع وتنظيم وإلى مقوماتها الأساسية وعناصرها المهمة من مواد ومعدات وطاقات بشرية واقتصار الصناعات على تجميع

المكونات وسطحية الخبرة في التصنيع المتكامل دون التعمق في العمليات الإنتاجية من تشغيل وإدارة وضعف القدرة الابتكارية مما يؤدي إلى محدودية التغيير والتطوير والتجديد لذا نجد أن معظم الصناعات المحلية للدول العربية تواجه تحديات كبيرة مثل :

- عدم الالتزام بمعايير المواصفات القياسية العالمية للمنتجات.

- عدم التمسك بأساليب ضمان الجودة.

- قلة الدعم للأبحاث العلمية والسوقية.

- عدم التفكير في التوسع لغزو الأسواق الخارجية.

إن نجاح أي مؤسسة خاصة أو عامة يعتمد على خبرة وحكمة الإدارة على مختلف المستويات الإدارية وحيث أن التقنيات الحديثة تؤدي دورا مهماً في جميع عمليات التشغيل في المؤسسات فقد أدى استخدام وتوظيف التقنيات الحديثة من منظومات التصنيع المرن وتوظيف الروبوت في عمليات التصنيع الروتينية المتكررة وتقديم معدات تصنيعية مزودة بدوائر منطقية محوسبة وخطوط إنتاج ذات طاقة إنتاجية كبيرة مبنية على أجهزة حاسوب قابلة لتلقي التعليمات وحفظها وتنفيذها كل ذلك أدى إلى إحداث ثورة فكرية في إدارة المؤسسات.

قد أصبحت خصائص هذه المؤسسات قادرة على انتاج كميات كبيرة من السلع والخدمات أضعاف ما كانت بالطريقة التقليدية وبتكلفة أقل بكثير وأصبحت هناك طرق توزيع ذات كفاءة عالية التنظيم لذا تعتبر خصائص الاساليب الحديثة للتصميمات والعمليات الانتاجية المناسبة تمثل الرؤية المستقبلية للعملية الإدارية.

إن المنهج الإداري السليم يجب أن يأخذ بعين الاعتبار أن الإدارة أو القسم يجب أن يعتبر منظومة متكاملة ومستمرة ومتزامنة لا يتعارض فيها الجزء مع الكل أي أن أي خلل في أي قسم لا بد أن يؤثر على باقي الأقسام والعمليات وهذا يعني أنه لا بد من الاهتمام بالجزء والكل معاً وذلك في ظل نظام معلومات مبني على التقنيات الحديثة ذا فعالية وكفاءة عالية. لذلك فإن الإدارة تزاول وظائفها من تخطيط وتنظيم وتحليل ومراقبة بشكل فعّال وبدون تقصير أو ضمور بوجود الأسلوب الهندسي العلمي في معالجة المشكلات الإدارية وصنع القرارات التنفيذية ودعمها.

لذلك كله فإن الأسلوب العلمي للإدارة لا بد أن يهدف إلى ما يلي:

- معالجة المشكلات اليومية بالقرارات المبنية على أنظمة معلومات فعالة.

- تخفيض عناصر التكلفة في جميع مراحل التصنيع والتغليف والتخزين والنقل.
- زيادة حجم الانتاج مع الابقاء على نفس التكلفة الإجمالية.
- تقييم العمل ووضع المقترحات مـن أجـل التطوير والتحسـين في كافة العمليـات في المؤسسـة مـن مـواد ومعدات وعمالة وغيرها.
- التوصيف والتنبؤ وتقويم النتائج التي يمكن الحصول عليها من أنظمة المعلومات الفعالة الشاملة.
- تنمية مهارات الموظفين والعمال على مختلف المستويات.
- خلق روح قوية للتعاون بين الإدارة والموظفين للتأكد من تنفيذ العمل طبقاً للاجراءات العلمية
- توزيع العمل بين الإدارة والموظفين بحيث تقوم كلّ مجموعة بالعمل المؤهل له.
- استخدام الأسس العلمية والتي تؤدي إلى صياغة جديدة للمنظومات الانتاجية وتحليل مدخلاتها وعمليات تحويلها ومخرجاتها.

إن الشركات على اختلاف أنواعها تواجه تحديات ومتغيرات ناتجة من التطور التكنولوجي السريع في الاتصالات والحاسبات والتي أصبح لها دور كبير في الإدارة لذ فهي تتطلب برنامجاً طموحاً شاملاً يعتمد على عدة عناصر أساسية منها :

- تطبيق منهج علمي يهدف إلى تخفيض عناصر تكلفة الانتاج والعملية الإدارية مـع ضـمان جـودة السـلعة المنتجة أو الخدمة المقدمة بالسعر المناسب للمستهلك.
- تنمية القوى البشرية لتصبح ذات معرفة علمية مع خبرة عملية تتوافق مع المتغيرات المستقبلية.
- استيعاب التكنولوجيا المناسبة وتوظيفها وتطويرها على مستوى المؤسسة لمواجهة التحديات والمتغيرات.
- وضع استراتيجية تسويقيةعلمية تضمن متطلبات وأذواق المستهلكين بمواصفات وجودة وسعر منافس.

إن مسئولية الإدارة في مواجهة التحديات والمتغيرات تتمثل في أداء وظائفها ومهامها الرئيسية التي من أهمها:

- التخطيط وهو يتعلق بتحقيق الأهداف والسياسات والبرامج
- التنظيم وهو يتعلق بتحديد الاختصاصات والاتصالات لتحقيق الأهداف.
- التحليل وهو يتعلق بتقويم العمليات المساعدة المتداخلة.

- المراقبة وهي تتعلق بتحقيق الأهداف بكفاءة وفاعلية على المستوى الكلي والجزئي وبها تكمن دورة العملية الإدارية كمنظومة تعتمد على المعلومات الراجعة الدقيقة.

ولكي تستطيع الإدارة القيام بوظائفها ومهامها وتتصرف التصرف الإداري الملائم وفي الوقت المناسب إزاء المتغيرات سواء كان في المدخلات أو التحويلات أو المخرجات والتي تحكمها ظروف البيئة المحيطة داخلياً وخارجياً فإنه من الضروري التسلح بالعلوم والفنون الإدارية بالإضافة إلى المهارات الفنية والإنسانية والإدارية.

ومن الأساليب والوسائل التي تساعد على انجاح إدارة المؤسسات الانتاجية هو استخدام تقنيات الحاسوب في معالجة البيانات الرقمية مثل :

- قوائم المرتبات
- حسابات العملاء.
- معالجة المعلومات لاستخراج المؤشرات الاحصائية.
- استخدام النظم الخبيرة لتشخيص المشكلات وقراءة الخرائط والمخططات.

إن التقدم الكبير في تقنيات المعلومات والاتصالات وبرمجيات الحاسوب أدى إلى تغير وسائل الانتاج من ماكينات ومعدات إلى أفكار وبرمجيات ومن هياكل معدنية إلى نظم معرفية ومن آلات انتاج إلى آلات استنتاج حيث أصبحت هذه التكنولوجيا من وسائل الانتاج التي تعالج البيانات والمعلومات والمعارف كمدخلات ذات قيم قليلة لتحويلها إلى منتجات نهائية من سلع وخدمات معلوماتية كمخرجات ذات قيم مضافة أو مواد وسيطة ليتناولها خبراء أو تستهلكها نظم معلومات أخرى لتغزيزها بمزيد من القيم المضافة حيث يختلف النظر إلى المعلومات مع اختلاف منظور من يتعامل معها فهي بالنسبة للإدارة العلمية الحديثة تعد أداة لدعم صنع القرار.

3-4 بحوث العمليات

إن الإدارة الفعّالة هي مصدر حيوي لأي عمل تجاري إذا أريد منه أن ينمو ويستمر في النجاح، حيث أن الإدارة الناجحة لا بد أن تكون على علم ودراية بكل المناهج والأساليب الحديثة في الإدارة.

إن بحوث العمليات هي أحد هذه الأدوات والتي هي عبارة عن عملية ذات طبيعة تحليلية يتم من خلالها التوصل إلى فهم واستيعاب ظواهر التغير في منظومات التشغيل بهدف تحسين وتطوير أداء هذه المنظومات وللمساعدة في عملية صنع ودعم القرار ودعمه،

حيث أن بحوث العمليات تعنى باستخدام المنهاج العلمي لفهم وشرح ظواهر التغيير في منظومات التشغيل وذلك بتسجيل ظواهر هذه المنظومات وتطوير نماذج هذه الظواهر وتطويع بعض النظريات لتقدير ما يحدث تحت ظروف متغيرة ثم يأتي بعد ذلك عملية التحقق من دقة هذه التقديرات بمقارنتها بشواهد وقراءات وملاحظات ميدانية جديدة حيث تستمر هذه العمليات بهدف ايجاد وسائل تحسين كفاءة العمليات الجارية والمستقبلية.

بالرغم من وجود انجازات ضخمة في مجالات التطورات النظرية والتطبيقات العملية لبحوث العمليات، إلا أن هناك أيضاً نقداً واضحاً لتقصير بعض باحثي العمليات في الاهتمام بالتطبيقات والآثار الناتجة من هذه التطبيقات ومحاولة بعضهم وضع المشكلات الواقعية في قالب نماذج رياضية نمطية لا تتناسب بالضرورة مع احتياجات معالجة هذه المشكلات .

إن التقدم الكبير في تقنيات المعلومات مثل الحاسوب أدى إلى تشجيع باحثي العمليات على التمثيل الدقيق للمشكلات الواقعية حتى لو نتج عن هذا نماذج رياضية معقدة كما أن القدرة الحسابية الفائقة والناتجة عن السرعة الكبيرة للحاسبات وقدراتها التخزينية الكبيرة ساعدت وستساعد على حلّ كثير من النماذج الرياضية المعقدة وساعدت على توليد معظم البدائل الممكنة لحلّ معظم المشكلات وللقيام باجراء المقارنة بين هذه البدائل وفقاً لمعايير محددة واختيار أفضل وأمثل البدائل للوصول إلى حلّ للمشكلة رهن الدراسة . ولكن للأسف ينمو عدد هذه البدائل بمعدل متزايد للغاية يصعب تصورها حيث أنه كلما زاد حجم المشكلات وكبر تعقد النماذج زاد عدد البدائل المحتملة مما يتطلب اللجوء إلى العديد من المعادلات الرياضية المعقدة والتي تعتمد على حساب التباديل والتوافيق أو طرق الاحتمالات والاحصاء أو أساليب النمذجة الرياضية كنماذج البرمجة الخطية Linear Programming Models ونماذج تحليل الشبكات الخطية Network Analysis Models

إن عملية ظهور بحوث العمليات نتجت عن التطور الكبير في هذا المجال حيث كانت بدايته ونشأته في المجال العسكري لذلك فإنه يمكن تسلسل الأحداث التي أدت إلى نشأة بحوث العمليات وتطور تطبيقاتها العملية قبل وأثناء الحرب العالمية الثانية في كل من بريطانيا وأمريكا ومن ذلك :

- استخدام بحوث العمليات لتحسين قدرات أجهزة الرادار لكشف الطائرات على بعد يزيد عن 180 كم.
- استخدام بحوث العمليات لتحسين أنظمة الإنذار المبكر.

- استخدام بحوث العمليات للتعرف على الضوضاء الناتجة عن السفن تحت المياه لاستخدامها في تصميم جهاز يخرج نفس الضوضاء يمكن سحبه ليؤدي إلى انفجار الألغام الصوتية دون حدوث اضرار للسفينة وقد تمّ انجاز المشروع بنجاح.
- استخدام بحوث العمليات في تحليل الدفاعات المضادة للغواصات حيث أدت بحوث العمليات إلى زيادة عدد غواصات العدو المصابة والغارقة إلى خمسة أضعاف.

ثم تمّ انتشارها فيما بعد لتغطي العديد من المجالات المدنية فمع نهاية الحرب العالمية كان العلماء والأساتذة الذين كانوا يعملون في مجال بحوث العمليات في المجال العسكري على عجلة من أمرهم للرجوع إلى مؤسساتهم وجامعاتهم من أجل استنباط عدة نظريات رياضية وتطوير عدة أساليب كمية لمعالجة المشكلات في المؤسسات والشركات المدنية.

إن بحوث العمليات عبارة عن علم مستقل يتناول تطبيق المنهج العلمي لفهم وتفسير ظواهر التغير الذي قد يطرأ في منظومات التشغيل، الأمر الذي يبرر ظهور جمعياتها المهنية ودورياتها العلمية في مختلف الأقطار والدول ومناهجها الأكاديمية ودرجاتها العلمية في مختلف الجامعات والمعاهد وبرامجها التدريبية وأقسامها التخصصية في مختلف المؤسسات والشركات ومن أهم النشاطات التي كانت مبنية في مجال بحوث العمليات في المجالات المدنية :

- البرمجة الخطية
- نظم المحاكاة والنمذجة
- التحليل الإحصائي
- تخصيص قاعات الدراسة للمحاضرات وتخطيط المنشأت التعليمية وتخصيص الموارد التعليمية وترشيد القوى البشرية في مجال التعليم وغيرها.
- جدولة علاج المرضى بالعيادات الخارجية وجدولة عمليات المستشفى وتخطيط تشغيل بنوك الدم وترشيد القوى البشرية في مجال الرعاية الصحية.
- دراسة خصائص التربة الزراعية ودراسة أثر العوامل الجوية على معدلات نمو النبات وتصميم سدود المياه وغيرها.
- التنبؤ بحجم الانتاج وتخطيط الانتاج وجدولة عمليات التصنيع وتحديد حجم فرق الاصلاح وتحديد مستوى العمالة وتوزيع المنتجات ونقل السلع وبرمجة صيانة الماكينات وتخصيص الأفراد وتحديد مستويات المخزون وتخصيص الموارد وخلط المواد وبرامج التسويق والإعلان.

- تخطيط الاستثمارات وتحليل السيولة النقدية وتحليل اندماج الشركات وتحليل الموازنات وغيرها.
- من المشكلات التي عولجت بأساليب بحوث العمليات، تخطيط القوى العامة وتقسيم المناطق إلى دوائر انتخابية، وتخصيص النواب والناخبين بكل دائرة وغيرها.

4-4 المحاكاة والنمذجة

إن عملية نمذجة الأنظمة ما هي إلا عملية ذات طبيعة تصميمية يتم ممن خلالها التوصل إلى نماذج رياضية تمثل أنظمة فعالة بغية دراسة ظواهر التغير والتنبؤ بسلوك هذه الأنظمة حتى يتسنى إدارتها ومعالجتها بشكل فعال، والنمذجة بشكل عام هي تعبير صادق عن طبيعة وخصائص الأنظمة بنماذج وصفية أو لفظية أو بيانية أو رياضية حيث يمثل تشكيل وتطوير النماذج أساس وجوهر الإدارة العلمية بشكل عام وبحوث العمليات بشكل خاص، والمقصود بالنموذج هو تمثيل مبسط وتقريبي للواقع، والنماذج تعتبر قلب المنهج العلمي لمعالجة المشكلات حيث أنها تصف كيفياً أسس العوامل والمشاهدات التي تؤثر في سلوك الواقع وتصف كمياً العلاقات والقياسات التي تعبر عن متغيرات الأنظمة حيث تستخدم هذه المشاهدات والقياسات من الواقع لتكوين نموذج مبدئي ثم تجري عليه الاختبارات والتحليلات لمقارنته بسلوك الواقع الحقيقي وبناء على ذلك تجري عليه بعض التعديلات الملائمة ويتكرر ذلك حتى يتوافق النموذج النهائي مع الواقع .

تستخدم النماذج في وصف مجموعة من الأفكار وتقويم نشاط معين والتنبؤ بسلوك نظام معين حتى قبل بناء النموذج وتكوينه وبذلك يمكن توفير الجهد والوقت والتكلفة وأيضاً يساعد على الوصول إلى التصميم الأمثل بدون حاجة إلى بناء الواقع بحجمه الطبيعي ويعمل على تجنب أسباب الفشل الباهظة التكاليف ويؤدي إلى التوصل لطرق تحسين الأداء في مختلف الأنظمة. ويعتمد بناء الأنظمة التي تمثل النشاطات الجديدة بالاعتماد المباشر على قدرة الإنسان على التحكم في بيئته وعلى إمكانياته في بناء أو إيجاد نماذج لأنماط أنشطة الحياة المختلفة التي تتميز بها تلك البيئة .

إن عملية بناء النموذج يعد وسيلة مهمة لرؤية الواقع حيث أن محاولة وصف واقع ما هوإلا إعداد نموذج أولي لهذا الواقع وإنه لمن الممكن تصميم الكثير من النماذج الرياضية التي تمثل أنظمة علمية لمعالجة مشكلات واقعية .

ومن أشهر النماذج المستخدمة في بحوث العمليات :

- نموذج المسار الحرج

- نموذج الطريق الأقصر
- نموذج ضبط المخزون
- نماذج محاكاة الأنظمة Simulation system Models
- نموذج البرمجة الخطية.
- نموذج المسار الحرج

من أشهر النماذج المستخدمة في بحوث العمليات نموذج المسار الحرج حيث يمثل هذا النموذج شبكة تتضمن مجموعة من الأنشطة بأحداثها التي تعبر عن تسلسلها وتتابعها وترابطها وتداخلها وتبدأ الشبكة بحلقة تمثل بدء المشروع وينتهي بحلقة تمثل نهاية المشروع. ويمكن إضافة انشطة وهمية بين الأحداث المختلفة بالشبكة وذلك للمحافظة على التسلسل المنطقي للأنشطة وأحداثها ويجري تحديد الوقت المبكر والوقت المبكر والوقت المتأخر للأحداث المختلفة وكذا تحديد الزمن الراكد لجميع الأحداث وبالتالي يمكن تحديد الأحداث الحرجة التي قد تؤثر على استكمال المشروع في الوقت المحدد ويمثل المسار الحرج الذي يمر بالأحداث الحرجة أطول وقت يمكن فيه تنفيذ المشروع.

- نموذج الطريق الأقصر

يعتبر هذا النموذج شبكة تتضمن مجموعة من الحلقات تسمى عقداً متصلة بأقواس أو وصلات وتسمى إحدى العقد بالمصدر والعقدة الأخرى المصب ويكون الهدف هو تحديد المسار الذي يصل بين المصدر والمصب بحيث يكون مجموع التكلفة المتصلة بالأفرع في المسار أقل ما يمكن، ومن التطبيقات العديدة أن أحد الأفراد يسكن في مدينة معينة ويعمل في مدينة أخرى ويبحث عن طريق بري يجعل وقت القيادة أقل ما يمكن وقد سجل هذا الشخص وقت القيادة بالدقيقة على الطرق السريعة بين المدن المتوسطة حيث يمكن تمثيل هذه المدن بعقد والطرق السريعة بالأفرع وتكون التكلفة المرتبطة بالافرع هو وقت السفر والمصدر هو المدينة التي يعيش فيها والمصب هو المدينة التي يعمل بها والهدف هو البحث عن أقصر طريق.

- نموذج ضبط المخزون:

تعد نماذج ضبط المخزون في المؤسسات الانتاجية من أهم المشكلات التي تواجهها الإدارة لأنه توجد عوامل متضاربة وضاغطة على زيادة أو نقصان مستويات المخزون سواء كانت مواد خام أو مواد أولية أو منتجات حيث يكون الهدف من النماذج الرياضية هو

عملية ضبط المخزون ليتم تحديد الحجم الأمثل للطلب سواء كان للشراء مباشرة أو للتصنيع داخلياً وكذا تحديد نقطة إعادة الطلب بشرط أن تكون التكلفة الكلية أقل ما يمكن حيث تشمل التكلفة الكلية عادة:

- تكلفة إعداد الطلبية
- تكلفة ا لتخزين.
- نماذج محاكاة الأنظمة Simulation system Models

تتميز النماذج الرياضية بمقدرتها على التعبير عن روح وجوهر الأنظمة قيد الدراسة والمعالجة وعلى ربط العلاقات الأساسية بين مختلف العناصر بأساليب واضحة إلا أن هناك العديد من المشاكل المعقدة التي عادة ما يصعب تمثيلها بنماذج رياضية لذلك يمكن اللجوء إلى نماذج المحاكاة التي تعتمد على فكرة محاكاة الأنظمة قيد الدراسة من خلال تقليد طريقة أدائها وسلوك التفاعلات التي تجري بين عناصرها وبذلك يمكن محاكاة النظام الحقيق بأنظمة نظرية حتى يمكن التنبؤ بسلوكها وتفاعلاتها ويستخدم في ذلك الحاسبات الألية حتى يمكن إخراج صورة مطابقة للأنظمة الحقيقية والتوصل إلى نقاط الضعف فيها لمعالجتها.

5-4 مهام الإدارة

إن من أهم الأمور في العملية الإدارية هو عملية الفهم الواضح لماهية الإدارة وما هي مهامها ووظائفها بغض النظر عن حجم أو النشاطات المؤسسة أو حجم النشاطات لكل قسم أو دائرة في المؤسسة، إن عمل أي مدير في الأغلب يتضمن مظهرين أساسيين هما :

- **المظهر التقني أو الوظيفي Technical Aspect**

إن هذا المظهر يتعلق بالعمل الذي سوف يتم تنفيذه في قسم أو دائرة معينة ضمن المنظمة أو المؤسسة والذي هو تحت مسئولية هذا المدير.

- **المظهر الإداري Managerial Aspect**

وهذا المظهر يتعلق بالجانب البشري أو الإنساني والذي يقوم حقيقة بتنفيذ الأعمال في قسم أو دائرة ما والذي هو تحت مسئولية هذا المدير.

إن المظهر التقني يختلف تطبيقه من مدير إلى آخر حيث أن عمل مدير المصنع أو مدير المبيعات يختلف عن عمل المدير المالي أو مدير المكتب حتى أن الأداء التقني أو المهمة الفنية لنفس المدير قد تختلف من شخص إلى آخر ومثال على ذلك أنه يمكن لشخصين أن يقوما بعمل الشاي بطريقتين مختلفتين إلا أن نتيجة العمل تكون بنفس الهدف وهو انتاج إبريق الشاي.

ان عملية إدارة الأفراد تعتبر فن حيث أن التنبؤ بأعمال الناس عملية صعبة وغير قابلة للتنبؤ لذا يعتبر المظهر الإداري يتطلب مهارة كبيرة في القيادة حيث أن الأفراد في المؤسسات يتطلب انجاز أعمالهم العديد من النشاطات والتدريب والنصح والتوجيه والتحفيز والمراقبة والتنظيم ،حيث أنه لا بد أن تكون أعمالهم منظمة ومنسقة ومرتبطة بعضها مع بعض كفريق عمل موحد من أجل تحقيق الأهداف الموضوعة بطريقة فعالة وبأقل تكلفة ممكنة.

إن الهدف لا بد أن يكون إما الانتاج أو و مبيعات عنصر أو عناصر ما أو تقديم خدمة بشكل فعّال حيث أنه فقط المدير الماهر يستطيع أن يقوم بدمج أعمال كل الفريق لكي يقوموا بعملهم بجد وبنشاط وبأقل تكلفة ممكنة. إن المظهر الإداري لكل عمل مدير يمكن تقسيمه بشكل واسع إلى ستة وظائف أو نشاطات إدارية لا بد أن يقوم بها كل مدير سواء كان مدير مبيعات أو مدير مكتب أو مدير مصنع أو مدير مشروع ...الخ وهذه الوظائف الستة هي:

1. التخطيط ووضع الخطط
2. التنظيم
3. التنسيق
4. التحفيز والتشجيع
5. المراقبة
6. التحليل

أولاً : التخطيط والخطط

وهي من أهم الوظائف الإدارية التي تتطلب من المدير أن يقرر كيفية تحقيق الأهداف الموضوعة للمشروع أو لدائرة في المؤسسة بطريقة اقتصادية وفاعلة وكما تمّ وضع تصاميمها في الخطط الموضوعة.

إن عملية التخطيط هي النشاط الذي من خلاله يتم صنع أو وضع وتشكيل الخطط حيث أن هذه الخطط تمثل خارطة الطريق إلى تحقيق الأهداف. فعندما يتم وضع الأهداف لمشروع أو مؤسسة ما فإن عملية التخطيط تصبح ضرورية لبيان كيفية تحقيق هذه الأهداف ضمن أطر العمل والسياسات التي تمّ وضعها . إن عملية التخطيط عملية ضرورية في الإدارة وفي كل نواحي الحياة فنحن كأفراد لا بد لنا من التخطيط حتى لابسط العمليات وكمثال على ذلك فإن عملية التسوق تحتاج إلى وضع خطة يتم فيها تحديد العديد من العناصر مثل:

- ما هو الطريق الذي يجب أن اسلكه لكي أذهب إلى المتجر ؟

- ما هي وسيلة النقل التي يجب أن استقلها للوصول إلى المتجر ؟

- ما هي المنتجات التي يجب أن اشتريها ؟

- ما هي المتاجر التي يجب أن ازورها مرتبة بأولوية معينة ؟

- ما هي الطريق التي يجب علي الرجوع فيها إلى البيت .... الخ ؟

ان عملية التخطيط في الشركات مبنية على المستويات الإدارية والتي يمكن تقسيمها إلى ثلاثة مستويات أساسية

هي :

- الإدارة العليا

- الإدارة الوسطى

- مدير التشغيل أو عملية الإشراف

- **الإدارة العليا**

إن الإدارة العليا والتي تكون مسئولة عن عمليات التخطيط الاستراتيجي البعيد المدى تمثل بالأفراد الأكبر سناً أو ذوي الخبرة الطويلة في إدارة الشركة . في الأعمال التجارية على سبيل المثال فإن الإدارة ا لعليا في أي مؤسسة تعمل على وضع الخطط الاستراتيجية البعيدة المدى مثل الخطة الخمسية أو العشرية أي وضع خطط لما ستكون عليه المؤسسة من الأن ولغاية خمسة أو عشرة سنوات، حيث أن هذه العملية تسمى بالتخطيط الاستراتيجي والذي يهدف إلى وضع الأهداف التي تتعلق بالشركة لسنتين أو ثلاثة أو خمسة أو حتى عشرة سنوات وتتم فيها أيضاً وضع السياسات المتعلقة بالعمل التجاري مثل نظام البيع والشراء والعقود ونظام التعاقد مع الموظفين ونظام العقاب والمكافأة وغيرها من سياسات الشركة. حيث أن هذا التخطيط عادة يتعلق بشكل أساسي بوضع الشركة أو المشروع بشكل عام وليس لكل قسم أو دائرة منفردة .

إن أعضاء الإدارة العليا هم المسئولون عن عملية التخطيط الاستراتيجي أو التكتيكي ويعني كيفية تحقيق الأهداف الإستراتيجية للشركة أو المؤسسة وهذا يتضمن وضع خطط قصيرة المدى يمكن أن يصل مداها إلى سنة واحدة.

- **الإدارة الوسطى**

وهي الإدارة التي تكون وظيفتها الأساسية وضع الخطط لما لا يزيد عن عام واحد فقط فعلى سبيل المثال تكون

مسئولية العميد في كلية تقنية المعلومات لجامعة ما أن يعمل على

وضع الخطط اللازمة و الضرورية وتوفير كل المصادر الضرورية للعملية التعليمية خلال فصل دراسي أو سنة دراسية كاملة فيجب عليه أن يوفر كادر الهيئة التدريسية بشكل كامل وتجهيز القاعات وتوفير البيئة المناسبة لنجاح العملية التعليمية خلال الفصل. إن هذه الإدارة تقوم بتنفيذ الخطط الاستراتيجية التي تمّ وضعها من قبل الإدارة العليا وذلك بوضع خطط قصير المدى من الممكن أن يتراوح بين الشهر والسنة الواحدة.

- مدير التشغيل أو عملية الإشراف :

حيث تكون مسئولية المشرف أو المدير في هذه المرحلة التأكد من العمل اليومي ووضع الخطط اليومية من أجل سير العمل بشكل طبيعي وبدون توقف. فعلى سبيل المثال تكون مسئولية المدير في هذا المستوى التأكد من أن كافة الموظفين والعمال قد حضروا إلى المؤسسة وقاموا بإنجاز أعمالهم بشكل تام والتأكد من أن كلّ الأجهزة والماكينات تعمل بشكل طبيعي فإذا ما حدث أن تغيب أحد العمال أو تعطلت إحدى الأجهزة الموجودة في المؤسسة فهنا يجب على المدير أن يضع خطة فورية لاصلاح الخلل الذي وقع وبشكل سريع.

إن عملية التخطيط لا بد من أن تكون مرنة من أجل أن يتم تعديلها وتحسينها بشكل سهل وسريع فعلى سبيل المثال :

ربما قرر مدير خدمات تقنية المعلومات كيفية قيام موظف ما بتغطية عمل موظف آخر يكون في إجازة، حيث قام بالتخطيط وإعادة الترتيبات اللازمة من أجل اتمام العمل بشكل مطلوب، ولكن وعلى فرض أن موظفاً آخر سقط مريضاً واضطر إلى اعطائه إجازة مرضية هنا يوجد موظفين غائبين لذا يجب عليه أن يقوم بتغيير الخطط وتحديد كيفية إعادة جدولة العمل بوجود موظفين غائبين.

إن العديد من عمليات التخطيط الروتينية هي علميات تلقائية محوسبة تتطلب أداءً بسيطاً من المدير حيث أن معظم قراراته سوف تكون مبنية على أدائه السابق وخبراته السابقة في إدارة المشروع وأيضاً هناك العديد من الخطط التي تتطلب العمل الشاق في البحث والتحري قبل اتخاذ القرار وهذه تحتاج إلى العديد من الدراسات وجمع المعلومات وعقد الاجتماعات من أجل الوصول إلى القرار الصائب .

ثانياً: التنظيم Organizing

بعد أن يتم وضع الخطط وتمّ وضع اطار العمل يجب على المدير القيام بعملية التنظيم للمصادر المادية للمشروع أو المؤسسة مثل :

- مصادر القوى البشرية
- المواد والأدوات
- المعدات و الأجهزة
- مواقع العمل والأثاث وغيره

إن عملية التنظيم تتطلب ليس فقط القيام بتوجيه واعطاء التعليمات لعدد من الموظفين لبدء العمل بل تتطلب العديد من التجهيزات والاعدادات الضرورية لإكمال العمل ونجاح المشروع منها :

- يجب أن يكون هناك عدد من الموظفين ضروري لتنفيذ كل العمل الضروري.
- كل موظف يجب أن يعرف ما هو عمله بالضبط وعند الضرورة يجب اعطاءه التدريب المناسب لتنفيذ العمل وكيف يعمل وينجز العمل ومتى يجب أن يتم العمل ... الخ.
- كل المواد والأدوات التي يجب أن يتم استخدامها وتكون ضرورية لانجاز العمل لا بد من توفيرها في الوقت المناسب والمكان المناسب وبالكمية المناسبة.
- كل الخدمات والمنافع الضرورية يجب توفيرها مثل الكهرباء، والماء، والوقود ... الخ.
- يجب أن يتم توفير أفضل الأجهزة والمعدات ضمن المصادر المالية المعقولة للمؤسسة وأن تقوم بعملها على أفضل وجه بدون تعطيل أو توقف كما يجب أن يتم توفير التدريب للموظفين عليها عند الضرورة.
- يجب أن يتم توفير كل المستهلكات مثل الاقراص والأوراق والملفات وغيرها من أدوات كحبر الطابعة يجب، أن تتوفر بالوقت المناسب و المكان المناسب.

إذن يبدو أنه من الواضح أن عملية التنظيم يمكن تلخيصها على أنها عملية إدارية لتأكيد توفر ووجود الموظف المناسب والمواد المناسبة والمعدات الصحيحة في المكان المناسب في الوقت المناسب وفي الكمية المناسبة حتى يتم انجاز العمل بالشكل مناسب يسير وفق الخطط الموضوعة بدون تأخير أو توقف أو عقبات.

ثالثاً: التنسيق

إن عملية التنسيق قريبة ومرتبطة جداً من عملية التنظيم حيث أن عملية التنسيق ضرورية جداً من أجل نجاح عملية التنظيم ، لذا فإن عملية التنسيق تتطلب التأكيد على أن كل الجهود والطاقات في الشركة تعمل معاً بشكل تام وفي نفس الاتجاه من أجل تحقيق

الأهداف العامة للمشروع.

إن عملية التنسيق هي عملية ضرورية لكل من الإدارة العليا والوسطى وعمليات الإشراف فعلى سبيل المثال فإن المدير العام يجب أن يعمل على تأكيد أن النشاطات والجهود والطاقات لكل الأقسام في الشركة تسير بشكل متوازن وبتعاون كبير فعلى سبيل المثال لا بد أن يكون هناك تنسيق بين كل أقسام الشركة من أجل القيام بالعمل فقسم المبيعات يجب أن يعمل بالتنسيق مع قسم الانتاج ومع قسم المحاسبة والتسويق وذلك بدوام الاتصال بين كل الأقسام لذا لا بد من أن يكون هناك وسائل اتصالات فعالة بين الأقسام لتسهيل العمل والتنسيق فيما بينهم.

إن عملية التنسيق لا تحصل ببساطة لوحدها بل يجب أن يتم التخطيط لها. إن العلاقة بين التخطيط والتنظيم والتنسيق يمكن ملاحظتها من الشكل التالي 4-1

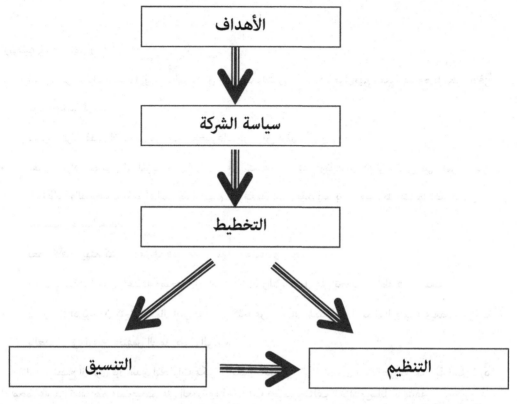

- التحفيز والتشجيع :

إن عملية التحفيز هي عملية مباشرة تتعلق بالقوى البشرية التي تعمل في مشروع معين وهي تتطلب وتتعلق بتشجيع كل الأفراد المعنيين لكي يعملوا بشكل جيد وبجد وبنشاط بإرادتهم وفي طريقة اقتصادية ليعملوا لمصلحة الشركة ومصلحتهم.

إن أهداف المشروع سواء كانت محوسبة أم لا يمكن فقط تحقيقها من خلال الجهود التي يقوم بها هؤلاء الأفراد لذا يحتاج هؤلاء الأفراد إلى حافز وتشجيع من أجل أن يقوموا بعملهم على أكمل وجه. إلا أن هذا التحفيز أو الحافز قد يختلف من فرد إلى آخر أو من مجموعة من الموظفين إلى أخرى لذا يجب على المدير أو المشرف أن يعرف كيف يقوم بوضح الحافز المناسب لكل فرد أو مجموعة من الموظفين ومن الحوافز التي يمكن توظيفها ما يلي:

• صرف المكافآت المالية حيث أن هذا الحافز يعتبر من أكثر الحوافز تأثيراً للعديد من الأفراد، حيث أن العديد من الأفراد يطمحوا أن يحصلوا على المزيد من الذين وظفوهم (موظفوهم) ليس فقط المال بل الرضاء أو الأمن الوظيفي أو القيام بالعمل الذي يفضلونه ويستمتعو بأدائه والذي يشعرهم بأن مهاراتهم وامكانياتهم قد تمّ استخدامها

وتوظيفها على اكمل وجه.

- العديد من الأفراد يطمحوا إلى أخذ المزيد من الدورات والتدريب وزيادة مهاراتهم ومعرفتهم وهذا يعتبر حافزاً كبيراً بالنسبة لهم.

- بعض الأفراد يفضل أن يعمل من ضمن مجموعات أو فريق عمل.

- بعض الأفراد يطمحون إلى المزيد من الترقيات أو اكتساب المراكز الوظيفية الأعلى والتي فيها المزيد من السلطات والصلاحيات المعطاه لهم حيث أنهم سوف يقومون بعملهم بجد ونشاط ليثبتوا تحملهم لهذا المنصب والمسئولية الجديدة.

- بعض الأفراد يهتم كثيراً بالاعتراف فيه ويهتم كثيراً بالمعاملة والشعور فيه.

- بعضهم يحفزه العمل باعطائه ومنحه الإجازات المتكررة والتي تعمل على تجديد نشاطه في المؤسسة.

- بعض الأفراد يرغبون كثيراً بالأعمال التي تبعدهم كثيراً عن الأعمال المكتبية أو الأعمال الروتينية وبعضهم يرغب بالعمل وفق الروتين وبنفس العمل طوال الوقت.

لذا نستطيع أن نرى فإن مدى المحفزات يمكن أن يكون كبيراً لذا على المدير أن يرى الطريقة المناسبة لكل فرد أو مجموعة من تحفيزهم وتشجيعهم على العمل وهذا يتطلب تحفيز مختلف الأفراد بوسائل مختلفة.

إن عملية التحفيز تتطلب أيضاً بناء جو عمل جيد مبني على روح الثقة و التعاون بين الإدارة والأفراد، إن ظروف العمل الجيدة تساعد كثيراً على بناء علاقات عمل ممتازة تخدم مصلحة الشركة والأفراد على حد سواء.

يجب أن يكون في الشركات طريقين للاتصال بين الأفراد والإدارة وبين كل الأفراد في المؤسسة باستخدام كافة التقنيات المتوفرة والحديثة مثل :

- الهاتف الثابت والنقال
- البريد الالكتروني الداخلي
- الاتصال المباشر بين الاطراف
- استخدام الحاسوب (الدردشة، مؤتمرات الصوت والنص والفيديو، ...الخ)

إن الأمن الوظيفي مهم جداً لخلق بيئة من العمل الفعال، ويعمل على تشجيع الأفراد لكي يقوموا بعملهم على أكمل وجه حيث أن التهديد من الممكن أن يؤدي على المدى القصير إلى زيادة العمل ولكن على المدى البعيد فإنه يشكل خطر وتهديد للشركة حيث أنه لا يوصى به للإدارة وعلى جميع المستويات حيث يؤدي إلى هروب الأفراد وبحثهم عن شركات أخرى.

إن الأفراد يأملون وينتظرون ان ينظر إليهم ليس فقط كأجهزة ومعدات تقوم بعمل ما بل كإنسان له مشاعر وأحاسيس لا بدّ من مراعاتها لذا فهو من المهم لكل هؤلاء الذين يتعلق عملهم بالإدارة والإشراف أن يفهموا أن التحفيز الناجح من قبل المدير الجيد ينتج عنه معايير من الانضباط الذاتي للأفراد حيث عندما يكون للأفراد احترام وتقدير فإنهم سوف يكونوا على درجة كبيرة من الإخلاص لمدرائهم لكي يقوموا بعملهم بشكل جيد وبإرادتهم وبدون الحاجة إلى مراقبة مستمرة عليهم .

المراقبة :

إن المراقبة هي عملية ادارية تهدف إلى فحص ما إذا تمّ التخطيط له قد تحقق بشكل حقيقي وفعّال وعند الضرورة تضمن المراقبة أن الإجراءات المناسبة قد تمّ أخذها بعين الاعتبار وأن العمل قد تمّ انجازه بدون تأخير.

ومن خلال اطار العمل هذا فإنه من الممكن أن نرى بأن :

- عمل كل الموظفين يجب أن يتم الإشراف والمراقبة عليه والاستمرار بتقديم المزيد من الارشاد والتوجيه والتعليمات والتدريب عند الحاجة من أجل أن يتم العمل على وجهه الأكمل.

- كل العمليات والتعاملات التجارية لا بد من تدقيقها والتحقيق فيها وقياس أداءها ونتائجها لما تمّ وضعه في الخطط ومدى توافقها مع المعايير والمقاييس الدولية.

إن المراقبة تتضمن التأكيد على أن الموظفين يقومون بأداء العمل المنوط بهم بحسب الطريقة الموضوعة بدون ضياع للوقت أو المصادر أو ضياع للجهد أو المواد حيث يتطلب ذلك ليس فقط عملية التوجيه والارشاد بل الإشراف والإدارة بحيث أن جهود هؤلاء الموظفين يتم استثمارها لتحقيق النتائج المرجوة وهذا كله يتطلب :

- تدقيق العمل

- التدريب والتعليم والارشاد والتوجيه

- التشجيع والتحفيز

إن كل الموظفين من البشر لذلك تكون جهودهم محدودة ولا يمكن ببساطة تشغيلها أو اطفائها كما تشغل أو تطفىء جهاز التلفاز حيث أنهم يتطلعوا ويعتمدوا اعتماداً كبيراً على الإدارة والتوجيه والإشراف.

إن عملية الرقابة تتطلب أيضاً عملية الحفاظ على سجلات الموظفين وأدائهم كنظام معلومات محفوظ في الحاسوب بحيث يتم تدوين كل نشاطات الموظفين واخطائهم

وانجازاتهم في الحاسوب من أجل الرجوع إليها عند الحاجة لاتخاذ قرار معين، إن مثل هذه السجلات تتضمن العديد

من المعلومات مثل :

- المبيعات
- الانتاج
- المخرجات
- الابداعات
- ساعات العمل
- التجاوزات والغياب والتأخير ... الخ

إن كل هذه المعلومات ضرورية من أجل اصدار التقارير والتي تزود معلومات حيوية تساعد الإدارة العليا على إجراء عمليات التحليل من أجل اتخاذ القرارات المناسبة، حيث أن الحاسوب يلعب دوراً كبيراً في عمليات الحفاظ على السجلات وعمليات اصدار التقارير والتحاليل والتي تجعل من عملية اتخاذ القرار عملية فعالة وناجحة.

سادساً : التحليل

ان الحاسوب يلعب دوراً كبيراً في عمليات حفظ واسترجاع المعلومات وإصدار التقارير والمجاميع المتعلقة بكافة العمليات التجارية حيث أنه يتوفر في الأسواق حالياً برمجيات كثيرة ومتعددة تساعد المدير في كل وظائفه وتساعده في اتخاذ القرارات المناسبة وفي الوقت المناسب إلا أنه من الضروري على المدراء أن يتذكروا دائماً :

- أن الكمبيوتر عبارة عن أداة فقط تساعد العملية الإدارية بشكل كبير وفعّال.
- أن الحاسوب لا يمكن أن يكون بديلاً عن العنصر البشري لقيادة المشروع .
- أن الحاسوب لا يمكنه أن يلعب دور المدير وأن يقوم بالوظائف الإدارية الستة التي تمّ شرحها أعلاه بل هو أداة لا بد من استخدامها من قبل كافة الأفراد والإدارة على اختلاف مستوياتها من أجل توفير الوقت والجهد والمال ومن أجل الحصول على المعلومات في الوقت المناسب من أجل المساعدة في اتخاذ القرار بكل شفافية ويسر وفعالية.

أسئلة الفصل الرابع

ضع دائرة حول رمز الإجابة الصحيحة

1- معظم الصناعات المحلية للدول العربية تواجه تحديات كبيرة

أ - عدم التمسك بأساليب ضمان الجودة.   ب. عدم الالتزام بمعايير المواصفات القياسية العالمية للمنتجات

جـ - قلة الدعم للأبحاث العلمية والسوقية   د. كل ما ذكر

2- إن مسئولية الإدارة في مواجهة التحديات والمتغيرات تتمثل في أداء وظائفها 4ومهامها الرئيسية التي مـن أهمهـا التخطيط وهو يتعلق ---------

أ . بتقويم العمليات المساعدة المتداخلة   ب. بتحقيق الأهداف والسياسات والبرامج

ج. بتحديد الاختصاصات والاتصالات لتحقيق الأهداف   د. كل ما سبق

3- ومن أهم النشاطات التي كانت مبنية في مجال بحوث العمليات في المجالات المدنية :

أ - البرمجة الخطية   ب - نظم المحاكاة والنمذجة

ج - التحليل الإحصائي   د. كل ما ذكر

4- من أشهر النماذج المستخدمة في بحوث العمليات

أ - نموذج المسار الحرج   ب - نموذج الطريق الأقصر

ج نموذج الطريق الأقصر   د. أ +ب

5- ------- --- هو نموذج شبكة تتضمن مجموعـة مـن الحلقـات تسـمى عقـداً متصـلة بـأقواس أو وصـلات وتسمى إحدى العقد بالمصدر والعقدة الأخرى المصب

ب. نموذج البرمجة الخطية   أ – نموذج المسار الحرج

د- نموذج ضبط المخزون   ج - نموذج الطريق الأقصر

الفصل الخامس

تخطيــــط المشــــروع

الأهداف التعليمية للفصل الخامس:

يهدف هذا الفصل إلى التعريف بأهم المفاهيم المتعلقة بتخطيط المشروع وكيفيه وضع أهدافه وأهميـة صـنع القرارات بناءً على معلومات دقيقة وصحيحة ومبنية على الحاسوب وتقنية المعلومات .

ومن أهم أهداف هذا الفصل:

- التعرف على مفهوم التخطيط ومهامه.

- التعرف على أنواع خطط المشروع

- التعرف على كيفية وضع أهداف الإدارة .

- التعرف على أهمية جمع المعلومات المعتمدة واستخدام التقنيات والمصادر المتطورة .

محتويات الفصل الخامس

1-5   مفهوم التخطيط ومهامه

إن الخطوة التالية بعد أن يتم تحديد المشروع المراد تنفيذه في عملية إدارة المشروع هي عملية التخطيط للمشروع، فقد بينت الأبحاث العلمية أن النتائج الإيجابية للمشروع تعتمد بشكل أساسي على مرحلة التخطيط هذه، حيث أن عملية التخطيط تتضمن تعريف واضح ومفصل للنشاطات المنفصلة والتي يحتاج إليها من أجل إكمال كل نشاط ضمن المشروع، حيث تتطلب هذه المرحلة لعمل العديد من الافتراضات حول توفر المصادر مثل الأجهزة والقوى البشرية والمواد الخام والبرمجيات اللازمة حيث أنه من السهل عملية التخطيط للنشاطات القريبة من تلك التي تمتد إلى فترات طويلة والشكل التالي يبين ويوضح أن العناصر والنشاطات القريبة يتواجد فيها تفاصيل عالية بعكس النشاطات البعيدة المدى والتي لا يتوفر فيها العديد من التفاصيل.

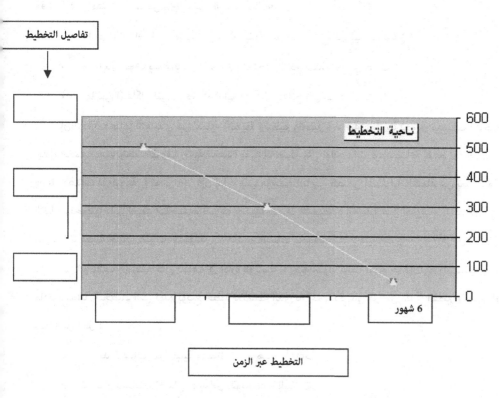

شكل 5-1 مستوى تفاصيل تخطيط المشروع عالية في المدى القصير
(أسبوع واحد) ومنخفضة على المدى البعيد (6 شهور)

ان عملية التخطيط هي من أهم و أكثر المراحل التي تأخذ وتستهلك الكثير من الوقت، حيث أن الخطة والتخطيط هي عملية مستمرة منذ بداية المشروع وحتى نهاية وتسليمه ويجب أن تتم عملية إعادة دراسة الخطط وإعادة وضع الخطة وإعادة مراجعتها وتدقيقها والتعديل عليها وذلك حسب توفر معلومات جديدة في كل مرحلة من مراحل المشروع حيث أنه هناك العديد من الخطط المختلفة النوع والتي يجب ان يتم تطويرها من أجل دعم خطة المشروع الرئيسية والتي تتعلق بالجدول الزمني والميزانية.

إن كل مشروع ناجح يجب أن يبدأ بتعريف واضح للنتائج النهائية له أي يجب ان يتم تعريف الهدف وبنية واساس العمل المراد انجازه، فيجب ان يتم تعريف ما سوف ينجز عند اكتمال المشروع ويجب أن يتم تعريف المشاكل التي يجب ن يتم وضع الحلول لها وما هي الأهداف التي يجب أن يتم تحقيقها من قبل مدير المشروع لذلك وقبل البدء بالمشروع لا بد من الاجابة على الاسئلة التالية:

• ما هي الأهداف التي يجب أن يتم تحقيقها وما هي النتائج النهائية للمشروع ؟

• من الذي سوف يستفيد من المشروع ويستخدم نتائج المشروع ولأي هدف ؟

• ما هي المشاكل التي سوف يتم حلها من قبل النتائج النهائية ؟

إن الإدارة بمعناها التقليدي هي عملية تخطيط وتنظيم وتحليل ومراقبة عمليات تحويل مقومات انتاجية من خلال أنظمة معينة وتحت ظروف رقابية محددة بغية الحصول على نواتج ذات قيم مضافة لقيم المقومات، وذلك طبقاً للأهداف الموضوعة. وبمعنى آخر فإن إدارة ايس مؤسسة انتاجية تتضمن المسئولية الكاملة عن تحديد مقومات الانتاج وتحويلها طبقاً لخطة انتاجية موضوعة مسبقاً بهدف الاستفادة الكاملة من المقومات المتوافرة إلى سلع بمواصفات معينة حسب طلبات المستهلكين او تقديم خدمات محددة طبقاً لاحتيادات ورغبات الأفراد.

من الوظائف الأساسية التي تساهم في إدارة مؤسسة انتاجية ،سواء كانت تقدم خدمات أو كانت تقدم منتجات مادية، عملية التخطيط التي تهتم بوضع خطط للأنشطة الدورية المتجددة على كل من المدى القصير والمدى الطويل، وذلك من أجل :

▫ تحديد الأهداف المستقبلية ووسائل تنفيذ هذه الأهداف

▫ تجميع البيانات الاحصائية ووسائل تقويم هذه البيانات.

▫ وضع خطط بديلة مبنية على افتراضات مستقبلية واختيار الأفضل والأنسب.

▫ تجزئة الرخطة الرئيسية إلى خطط فرعية لمختلف الأنشطة .

- توقيت فترات التنفيذ
- متابعة وتقويم الخطة المنفذة بصفة دورية في ضوء التوقعات الجديدة مع عملية تعديل الأخطاء التي قد تحدث.

أما المهام الفرعية للتخطيط فهي متمثلة في أربع أدوار رئيسية يمكن تفصيلها كما يلي:

- **مهام التنبؤ بالنشاطات :**

تركتز عملية التخطيط على عملية التنبؤ للتعرف على الأحداث المحتملة والمرتقبة حيث أن التنبؤ هو تقدير مستقبلي يعتمد على أسس احصائية موضوعية ومؤشرات واقعية استنتاجية. أما التوقع فهو تقدير مستقبلي معتمد على المقدرة الذاتية في تطويع البيانات والمعلومات والمؤشرات، في حين أن التخمين من أخطر ما يمكن، وذلك لأنه يعتمد على التهيؤات والتخيلات والأمنيات بدون برهان أو دليل ملموس.

- **مهام تخطيط الميزانيات :**

ترتكز عملية التخطيط أيضاً على عدة مهام منها الموازنة التي تترجم جميع الأنشطة التي تشمل الخطة إلى أرقام مالية تعطي قيمة الأصول المتداولة والقيم الاستهلاكية والتدفقات النقدية تبعاً للاحتياجات اللازمة من قوى بشرية وخامات أولية وأساليب انتاجية وكذا التوقعات المالية نتيجة المبيعات .

- **مهام توزيع الموارد:**

ترتكز عملية التخطيط أيضاً على عملية التوزيع الأمثل للموارد المتاحة على مختلف الأنشطة بغية الوصول إلى الهدف سواء كان أقصى ربحية أو اقل خسارة أو أقل تكلفة أو أعلى انتاجية، حيث يمكن النظر إلى هذه العملية على أنها تخصيص عدة موارد متاحة لعدة سلع منتجة بحيث يناسب حجم الانتاج من كل سلعة ويحقق هدف المؤسسة من كل منتج.

- **مهام جدولة العمليات :**

ترتكز عملية التخطيط أيضاً على الجدولة المثلى للعمليات الإنتاجية على خطوط الإنتاج حتى يمكن التعرف على حجم إنتاج في فترة معينة وبذلك يمكن حساب سعة الإنتاج في العام مثلاً حيث يراعي في ذلك تحديد عمليات التشغيل وازمنتها وتتابعها على الأجهزة المنتجة.

2-5 أنواع خطط المشروع

هناك عدة أنواع من الخطط والتي من الممكن أن يتم وضعها من أجل ضمان نجاح المشروع وضمان تحقيق أهدافها:

- **خطة الجودة**

وهذه الخطة تصف إجراءات الجودة وتصف المعايير والمقاييس والتي يجب أن يتم الالتزام بها والتي سوف يتم استخدامها في المشروع.

- **خطة القبول**

وهذه الخطة تصف الطريقة والمصادر والجدول الزمني المستخدم من أجل عملية قبول الإجراءات و النشاطات المتعلقة في المشروع.

- **خطة الإعدادات الإدارية**

والتي تصف الإعدادات الإدارية والاجراءات المستخدمة في المشروع.

- **خطة الصيانة**

حيث تؤدي إلى معرفة متطلبات عمليات الصيانة المطلوبة وتكلفة الصيانة والجهود والطاقات والمواد المطلوبة لذلك.

- **خطة تطوير الموظفين**

حيث تصف هذه الخطة كيفية تطوير مهارات وخبرات أفراد فريق المشروع والمشاركين في نشاطات المشروع المختلفة.

إن عملية التخطيط عبارة عن نشاط مستمر طيلة مراحل المشروع حيث تتكون من خطوات وإجراءات لا بد منها لكي يتم تنفيذ المشروع بنجاح وفعالية كبيرة ومن هذه الإجراءات المطلوبة في عملية التخطيط ما يلي:

- **تأسيس الثوابت والمدى والبدائل للمشروع**

لا بد لمدير المشروع أن يضع ثوابت محددة لكي يتم تنفيذ المشروع بناء عليها وهذه الثوابت مستمدة من المعايير الداخلية للشركة ومن المعايير والمقاييس العالمية حيث تتضمن هذه الثوابت طريقة الاتصالات بين الأفراد والإرادة وطبيعة العمل وكيفية انجاز النشاطات والأعمال وطريقة الاجتماعات والقوانين المتعلقة بالحضور والغياب ... الخ.

- **عمل تقييمات مبدئية لعناصر ومعاملات المشروع**

حيث يجب أن يكون مدير المشروع على دراية تامة بكل أفراد فريق العمل والأعمال المنوطة بكل واحد منهم وأن يكون متأكداً من قيامهم بأعمالهم على

أكمل وجه .

- تعريف العناصر الأساسية والمهمات المتعلقة بالمشروع ونتائجه المرجوة.

يجب أن يتم تعريف ما هي مخرجات المشروع وما هي اللبنات الأساسية له وما هي المخرجات التي سوف يتم الخروج بها عند الانتهاء من المشروع. كما يجب أن يتم وضع جدول زمني يتم من خلاله انجاز النشاطات الأساسية والفرعية المتعلقة بالمشروع حتى انتهاء المشروع بالكامل والقيام بعملية تسليمه .

- بناء جدول زمني لكل نشاطات المشروع وهذا الجدول قابل للتغيير والتبديل حسب المعلومات الجديدة والمشكلات التي تطرأ

- متابعة تقدم عملية تنفيذ المشروع وعناصرة ومقارتها مع الجدول الزمني الموضوع ومن ثم عمل التقييمات والمراجعات اللازمة.

- وضع خطة مراجعة وتدقيق، القيام بمراجعة عناصر المشروع ومعاملاته وثوابته لما تمّ انجازه وعمل التعديلات والتحسينات بناءً على ذلك.

- مراجعة وتحديث وتعديل الجدول الزمني للمشروع وذلك حسب المراجعات والتقييمات والمعلومات الجديدة التي طرأت أثناء تنفيذ المشروع.

- العمل على حلّ المشكلات التي تطرأ ومن ثم إعادة النظر بالثوابت ونتائج المشروع حسب ما تمّ انجازه والتوصل إليه.

- وضع خطة اتصالات تبين طرق الاتصالات والاجتماع وعمليات التنسيق و التنظيم بين فريق عمل المشروع.

- تقسيم المشروع إلى مهام قابلة للإدارة والمعالجة بشكل فعّال. حيث تعتبر هذه مهمة حرجة ومهمة خلال عملية التخطيط للمشروع حيث يجب أن يتم تقسيم المشروع الكلي إلى مهام ونشاطات فردية ومن ثم ترتيبها بشكل منطقي حتى يضمن الانتقال السلس بين كل نشاط وآخر ويضمن عدم التناقض بين النشاطات، حيث أنه من الممكن على أكثر من نشاط أن يتم انجازها معا أو بشكل متواز وهناك نشاطات لا تتم إلا بشكل متتالي أي بعد أن يتم الانتهاء من نشاط يتم البدء بنشاط آخر حيث تسمى هذه العملية أي تقسيم المشروع الكلي إلى نشاطات فردية متسلسلة بتسلسل معين ببناء تقسيم العمل Work Breakdown Structure.

إن عملية بناء تقسيم العمل من الممكن أن تتم وتمثل باستخدام قانت شارت Gantt Chart شكل 5- 2-1 و شكل 5- 2-2 وهي عبارة عن تمثيل صوري للمشروع حيث

919تمثل وتصور كل مهمة بخط أفقي حيث يمثل طوله المدة الزمنية اللازمة لإنهاء هذه المهمة أو النشاط حيث أنه من الممكن أن يتم استخدام العديد من الألوان والظلال والتي تميز كل نشاط عن غيره.فعلى سبيل المثال من الممكن تمثيل النشاطات الحرجة والمهمة والرئيسية باللون الأحمر والنشاطات الفرعية منها باللون الأزرق وأيضاً من الممكن تمثيل مهمة الملخصات أوالمجاميع بخط عريض أسود مميز .

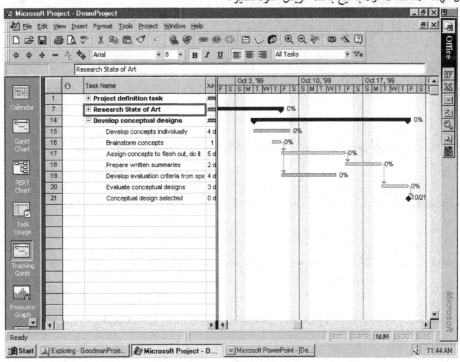

شكل 5 -2-1 Gantt Chart قانت شارت يبين مهام المشروع والفترات الزمنية لهذه المهام

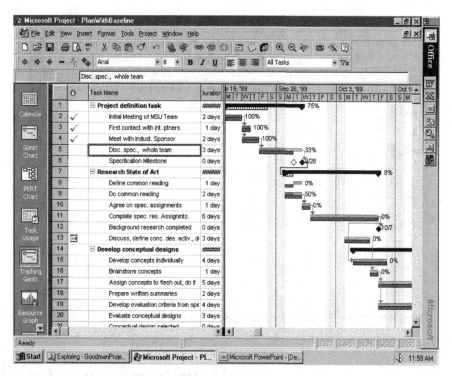

شكل 5-2-2 Gantt Chart قانت شارت يبين مهام المشروع والفترات الزمنية لهذه المهام

من الممكن استخدام برنامج مايكروسوفت بروجيكت MS _ Project من أجل القيام بكافة المهام المتعلقة بإدارة المشاريع مثل :

- إضافة المهام والفترات الزمنية Adding tasks, durations
- وضع المهام المعتمدة على بعضها البعض والمستقلة عن بعضها البعض Setting dependencies
- وضع المسار الحرج وحسابه Seeing critical path,
- إضافة المهمات الفرعية "Rolling up" subtasks
- تعيين المصادر Assigning resources
- تعدي الفترات الزمنية وتعيينات الوقت ..الخ Adjusting durations, time assignments, etc.

والمثال التالي يبين بالصور كيفية استخدام برنامج إدارة المشاريع project manager لشركة مايكروسوفت.

الخطوة الأولى :

فتح البرنامج من قائمة البرامج ومن ثم البدء بمشروع جديد :

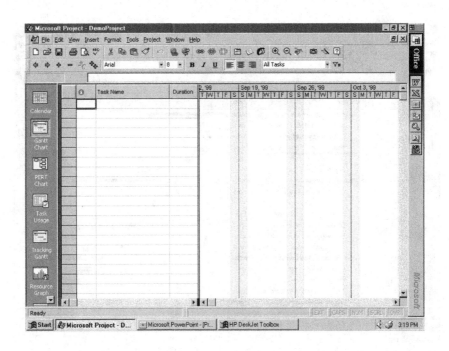

الخطوةا لثانية : البدء بإدخال تفاصيل مهام المشروع كما يلي:

Task name اسم المهمة أوالنشاط

Duration الفترة الزمنية لإنهاء المهمة

Start تاريخ بدء المهمة

Finish تاريخ انتهاء المهمة

Predecessor المهمة السابقة المتطلب إنهاءها قبل البدء بهذه المهمة

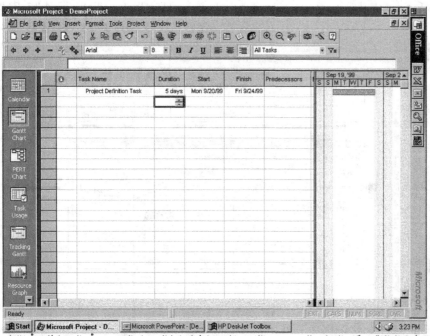

الخطوة الثالثة: يمكن القيام بالعديد من التنسيقات وإظهار إما التمثيل الرسومي أو النشاطات أو الاثنين معا كما يمكن تعيين المسارات الحرجة وإجراء عمليات جمع للفترات الزمنية ...الخ.

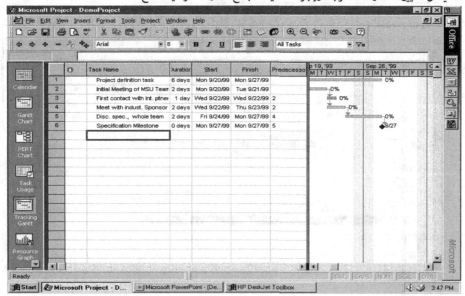

الخطوة الرابعة: يمكن الحصول على ملخص معلومات عن كل عنصر ومهمة من مهام المشروع كما يمكن العمل على تعديل البيانات في أي وقت

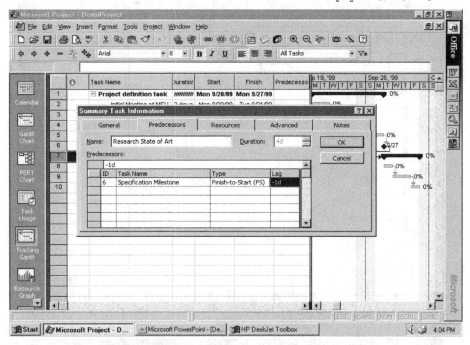

الخطوة الخامسة: التعدي على فترات بداية المشروع ونهاية المشروع والأولويات والفترة الكلية للمهمة وغيرها. وذلك بـ

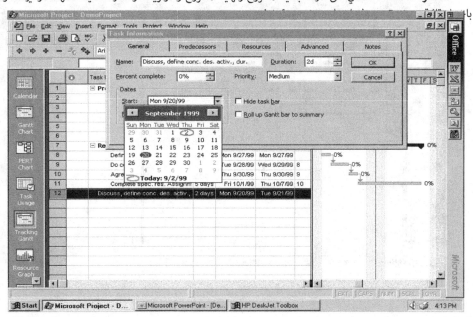

الخطوة السادسة: من الممكن حفظ المشروع من قائمة ملف

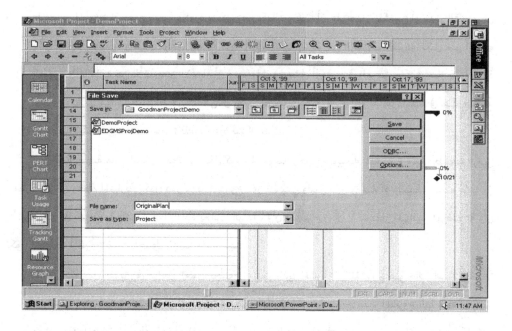

4-5 وضع أهداف الإدارة

بعد أن يتم تعريف وجدولة ووضع الميزانية للمشروع فيجب على مدير المشروع أن يضع الطريقة والتي من خلالها سوف يقوم بقيادة فريق عمل المشروع، وحيث أن المشاريع عادة تتطلب من فريق العمل عملاً إضافية وجهداً كبيراً حيث يكون المشروع بالنسبة إلى كثير من الموظفين كأنه متطفل غير مرغوب فيه، لذا على مدير المشروع أن يأخذ بعين الاعتبار أن هناك كثير من الموظفين سوف يعارضونه وهم من ضمن المشروع حيث أن عليه أن يقوم بتسوية ساعات عملهم والاجتماع معهم وتحفيزهم للعمل بشكل جيد لمصلحتهم ومصلحة المؤسسة.

ومن أجل أن يتم المشروع بشكل سلس، فيجب على مدير المشروع أن يقوم بتغيير أسلوب التعامل مع الفريق وعلاقته بهم، وعليه أن يوضح بشكل لا يقبل الشك وظيفة وعمل كل عضو في المشروع. وفيما يلي سرد لأهم المقترحات والتي يمكن لمدير المشروع أن يقوم بها :

- على مدير المشروع أن يقوم بتوضيح دوره بشكل فعّال كقائد. حيث أن على مدير المشروع أو مدير القسم أن يكسب احترام وتبعية وانقياد قسمه إليه مع مرور الوقت بغض النظر عن الأسلوب الفردي لكل من أعضاء الفريق، ولكن لا بد من الأخذ بعين الاعتبار أن مدير المشروع مثل أي فرد في الفريق ولكنه حاز بثقة إدارة المشروع بشكل مؤقت حيث أنه من الممكن أن يكون موظفاً عادياً في قسم آخر لذا من المهم في هذا الوضع أن يعرف كيف يقوم مدير المشروع بلعب دوره بشكل فعال.

ان وظيفة ومهمة مدير المشروع تعتمد بشكل كبير على نوعية وحجم وطبيعة المشروع وعلى طبيعة فريق العمل ولكن في معظم المشاريع يكون دور مدير المشروع دور تنسيقي وليس دور موجه أو وسيط، حيث عليه أن يتأكد أن كل المصادر تعمل كفريق معا باتجاه تحقيق الهدف وأن يتأكد من أن لا يتجاوز الميزانية الموضوعة وأن تكون نشاطات المشروع ضمن الجدول الزمني المعد مسبقاً.

- متابعة أداء عمل الفريق في مراحل العمل. يجب أن يتذكر مدير المشروع أن المشروع هو حالة استثنائية لذا من الممكن على أعضاء الفريق أن لا يفهموا دورهم بشكل واضح كما يفترض مدير المشروع ،لذا عليه أن يتابع ويراقب كل المهمات المنوطة بأعضاء الفريق ليتأكد من أن الأعضاء قد فهموا دورهم في المشروع بشكل تام ومن الممكن أن يتم ذلك التوجيه والتدريب كما لو أنهم موظفين جدد بحيث أن يكون ذلك بدون أن يشعروا أنهم متدربين.

- يجب على مدير المشروع أن يركز ويؤكد على التنظيم والتقيد بالجدول الزمني. حيث أن قائد المشروع يعتمد بشكل كبير على التنظيم الجيد والتقيد بالجدول الزمني للعمل لذلك من المهم كتابة كل شيء حيث أنه من الممكن أن يستخدم مدير المشروع قائمة بالمهام والجدول الزمني للتأكد أن العمل يمشي حسب الجدول الزمني الموضوع مسبقاً.

- يجب أن يكون مدير المشروع واعياً لأولويات فريق العمل والتناقضات التي من الممكن أن تطرأ حيث أنه من النادر على فريق العمل أن يتركوا أعمالهم الروتينية المتكررة المنوطة إليهم لتمضية كل وقتهم وجهدهم في المشروع المؤقت حيث أنه من المحتمل كثيراً أن يواجهوا العديد من التناقضات في أوقات انتهاء عملهم حيث أنه لا يمكن أن يتم انجاز مهام المشروع وأعمال القسم المنوطة بهم في وقت محدد لذا على

مدير المشروع أن يطلب من فريق عمله قبل البدء بالعمل عن أي تناقض في الجدول الزمني للمشروع مع عمله الرئيسي وأن يجد الحل المناسب لذلك .

- يجب أن يكون مدير المشروع متوفراً دائماً لفريق العمل. من المهم على مدير المشروع أن يستمد في إدارة قسمه وفي نفس الوقت قيادة المشروع ونفس الشيء بالنسبة لفريق العمل فيجب أن ينجزوا أعمالهم الروتينية في القسم وأن ينجزوا ما طلب منهم من مهام بالنسبة للمشروع ولكن وبغض النظر عن الضغط الذي يكون على مدير المشروع وبغض النظر عن مدى وحجم العمل الذي سوف يقوم به مدير العمل فيجب على مدير المشروع أن يكون متاحاً كل الوقت لأعضاء فريقه من أجل حلّ المشاكل التي يواجهونها أو من أجل الإجابة عن استفساراتهم.
- يجب على مدير المشروع أن يطلب المشاركة في العمل وأن يستجيب هو أيضاً لهذه المشاركة، إن مهمة الفريق يجب أن تكون أكثر ديموقراطية من مهمته في العمل كقسم وإلا لن يسمى فريق عمل حيث يجب على مدير المشروع أن يطلب من أعضاء الفريق المشاركة وإبداء الرأي وعرض بعض الاقتراحات والإجراءات وأن يكون لهم دوراً في تنفيذ أهداف المشروع ومن المهم أن تكون مشاركتهم في المشروع حقيقة واقعية وليس مجرد فكرة أو كلام حيث يجب على مدير المشروع أن يكون حسن الاستماع لما يطرحه الفريق من أفكار وعندما تكون الفكرة معقولة يجب أن تكون لديه الإرادة والقدرة على تغيير الافتراضات.
- يجب على مدير المشروع أن يتذكر دائماً النتائج المطلوبة من المشروع. عندما يكون مدير المشروع مشغولاً بحلّ مشاكل الجدول الزمني أو مشاكل الميزانية ومشاكل التغلب على التأخير في الحصول على المعلومات فمن السهل عند ذلك أن يفقد مدير المشروع رؤية أهداف المشروع، لذا يجب على مدير المشروع أن يذكر نفسه دائماً لما يجب عليه أن يقوم بتحقيقه حيث أن عليه أن يقوم بتوجيه نفسه وقراراته ونشاطاته إلى النتائج النهائية والأهداف التي يجب أن يتم تحقيقها.

إن على مدير المشروع أن يقوم بتخطيط وتنظيم بتعريف وبناء شبكة المصادر التي سوف تكون تحت مسئوليته من قسمه ومن أقسام أخرى في الشركة ومن خارج الشركة حيث يجب على مدير المشروع أن يقوم بإعداد قائمة لكل الأفراد والذين سوف يتم دمجهم

في فريق العمل من أجل تحقيق أهداف المشروع وتتضمن هذه القائمة :-

- موظفين مبيعات والذين لهم خبرة وعلم بعملية الطلبيات والتوزيع والذين يعلمون العديد من المشاكل والتي حدثت في الماضي حيث أن وجودهم يساعد كثيراً في تصميم العمليات والتعاملات التجارية والنماذج التي من الممكن استخدامها في المشروع.
- مدير قسم التنفيذ والذي يدرك نفس المشاكل السابقة ولكن من وجهة نظر مختلفة حيث تكون لديه القدرة على توفير المعلومات التي يحتاج إليها من أجل انجاز العمل وعنده القدرة على اقتراح كيفية عمل الإجراءات اللازمة لانجاز العمل.
- موظف من قسم خدمة الزبون والذي قد أتم مؤخراً انجاز تقرير حول شكاوي العملاء حيث أن هذا الموظف عنده علم بنوعية الأخطاء التي سجلها العملاء والتي تتعلق بالتأخير وعمليات شحن لمنتجات خاطئة وللطلبيات الغير مكتملة.
- مصادر من خارج الشركة لغاية التصميم والطباعة وطباعة النماذج .
- غيرهم من المصادر التي يحتاج إليها وذلك حسب طبيعة المشروع.

إن وجود مصادر القوى البشرية المناسبة والمؤهلة لانجاز العمل لهو ضرورة أساسية سواء لعبوا دوراً نشيطاً وعملياً أو دوراً لغاية تقديم النصائح فقط، حيث أن باستطاعة مدير المشروع أن يقوم بتنسيق وتنفيذ المشروع بفريق عمل صغير وقدرة على تقديم شبكة من النصائح المكثفة وذلك لحل كلّ المشكلات التي تطرأ أثناء تنفيذ المشروع.

وهناك في حالات كثيرة لا يمكن تعيين الموظفين والأفراد المثاليين ذوي الكفاءة والمهارات العالية لكي يكونوا ضمن فريق عمل المشروع وذلك للأسباب التالية:

- قد لا تسمح ميزانية المشروع من استخدام موظفين من ذوي الرواتب العالية.
- من الممكن أن لا يتوفر موظفين ذوي خبرات عالية .
- من الممكن أن ترغب الشركة بتطوير مهارات موظفيها من خلال عملهم في المشروع.

لذا على المدراء أن يعملوا بناءً على هذه المحددات والمعوقات وخاصة عندما يكون هناك نقص كبير في الموظفين والأفراد المتدربة ذوي الخبرة العالية.

5 -5 الحاجة إلى معلومات معتمدة وسريعة

يجب على المدير العصري الناجح أن يراعي استخدام تقنيات المعلومات ومصادر الكمبيوتر المتطورة لمعالجة المعلومات وأنظمة المعلومات الإدارية المختلفة والتي قد جلبت معها تغييرات هائلة في عملية إدارة المشاريع والمؤسسات حيث أن فهم كامل لهذه التغييرات سوف يساعد المدير كثيراً في عملية التحكم والإدارة الفعالة للشركة.

في هذا العصر التجاري التنافسي المتطور فإن المعلومات قد أصبحت المصدر الرئيسي لإدارة وحتى في المساحات التي قد تأخذ تقنيات أقل فإن المدير يحتاج إلى معلومات والتي هي نتائج البحث والتطور والتي قد تفتح فرص لمنتجات جديدة وتطورات عديدة تنقل المؤسسة إلى شركة رقمية متطورة تقدم خدماتها وعملياتها التجارية بشكل يرضي العملاء وكل من له علاقة بالمؤسسة.

اليوم المدير بحاجة إلى تغذية راجعة مستمرة لعمية التطور وتقدمها وللعملية التجارية ويحتاج إلى معلومات حول كل يدور من حوله وفيما يلي نوجز بعض مجالات المعلومات التي قد يحتاج إليها المدير والتي قد تساعده في اتخاذ قراراته :

- معلومات عن المبيعات والمشتريات اليومية.
- معلومات عن أداء الموظفين اليومي.
- معلومات عن الأجهزة والماكنات العاملة وأدائها وتكاليف الصيانة لها.
- معلومات عن أصول الشركة الثابتة والمتحركة.
- معلومات عن المنافسين وأدائهم وطريقة عملهم وطبيعة تطور المنتجات.
- معلومات عن العملاء مفصلة من أي الاماكن هم وكم هي قيمة مشترياتهم ..الخ.
- معلومات عن الأسهم والبروصة وعن التقنيات الحديثة التي قد تظهر بين الأونة وأخرى .
- معلومات عن مدى رضاء الزبائن وشكاويهم .
- معلومات عن جودة المنتجات أو الخدمات التي تقدمها المؤسسة للعملاء.

هذه بعض المعلومات التي قد يحتاج إليها المدير من أجل أن يقوم باتخاذ القرارات والتي تؤدي إما إلى نجاح الشركة وريادتها أو قد تؤدي إلى فشل الشركة وترديها، فهذه

المعلومات لا بد أن تتوفر فيها الخصائص التالية:

- أن تكون حديثة ومعدلة
- أن تكون صحيحة ودقيقة
- أن تكون واضحة ومختصرة وتؤدي الغرض
- أن تكون متوفرة في الوقت المناسب والمكان المناسب بشكل سريع

فالمعلومات يجب أن تكون دقيقة وصحيحة وموجزة تلبي حاجة الإدارة من أجل اتخاذ القرار في الوقت المناسب .

مثال عملي:

- لنفرض أن مؤسسة إنتاجية تقوم بإنتاج بعض المنتجات وتوزيعها إلى تجار الجملة من أجل بيعها إلى المستهلكين حيث في أحد الأيام جاء احد العملاء يطلب ان توفر له الشركة 100 ألف حبة من المنتج (س) في شهر واحد وطلب هذا العميل أن يرد عليه الجواب خلال يوم واحد فقط.

هنا المدير واجه مشكلة كبيرة فهذه تعتبر فرصة كبيرة لتشغيل المصنع بشكل متواصل لمدة شهر وتوفر فرصة ربحية إذا ما تحقق تأمين ال 100 ألف حبة للعميل إلا أن المدير واجهة المشكلة التالية وهي أن الطاقة الإنتاجية للشركة لا تتجأوز الـ 50 ألف حبة في الشهر فماذا يفعل ؟

هنا يجب على المدير أن يقوم بعمل اجتماع عاجل مع كل من :

- مدير الإنتاج
- مدير التشغيل
- مدير القوى البشرية
- مدير المبيعات
- مدير الحسابات و المالية

وبعد الاجتماع من الممكن أن يتخذ المدير القرار إما بالموافقة أو رفض المشروع حيث أنه من الممكن أن يوافق المدير على المشروع وذلك بعد أن تمّ الاتفاق على ما يلي أثناء الاجتماع :

- زيادة ساعات عمل المصنع لكي يعمل 6 ساعات إضافية
- ترغيب العمال بالعمل الإضافي مقابل الأجر.
- الطلب من مدير القوى البشرية تعيين المزيد من العمال.
- الطلب من مدير المشتريات أن يؤمن المواد الخام الأولية.

لمثل هذه الفرصة لا من من توفر المعلومات الكافية والدقيقة عن كيفية حلّ المشكلة واتخاذ القرار حيث أنه إن لم يكن بالإمكان الموافقة على المشروع فيجب أن يحاول المدير أن يقنع العميل بزيادة الوقت اللازم لتأمين المنتجات.

ان استخدام الحاسوب في مثل هذه المسألة لا يتطلب اجتماعات كبيرة فيمكن أن يتم الاجتماع عبر مؤتمرات الفيديو من خلال الشبكة المحلية أو من خلال شبكة الحاسوب كما يمكن عملية التنسيق من مشتريات واتصالات مع العميل والمزودين وكل من له مصلحة بالمؤسسة باستخدام البريد الالكتروني أو باستخدام الدردشة بالصوت والنص والفيديو مما يوفر ا لوقت والمال والجهد الكبير من أجل إلى الوصول إلى القرار المناسب.

الفصل السادس

جدولـــــــة المشـــــروع

الأهداف التعليمية للفصل السادس:

يهدف هذا الفصل إلى التعريف بـأهم المفـاهيم المتعلقـة بـالتخطيط ووضـع جـدول مواعيـد المشـروع وشـرح للعديد من الأدوات المستخدمة في عملية تخطيط وجدولة المشاريع .

ومن أهم أهداف هذا الفصل:

-   التعرف أهمية التخطيط والتحكم بجدولة الشروع.

-   التعرف على مشكلة جدولة المواعيد.

-   التعرف على مخطط قانت.

-   التعرف على أهمية مراقبة جدول المواعيد.

-   التعرف على حدود مخطط قانت

محتويات الفصل السادس

6-1 مقدمة عامة Introduction

في كثير من الأحيان يتجاوز المشروع الميزانية الموضوعة وحتى أيضاً يتجاوز الفترة الزمنية المحددة له من أجل التسليم النهائي وهذا كله نتيجة عدم التخطيط والتحكم بجدولة المشروع، فإذا كان هذا يصف المشروع الذي سوف يكون عليه هذا الوضع بالنسبة إلى مدير المشروع أو إذا كان هناك مخاوف كثيرة من مستقبل المشروع اذن لا بد لمدير المشروع من أن يقوم بآلية معينة أو أساليب من أجل تخطيط ومراقبة جدول المواعيد Schedule . إن جدولة المواعيد هي عبارة عن ميزانية للوقت مثلها مثل عملية اختيار الفريق المناسب تعتبر مصدر الميزانية وأساسها، فإذا لم يقم مدير المشروع بالتخطيط والتنسيق ومراقبة جدولة المواعيد فإن على الأرجح لن ينتهي المشروع في الوقت المحدد له، لذا لا بد لمدير المشاريع الإلمام بكل ما يتعلق بجدولة المواعيد مثل التقنيات المستخدمة في جدولة المواعيد من أجل التوقع وحلّ المشكلات وكيفية جعل فريق العمل يعملوا معاً على جدول مواعيد فردي لكل مرحلة من مراحل المشروع .

6-2 مشكلة جدولة المواعيد

يجب على مدير المشاريع أن يعمل ضمن فريق العمل الواحد بحيث تتضافر كلّ الجهود نحو تحقيق أهداف المشروع حيث ان مدير المشروع عليه واجب تنسيق كل جهود أفراد الفريق وذلك من أجل اتمام المشروع قبل انتهاء المدة المقررة للمشروع، إن مدير المشروع يجب أن يكون واعياً إلى المتطلبات لكل فرد في المشروع فعلى سبيل المثال من الممكن أن يتفق أعضاء فريق المشروع على جدول المواعيد الذي أقرها مدير المشروع والمتابعة من المرحلة الأولى للمشروع ولكن أي تأخير في أي مرحلة قد يؤدي إلى إعادة جدولة مواعيد كل المشروع مرة أخرى وبدون عملية الاستمرار بالإشراف فإن التأخير سوف يحدث لا محالة في كل مراحل المشروع .

إن عملية تأخير واحدة صغيرة في أحد مراحل المشروع لا تعتبر مشكلة كبيرة إذا تمّ عزلها ولكن من الممكن أن يتسبب هذا التأخير في التأثير على كل المراحل الأخرى وعلى قدرة بقية فريق العمل على النجاح لذا على مدير المشروع أن يأخذ بعين الاعتبار النقاط التالية والمتعلقة بالتأخير:

1- إن كل عملية تأخير سوف تؤثر على باقي مراحل المشروع . بعض المشاريع تبدأ بتأخير متواصل فإذا لم يتم البدء بالمرحلة الأولى على الفور فسوف يؤدي ذلك إلى حصول العديد من المشاكل المتراكمة خلال كل مراحل المشروع، لذا لا بد من جدولة

المواعيد بشكل عقلاني والعمل على تتبع هذه المواعيد بشكل حذر حيث أن مقدرة مدير المشروع على الحفاظ على جدولة المواعيد هي الاختبار الحقيقي لمهارات ومقدرة مدير المشروع على الإدارة.

2- لكي يتم انجاز المشروع في الوقت المحدد فيجب أن يتم امتصاص التأخير الذي حصل في المراحل الأخرى من المشروع، يجب على مدير المشروع أن يضع بالحسبان بعض الضمانات وذلك بالسماح بالمزيد من الوقت الإضافي المطلوب لانجاز المشروع. فإذا حصل التأخير في المراحل المبكرة من المشروع فعلى فريق العمل أن يقوم بتنفيذ المراحل المقبلة في فترة أقل من الوقت المخطط له، أما إذا كان التأخير مزمناً فإنه من الصعب أن يتم انجاز المشروع في الوقت المحدد له.

3- إنه من المرغوب فيه أن يتم انجاز المشروع في الوقت المحدد إلا إذا كان يعني ذلك أن النتائج سوف تكون غير كاملة وغير دقيقة أو لا تحقق النتائج المرجوة. إذن من أجل التعويض عن التأخير الذي حصل فعلى فريق العمل أن يقوموا بالعمل بشكل أسرع ولا بد لهم من النظر بتمعن في الخطط الأصلية أو يجب إضافة المزيد من الوقت للوقت الإضافي الأصلي المخطط له، لذا فإن التأخير قد يعمل على نقلة كبيرة في الميزانية، حيث يجب على المشروع أن ينتهي بتقرير ذا جودة عالية ودقيقة حتى وإن كان ذلك يعني الطلب بمزيد من الوقت لاكمال المشروع.

4- إن عملية البقاء حسب جدول الموعيد والموعد النهائي هي وظيفة مدير المشروع الرئيسية . فإذا تمّ تفويت الموعد النهائي للتسليم فسوف يطلب منه تفسير واضح وصريح لهذا التأخير حيث أن التأخير هو مسئولية مدير المشروع بغض النظر عن كل الأسباب التي أدت إلى ذلك، لذا على مدير المشروع أن يراقب بحرص وحذر مدى التقدم في المشروع والتوقع والتنبؤ بالمشاكل قبل حصولها قبل أن يخلق ذلك المزيد من المشاكل وأن يقوم بالعمل اللازم لمنع التأخير عن الموعد النهائي للمشروع.

يمكن تمثيل جدول المواعيد المبدئي بشكل مخطط بياني والذي يمثل التعبير المرئي لأهداف المشروع حيث أن هذا التمثيل يؤدي إلى تحسين أداء وفهم فريق العمل لكيفية تقدم المشروع ويمثل أداه لمدير المشروع للمراقبة والمتابعة التي يحتاج إليها.

يجب على المخطط البياني أن يبين كلا من النتائج المتوقعة والحقيقية لكل مرحلة من مراحل المشروع والتي تخدم عدداً من الأهداف منها :

1- يعتبر المخطط البياني الأداة الرئيسية للمتابعة تقدم المشروع وعلى الأقل في مرحلة وضع جدول المواعيد الأولية.

2- يزود فريق العمل بأداة ارشاد للمواعيد التي يجب أن يتم فيها انجاز العمل.

3- يعطي هذا المخطط كلا من مدير المشروع وفريق العمل أداة مستمرة لالقاء الضوء على المشاكل والتغلب عليها عند حدوثها بشكل طاريء.

إن المخطط البياني لجدول المواعيد يساعد كثيراً في عملية المراقبة ويقدم منهاج علمي للمشروع حيث يقوم هذا المخطط على عزل المشاكل الحالية وحلها بشكل سريع وبنفس الوقت محاولة الحفاظ على الجدول الزمني للمواعيد.

4-6 مخطط قانت Gantt Chart

إن عملية إنتاج جدول مواعيد للنشاطات من الممكن أن يخطط له بفعالية باستخدام طريق مخطط قانت Gantt Chart وتسمى هذه الأداة أيضاً بخطوط الزمن مخطط حجر الزاوية Milestone Cahrt حيث تمّ استخدامه لأول مرة من قبل مهندس صناعي اسمه هنري قانت Henry Gantt ولذا سمي مخطط قانت.

يمكن بناء مخطط قانت بطرق عديدة باستخدام خطوط أو مربعات أو رموز مما يزود بأداة مقارنة لما تمّ انجازه حقيقة مع ما تمّ التخطيط له لأي مشروع وذلك بسرد تواريخ بداية ونهاية كلّ مرحلة حسب خط الزمن، حيث يتم وضع المراحل من الأعلى إلى الأسفل والزمن يتم وضعه من اليسار إلى اليمين حيث أنه بعد أن يتم وضع كل مرحلة في المخطط فيجب أن تتم متابعة تقدم هذه المرحلة وما تمّ انجازه.

يمكن وضع تصميم للمخطط باستخدام القلم والورقة ومن ثم تغذيتها إلى الحاسوب باستخدام برنامج الجداول الالكترونية كبرنامج MS-Excel من شركة مايكروسوفت أو برنامج MS-Project Management أو باستخدام برنامج إدارة الوقت المتوفر في أسواق الكمبيوتر، ولكن يجب على مدير المشروع أن يتذكر أن هذا المخطط ليس له فقط بل هو لكل أعضاء الفريق. والشكل التالي يبين مثال على مخطط قانت حيث يبين المراحل الأساسية والمتفرعة عنها ويبين بداية ونهاية كل مرحلة من مراحل المشروع.

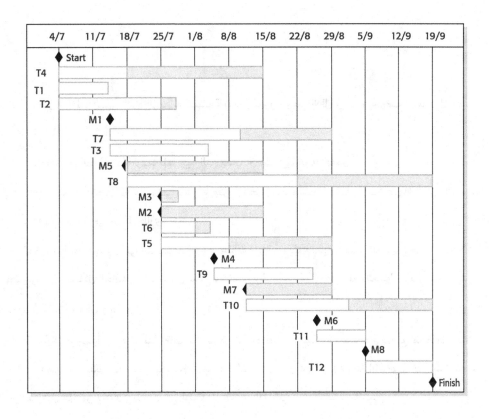

شكل 6-1-1 مخطط يبين الجدول الزمني لمراحل المشروع

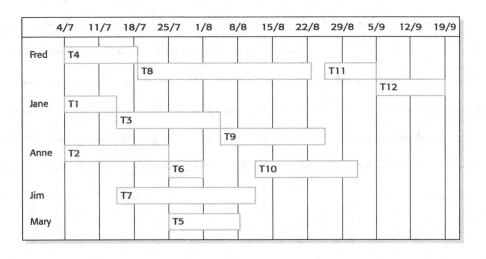

شكل 6-1-2 مخطط يبين الجدول الزمني لمهام فريق العمل

4-6 مراقبة جدول المواعيد

إن العامل الأساسي للنجاح هو عملية المزيد من التخطيط لتطوير جدول الموعيد لنشاطات المشروع المبدئي والذي يؤدي في النهاية إلى تسليم المشروع في الوقت المحدد بالاضافة إلى ذلك يجب على مدير المشروع على التخطيط من أجل انجاز كل مهام اعضاء الفريق حسب الجدول الموضوع. لذا على مدير المشروع ان يتأكد من ان اعضاء فريق العمل يستطيعوا ان ينجزوا العمل حسب جدول المواعيد الموضوع حتى لا تكون هناك مشكلة في التوقيت بالنسبة للموعد النهائي للتسليم.

ومن أجل القيام بإنشاء جدول المشروع لا بد من القيام بالخطوات التالية:

1- تعريف مراحل المشروع. يتم تقسيم المشروع إلى مراحل منطقية تمثل مساحات محددة لكل جهد ومهمة ومسئولية اعضاء الفريق، حيث يجب أن يتم وصف كل مرحلة بشكل مستقل وحسب نوعيتها وحسب اعتمادها على مرحلة سابقة وحسب ضروريتها لمراحل أخرى تتم بعدها.

2- تخطيط تواريخ البداية، يجب أن يقرر أي من المراحل يجب تنفيذها بشكل متواز وأيها بشكل متتالي حيث أنه في بعض الحالات لا يمكن البدء في مرحلة ما حتى يتم الانتهاء من مرحلة أخرى وفي حالات أخرى من الممكن أن يتم انجاز أكثر من مرحلة في نفس الوقت.

3- التنبؤ بفترة كل مرحلة من مراحل المشروع. يجب على مدير المشروع أن يقرر بالأيام أوالأسابيع أو بالشهور الوقت المطلوب لانجاز كل مهمة في كل مرحلة ويجب أن يتم وضع عدد ساعات العمل المطلوبة لانجاز كل مهمة من مهام المشروع.

4- الاجتماع الدوري مع فريق العمل. يجب على مدير المشروع أن يشرك أعضاء فريقه في خطوة وضع جدول المواعيد وإلا فإنه ليس من المتوقع أن يعملوا معاً كفريق واحد.

5- تعديل جدول المواعيد عند الحاجة. يجب على مدير المشروع أن يشارك أعضاء فريقة ويستمع إلى مقترحاتهم فإذا كان أحد الأعضاء والمسئول عن مرحلة ما صرح بأن الوقت المطلوب لانجاز هذه المرحلة غير كاف فيجب عندها البحث عن حلّ وعند الضرورة من الممكن القيام بتعديل جدول المواعيد استجابة لأراء أعضاء الفريق.

6- إعداد جدول المواعيد. يقوم مدير المشروع الآن ببناء مخطط قانت والذي سوف يستخدم لمتابعة المواعيد وتقدمه حيث يجب أن يتم وضع الوقت الحقيقي الذي تمّ انجاز العمل فيه مع الوقت المتوقع.

7- توزيع جدول المواعيد. بعد أن يتم انجاز جدول المواعيد النهائي ومخطط قانت فيجب ارسال نسخة منه إلى كلّ عضو من أعضاء فريق المشروع، حيث أنه سوف يستخدم على طول المشروع. حيث أنه مع تقدم العمل بالمشروع سوف يتم التعديل على هذا المخطط والإضافة عليه بناء على العمل المنجز لذا يجب أن يتم توزيع نسخة منه كل أسبوع لكل عضو من أعضاء المشروع.

5-6 حدود مخطط قانت Gantt Limitations

إذا كان المشروع معقداً وكبيراً فسوف تظهر العديد من المشكلات عند استخدام مخطط قانت منها:

1- مخطط قانت لا يعرف نقاط الضعف التي تربط بين المراحل . عندما يتم نقل العمل بين شخص وآخر أو بين قسم وقسم آخر فإن المشروع يكون عرضة للتأخير حيث أن هذه الارتباطات الضعيفة تكون عادة مسببة رئيسية للتأخير.

2- مخطط قانت غير قادر على سرد المشاكل التي يواجهها فريق العمل والتي نتجت من تأخير غير متوقع. إن مخطط قانت يوضح فقط تواريخ البداية والنهاية للمراحل المختلفة فهو يعطي مدير المشروع وأعضاء الفريق نظرة عامة سريعة لحالة المشروع إلا أن المخطط لا يبين كيف أن عملية تأخير خلال مرحة ما سوف تؤثر على اكمال مرحلة أخرى قادمة. لذا من الأعمال المهمة التي يجب على مدير المشروع القيام بها هي إلقاء الضوء على المشكلات وحلها مع الوقت وهذا غير ممكن باستخدام مخطط قانت لوحده.

3- لا يعمل مخطط قانت على تنسيق المصادر ومتطلبات المشروع المطلوبة في نقاط مهمة وحاسمة في جدول المواعيد. العديد من المشروع لا يمكن أن تتم إلا من خلال إعداد العديد من النماذج والمستندات والتقارير والدعم الخارجي ومتطلبات أخرى والتي يتم انجازها إما من خلال أعضاء فريق العمل أو من خلال مصادر خارجية لذا فالمطلوب جدول مواعيد لتعريف هذه النقاط الحرجة والتي تمكن من التخطيط للامام حسب متطلبات المشروع القادمة ومخطط قانت لا يزود بأي وسيلة لمعالجة هذه النقاط الهامة.

4- مخطط قانت لا يبين درجة اكمال كل مرحلة . يمكن على مدير المشروع أن يستخدم أسلوب التعبئة بوضع علامات أو بمتابعة درجة اكمال كل مرحلة ولكن بشكل عام غير مصمم لمتابعة تفصيلية لمراحل المشروع حيث أنه صمم لكي يزود بنظرة عامة وكلية على المشروع، فعندما يتم اكتشاف خطأ ما فلا بد عندها من عملية التحقيق والتحري والتعريف من أجل معرفة سبب هذا الخطأ عندها تكون المشكلة قد حدثت فعلاً

يجب على مدير المشروع أن يستخدم مخطط قانت لتعريف أولويات جدول المواعيد لمراحل المشروع حيث يتم مناقشة هذه الأولويات مع أعضاء الفريق كما يستخدم مخطط قانت لمتابعة التوقيت ومن ثم إصدار تقارير عن نجاح المشروع.

الفصل السابع

إدارة المخاطر للمشاريع

الأهداف التعليمية للفصل السابع:

يهدف هـذا الفصـل إلى التعريـف بـأهم المفـاهيم المتعلقـة .بـإدارة المخـاطر للمشاريع مـن عمليـة التنظـيم والأساليب المختلفة والمستخدمة في إدارة المخاطر وكيفية منعها أو العمل على تلطيفها أو التخفيف مـن حـدتها عـلى المشروع.

ومن أهم أهداف هذا الفصل:

- التعرف على مخاطر المشروع .

- التعرف على أهم المبادئ اللازم اتخاذها قبل البدء بتنفيذ المشروع ..

- التعرف على نموذج إدارة المخاطر.

- التعرف على أساليب متابعة الخطر.

- التعرف على طرق تسجيل الخطر.

محتويات الفصل السابع

1-7 مخاطر المشروع

5-7 تسجيل الخطر

1-7 مخاطر المشروع

تقوم المشاريع على أساس التغيير، وبناءً على هذه الحقيقة فإن المشروع يكون في جوهره مميزاً وفريداً وفي العادة لا بد من العمل على تحقيق الأهداف ضمن مجموعة من الضوابط والثوابت بالإضافة إلى ذلك من الممكن أن تكون المشاريع كبيرة ومكلفة وتحتاج إلى وقت طويل وهذا يؤدي إلى وجود عوامل غير عادية قد تؤثر على سير المشروع.

يمكن تعريف المخاطر بأنها عبارة عن مجموعة من الأحداث التي تؤدي إلى فشل المشروع أو تأخره أو توقفه وهذا الفشل يؤثر بشكل كبير على المؤسسة والأفراد والبيئة المحيطة، حيث أن الخطر يمكن تصنيفه على أنه كارثي أو كبير والذي قد يؤدي إلى خسارة المشروع بأكمله أو خسارة بالأرواح أو حدوث إعاقات دائمة لأفراد فريق عمل المشروع ويمكن أيضاً أن يكون الخطر سطحي لا يحدث أضرار بالمشروع أو بالأفراد.

في كثير من الأحيان تطرأ العديد من الأحداث الغير متوقعة، وذلك بعد البدء بالمشروع وهذه الأمور تؤثر على المشروع وقد تعمل على تأخيره أو حتى إلغائه لذا لا بد للإدارة من وضع أسلوب علمي وخطة لمعرفة المخاطر التي من الممكن أن يتعرض لها المشروع عند تنفيذه وأن يتم عمل خطة تلطيفية تعمل على مواجهة هذه المخاطر وإزالتها إن أمكن أو العمل على تخفيفها بحيث لا تؤثر كثيراً على سير المشروع.

في عالم مثالي يخلو من الأخطار من الممكن أن يتم التخطيط للمشاريع على أساس أنه لن يحدث أي خطر أو خطأ ،إلا أن الوضع في هذا العصر مليء بالأخطار والتهديدات اذن لا بد من تمضية بعض الوقت من أجل معرفة ما هي الأخطار أو الأخطاء التي من الممكن أن تحدث في أثناء تنفيذ المشروع وذلك من أجل إدارة الوضع، إن الخطر هو القاتل الرئيسي للمشروع ولذا لا بد من القيام بعملية الإدارة له.

كمدير مشروع لا بد تحضير نفسه من أجل الإجابة على العديد من الأسئلة والمتعلقة بالمخاطر والتهديدات التي قد تؤثر على المشروع حيث أنه من الممكن ان يقوم مدير المشروع بعملية عصف دماغي من أجل عملية التمهيد للتخطيط حول المخاطر والتهديدات ومن الأمثلة على هذه الأسئلة ما يلي:

- ما هي الأخطار التي تؤثر على المشروع؟
- ما هوالخطأ الذي يمكن ان يحدث؟
- ما هي أكبر المخاطر على هذا المشروع؟
- ما هي تأثيرات هذه الأخطار على المشروع؟

- ما هي الأعمال التي يجب أن نفعلها للتخفيف من آثار هذه المخاطر؟
- ما هي احتماليات حصول هذا الخطأ؟
- ما هي الأضرار المسببة لهذا الخطأ؟
- ماذا نستطيع أن نفعل تجاه هذه الأخطاء والأخطار والتهديدات؟
- ما هي أنواع الأخطار التي قد يتعرض لها المشروع؟

يمكن تصنيف الأخطار والتهديدات التي قد تطرأ في أثناء تنفيذ المشروع إلى عدة أصناف منها :

- أخطار كبيرة تتسبب من الحروب والزلازل والهجمات الإرهابية والحريق والسرقات وغيرها:

لا بد من أخذ كل الاحتمالات بعين الاعتبار قبل البدء بتنفيذ المشروع حيث أنه لا بد من عمل كل التجهيزات اللازمة للحدّ من هذه الأخطار وذلك بالعمل على تجهيز البنية التحتية اللازمة والتي تحد ولو بشكل ما من هذه المخاطر حيث يمكن التغلب على هذه الأخطار بالقيام بالتجهيزات التالية :

- o حماية موقع العمل وتحصينة من السرقات بتوظيف الحراس وتشديد حماية موقع العمل بالنوافذ والأبواب الحديدية القوية.
- o القيام بعمل نسخ احتياطية لكل المعلومات كل ساعة وحفظ هذه المعلومات في خزنة مقاومة للنار داخل وخارج الشركة.
- o التأمين على الممتلكات
- o تحصين أجهزة الحاسوب والخادمات ببرامج مضادة للفيروسات وقرصنة المعلومات.

- **أخطار كبيرة ناتجة عن موت أحد أعضاء الفريق المهمين.**
- o تدوين وتوثيق كل الإجراءات والعمليات التي تمّ انجازها بشكل مفصل وتأكيد عمل أعضاء الفريق كوحدة واحدة بالتعاون وتشارك البيانات.

- **أخطار ناتجة عن العملاء**

حيث أنه يجب أن يتم الإجابة على العديد من الأسئلة من أجل تقليل المخاطر والتهديدات القادمة من العميل ومن هذه الأسئلة :

- o هل سبق أن تمّ التعامل مع هذا العميل في السابق؟
- o هل للعميل طلب محدد وثابت ولا يمكن تغييره؟

- o هل وافق العميل على تمضية بعض الوقت معك للمناقشة وطرح الأفكار ؟
- o هل للعميل الرغبة في عملية الاشتراك بمراجعة المشروع مع فريق العمل ؟
- o هل العميل متعلم ومثقف بالأمور التقنية؟
- o هل العميل على علم بمراحل تطوير المشروع؟

- **أخطار ناتجة عن نضوج العملية التجارية**

يجب أن يتم الإجابة على الأسئلة التالية:

- o هل تمّ انشاء إطار عمل مع جدولة مواعيد للمشروع ؟
- o هل هناك معايير يتم الالتزام بها لضمان الجودة؟
- o هل هناك مراجعات تقنية روتينية لما تمّ انجازه ؟
- o هل تمّ استخدام أحدث التقنيات مثل الحاسوب والأدوات البرمجية المناسبة لتنفيذ مراحل المشروع بشكل سهل وسريع؟
- o هل تمّ توثيق كل ما يتمّ انجازه أولاًَ بأول؟

- **أخطار ناتجة عن التقنيات الحديثة ا لمستخدمة**

حيث أنه يجب أن يتمّ الإجابة على العديد من الأسئلة من أجل تقليل المخاطر والتهديدات القادمة من التقنيات ومن هذه الأسئلة :

- o هل التقنية المستخدمة جديدة في الشركة؟
- o هل هناك معدات وتقنيات جديدة وغير متأكدين من عملها بالشكل المناسب (لم يتمّ اختبارها في السابق)؟
- o هل يتطلب مستخدمين متخصصين من أجل العمل على هذه التقنيات؟
- o هل هناك محددات للأداء مهمة؟
- o هل البرمجيات المستخدمة تحتاج إلى تدريب قبل البدء في تنفيذ المشروع ؟

- **أخطار ناتجة عن الأفراد وقدراتهم على أداء العمل بالشكل المطلوب**

حيث أنه يجب أن يتمّ الإجابة على العديد من الأسئلة من أجل تقليل المخاطر والتهديدات القادمة من فريق العمل ومن هذه الأسئلة :

- o هل أفضل الأفراد ذوي الخبرة والمهارات متوفرين؟
- o هل يمتلك الأفراد المهارات المطلوبة؟
- o هل عدد الأفراد كاف لأداء العمل في الوقت المحدد؟

- o هل هناك أفراد يعملون بدوام جزئي؟
- o هل للأفراد التوقعات الصحيحة ؟
- o هل يمتلك الأفراد التدريب المناسب والضروري للعمل ؟
- o هل عملية الانسحاب والتحول من قبل الأفراد منخفضة ؟
- o هل الأفراد ملتزمين بالعمل طوال فترة المشروع؟

- **أخطار أخرى متفرقة (ميزانية، تأخير، موقع، مصادر ... الخ)**

ومن الممكن العمل على إدارة المخاطر وتحديد وتنظيم عملية الاستجابة لهذه المخاطر وذلك بالعمل على دراسة النقاط التالية:

- **العمل على وضع خطة تعمل على تقليل أو إلغاء الخطر.**
- **يجب العلم أن أفراد فريق العمل يستجيبوا للمخاطر عند حدوثها فقط.**
- **لا بد من وجود خطط تمّهيدية تلطف من آثار الخطر مثل وجود انظمة اكتشاف الدخان وإطفاء الحريق الاتوماتيكية.**
- **اصلاح الفشل :** يجب أن يتوفر المصدر من أجل عملية مكافحة الضربات .
- **يجب أن تكون هناك إدارة خاصة بمعالجة المخاطر والأزمات.**

2-7 مبادىء لإدارة المخاطر

هناك عدد من مبادئ الإجراءات اللازم اتخاذها قبل عملية البدء بتنفيذ المشروع وذلك من أجل ضمان اكمال المشروع على الوجه الاكمل وفي الوقت المناسب وضمن الميزانية الموضوعة وهذه المبادىء يمكن تلخيصها بالنقاط التالية:

- **الحفاظ على منظور عام**

لا بد من استعراض المخاطر ضمن سياق طبيعة المشروع والعمل التجاري المتعلق به حيث أن كل مشروع له مخاطر من الممكن أن تكون احتمالية حدوثها أكثر من غيرها من المشاريع .

- **يجب اخذ مشهد متقدم بما يخص المخاطر**

يجب أن يتمّ التفكير في كل المخاطر التي قد تظهر في المستقبل ومن ثم يجب عمل خطة تمّهيدية وتلطيفية تعمل على منع هذا الخطر أو التقليل من آثاره إن أمكن.

- **تشجيع المناقشات والاتصالات المفتوحة بين أعضاء الفريق**

إذا اقترح أحد أعضاء الفريق خطر أو تهديد محتمّل للمشروع فيجب اخذه بعين الاعتبار وعدم اهماله.

- **تكامل ودمج إدارة المخاطر**

يجب أن يتمّ دمج كل اعتبارات المخاطر والتهديدات في عملية إدارة المشروع منذ البداية.

- **التأكيد على استمرار إدارة المخاطر طيلة عمر المشروع.**

يجب على مدير المشروع وأعضاء فريق العمل أن يكونوا حذرين وواعين في كل مراحل المشروع من أجل عملية التعديل والتحديث للمعلومات التي تمّ الحصول عليها حول المخاطر ومن ثم القيام بتسجيلها وإضافتها من أجل ضمان سير المشروع لتحقيق أهدافه.

- **تطوير رؤية مشتركة للمشروع**

إذا كان كلّ من له علاقة بالمشروع يتشارك بنفس الرؤية لمّا سيكون عليه المشروع في النهاية فإنه من المحتمّل ان يكون هناك تعريف للمخاطر والتهديدات بشكل أكثر فاعلية بالإضافة إلى أنه سوف تكون هناك عملية تقييم فعالة للمخاطر.

- **تشجيع العمل الجماعي**

يجب ان يتمّ تشجيع العمل الجماعي والعمل ضمن الفريق من أجل الاستفادة الفعّالة من كل الطاقات والمهارات والخبرات التي يتمّتع بها كافة أعضاء الفريق.

3-7 نموذج إدارة المخاطر

إن الخبرة الكبيرة في إدارة ا لعديد من المشاريع الكبيرة تعلمنا انه على الأقل هناك خمسة مراحل ضمن دورة حياة إدارة المخاطر وكل مرحلة من هذه المراحل لا بد من ان يتمّ تداولها بشكل حقيقي والشكل التالي 7-1 يوضح نموذج لعملية إدارة المخاطر يتكون من خمسة مراحل أساسية هي:

- تعريف المخاطر الموجودة
- تحليل درجة خطورة الخطر
- التخطيط
- المتابعة
- المراقبة

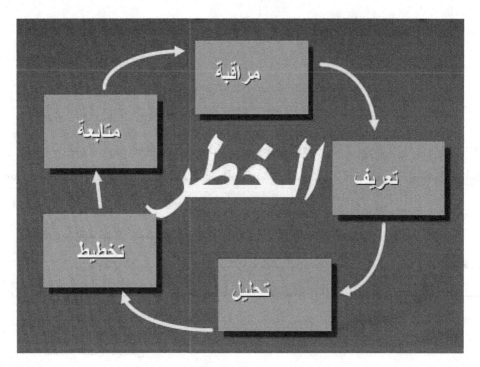

شكل 7-1 نموذج إدارة المخاطر

• **مرحلة التعريف**

هناك العديد من الطرق المستخدمة في تعريف الخطر وإحدى هذه الطرق هي عملية استخدام استبيان تقييم الخطر والذي يراعى أن يتمّ اكماله في كل مرحلة من مراحل المشروع حيث أن هذه الطريقة تزود برؤية عن مستوى الخطر عند كل نقطة زمنية في مراحل المشروع، حيث أنه من الممكن تصميم هذه الاستبانة بناءً على ثلاثة تصنيفات للخطر :

• بيئة العمل في المشروع
• العملية التجارية والادارية والتطوير
• محددات المشروع

حيث أن كل هذه التصنيفات من الممكن أن يتمّ تقسيمها إلى فروع أكثر حتى تتمّ عملية التضييق من أجل التركيز على مظاهر معينة من الخطر.

• **مرحلة التحليل**

إن المرحلة الثانية من دورة إدارة الخطر هي عملية تحليل الأخطار التي تمّ تعريفها في المرحلة الأولى حيث أن هذا النشاط يتضمن ثلاثة عناصر أساسية:

- احتمّالية حدوث الخطر
- مدى ومستوى الخطر عند حصوله
- اتخاذ قرارات واحكام موضوعية حول النقطة الأولى والثانية

الشكل التالي يوضح أنه من الممكن ان يتمّ تصنيف الخطر حسب احتمّالية حصول المشكلة ومدى خطورة وتأثير هذا الخطر

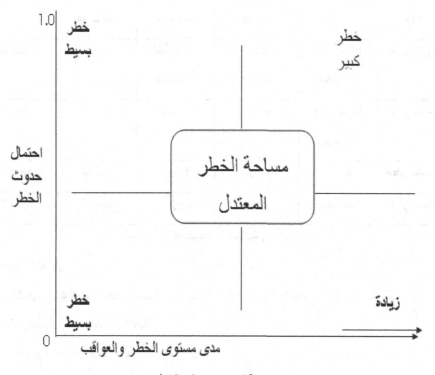

شكل 7-2 تصنيف الخطر

هناك العديد من التقنيات والتي تمّ تطويرها لتقييم مدراء المشروع عند تبنيهم لعملية تحليل الخطر وهناك أيضاً عدداً من البرمجيات التي تعمل في بيئة الحاسوب لمساعدة مدير المشروع في عملية تحليل الأخطار حيث أن بعض هذه البرامج عامة بشكل كبير تمّكن مدير المشروع من بناء تقييم الخطر بشكل فعال. وهناك أيضاً تقنيات تعتمّد على الاحصاء والاحتمّالات ومدى تأثيرها على المشروع، وأيضاً على مدير المشروع أن يأخذ بعين الاعتبار كيف أنه من الممكن أن يؤثر خطر ما على خطر آخر على المشروع، لذا يجب استخدام مصفوفة لتحديد الخطر الكلي لكل جهد في المشروع ولكل أداء ولكل جدولة

-121-

المواعيد والجدول التالي يبين مثال لاستخدام المصفوفة في عملية تصنيف الخطر

مصفوفة الاحتمّالات والتأثير					
احتمّال حصول الخطر					
منخفض جداً	خطأ! ارتباط غير صالح.	خطأ! ارتباط غير صالح.	خطأ! ارتباط غير صالح.	مرتفع جدا	**خطر عال جداً**
منخفض	متوسط	خطأ! ارتباط غير صالح.	خطأ! ارتباط غير صالح.	خطأ! ارتباط غير صالح.	**خطر كارثي**
لا يوجد	متوسط	متوسط	مرتفع	خطأ! ارتباط غير صالح.	**خطر حرج**
لا يوجد	متوسط	متوسط	متوسط	متوسط	**خطر هامشي**
لا يوجد	لا يوجد	لا يوجد	منخفض	متوسط	**خطر بسيط**

شكل 7-3 مصفوفة الاحتمّالية والتأثير

مرحلة تخطيط المخاطر

بعد القيام بعملية تحليل الخطر يجب القيام بعملية تشكيل خطة لتعالج كل خطر حيث أن مرحلة تخطيط المخاطر هذه يجب أن تغطي المراحل التالية:

- تحديد لماذا هذا الخطر مهمة جداً ؟
- ما هي المعلومات التي نحتاج إليها من أجل متابعة حالة هذا الخطر ؟
- من هوالمسئول عن نشاطات إدارة الخطر؟
- ما هي المصادر التي نحتاج إليها لتنفيذ هذا النشاط ؟
- خطة مفصلة حول كيفية منع الخطر أو عملية التخفيف من أثره.
- خطة عمل يمكن استخدامها لتلطيف الخطر من خلال

o الاستجابة الفورية

احتمّال حصول الخطر

o التأثير المحتمّل للخطر يمكن تخفيفه وذلك بالتعامل مع المشكلة في المراحل الأولية من المشروع.

- خطة طواريء يمكن استخدامها لمراقبة الخطر ووضع استجابة يتمّ تحديدها مسبقاً .

مرحلة متابعة الخطر وتخفيفه

حيث أنه لا يمكن منع الأخطار منعاً باتاً في كثير من الأحيان إلا أنه من الممكن العمل على تخفيف حدة تأثيره على أداء المشروع وبذلك باستخدام العديد من التقنيات، لذا فتعتبر هذه المرحلة من دورة حياة إدارة المخاطر مهمة جداً في تعريف التقنيات المختلفة المستخدمة في تخفيف حدة الخطر حيث تتضمن تقنيات التخفيف النقاط الرئيسية التالية:

- **تجنب الخطر.**

يمكن تجنب خطر طريقة ما في عمل المشروع وذلك باختيار طريقة أخرى اقل خطورة حيث تجنب هذه التقنية احتمّالية حدوث الأخطار العالية ولكن هذه الطريقة في معظم الأحيان تقلل من الخطر ولكن لا تعمل على الغاء الخطر بأكمله، يجب على المدير أن يعمل على تقييم ووضع مستوى للخطر وأن يعمل على اتخاذ قرار حول كيفية التدخل عن حدوث العواقب التي تلي الخطر وأيضاً يجب على المدير أن يقرر فيما إذا كان تقليل اثر الخطر يؤدي إلى المزيد من الوقت على حساب الوقت النهائي للمشروع.

- **مراقبة ا لخطر**

من الممكن أن يعمل المديرعلى مراقبة الخطر ومتابعته بشكل مستمّر والعمل على تصحيح الأحوال الخطرة التي تصاحب الخطر وهذا يتطلب استخدام عمليات وتقنيات المراجعة والتدقيق والتحري وتطوير عمليات التغذية الراجعة وغيرها من تقنيات الإدارة المشابه . إن عملية مراقبة الخطر تتضمن تطوير خطة تخفيض الخطر ومن ثم المتابعة طبقاً لهذه الخطة.

- **تخمين الخطر**

على مدير المشروع أن يعمل على افتراض الخطر وذلك بالقيام باتخاذ قرارات لقبول عواقب عند حدوث الحدث. حيث أن بعض افتراضات الخطر تكون دائماً متواجدة ويرجع إلى المدير المستوى المناسب للخطر في كل حالة.

- **نقل الخطر**

يمكن للمدير أن يقوم بعملية نقل الخطر عندما تكون هناك فرصة متاكحة لتقليل الخطر باستخدام تقنية المشاركة ويتمّ ذلك بالاتفاق مع العميل أو المتعاقد وحسب نوع العقد المبرم بين المؤسسة والعميل حيث أن العديد من هذه التقنيات تعمل على مشاركة تكلفة الخطر.

مرحلة متابعة الخطر

أخيراً الوظيفة الهامة في دورة حياة إدارة المخاطر هي عملية الحفاظ على متابعة الأخطار والتي تعرض المشروع إلى الأخطار العالية التأثير والتهديد، إن عملية المتابعة تتضمن :

- تعريف قضايا الخطر الأكبر على المشروع
- متابعة تقدم باتجاه حلّ هذه القضايا من خلال تقارير متسلسلة للتقدم.

أي الفوائد الأساسية لإدارة المخاطر هي نفسها مشابه لعملية متابعة التكلفة ومتابعة جدول المواعيد ومتابعة الأداء، إن عملية المتابعة للخطر تكون حرجة ومهمة وذلك لأنه من الممكن أن تكون سمة خطر أو تهديد ما وذلك لصعوبة تخمين مدى الزمن الذي سوف يكون تأثيره على المشروع .

إن عملية المتابعة تحدث بعد اتخاذ القرارات حول الاستراتيجيات المستخدمة في عملية التلطيف والتخفيف من أثر الخطر حيث يتمّ تنفيذ عملية المتابعة من أجل ثلاثة نقاط أساسية:

- التدقيق فيما إذا كانت العواقب للقرارات المتخذه هي نفسها التي يتوقعها ويراها المدير.
- تعريف الفرص من أجل عملية التحسين في عملية تخفيف حدة الخطر.
- تساعد بالامداد في التغذية الراجعة من أجل اتخاذ القرارات في المستقبل حول مراقبة الأخطار الحالية أو الجديدة والتي لا تستجيب لخطة التلطيف أو تلك التي تتغير طبيعتها مع الوقت.

4-7 أساليب متابعة الخطر

إن أهم وأفضل طريقة فعالة لمتابعة الخطر هي عملية القياس حيث أن الطريقة الفعالة لتقليل الخطر يمكن تحقيقها من خلال برامج مختلفة شاملة للقياس حيث أنها تزود بوسيلة لمقارنة عناصر الخطر مع البيانات التاريخية القديمة ومن ثم تحديد خيارات وبدائل تقليل الخطر، وأيضاً تعمل تقنيات القياس على تحديد العوامل التي تؤدي إلى الخطر وعلى المدير أن يبحث عن هذه العوامل.

هناك تقنيات كثيرة مستخدمة في عملية متابعة التكلفة وجدولة المواعيد والأداء وهذه التقنيات تتضمن :

- بنية تقسيم العمل
- القياس
- دلالات الجودة
- شبكات النشاطات والمتطلبات
- وسائل القيمة المكتسبة

حيث تتمّ عملية المتابعة من أجل القياس فيما إذا كانت موافقة للخطة الموضوعة وجدولة المواعيد والميزانية وهناك أساليب متابعة للخطر أخرى تتضمن:

- التحقيق
- التدقيق
- المراجعة
- الاجتمّاعات

5-7 تسجيل الخطر

إن أسهل طريقة لتسجيل الخطر هي من خلال مسجل الخطر حيث أن كل مشروع يجب ان يتضمن مسجل للخطر مرتبط معه ويجب ان يتمّ انشائه خلال المراحل الأولية للمشروع ويتمّ عملية المراجعة على فترات متفرقة مرة كل اسبوع أو شهر أو حتى عند كل بداية مرحلة.

إن على مدير المشروع أن يضع استراتيجية معينة من أجل عمليات المراجعة والتدقيق في سجل الخطر وذلك حسب طبيعة المشروع وحجمه، كما أن المعلومات التي تسجل في سجل الخطر يجب أن يتمّ الحفاظ عليها من قبل مدير المشروع أو الأعضاء الذي يتمّ ترشيحهم لذلك .

عندما يتمّ تشكيل سج1ل الخطر فإنه لا بد أن يحتوي على الحد الأدنى من المعلومات التالية:

- رقم سجل الخطر
- اسم الخطر
- مدير المشروع (من يملك الخطر)

- وصف الخطر
- نوع الخطر
- الأولوية
- تأثير الخطر
- ملف تقييم الخطر
- كيف يتمّ منع أو تخفيف الخطر

والشكل التالي 7-4 يبين مثال على سجل الخطر :

Project: Embedded software for XYZ system
Risk type: schedule risk
Priority (1 low ... 5 critical): 4
Risk factor: Project completion will depend on tests which require
hardware component under development. Hardware component
delivery may be delayed
Probability: 60 %
Impact: Project completion will be delayed for each day that
hardware is unavailable for use in software testing
Monitoring approach:
    Scheduled milestone reviews with
Contingency plan:
    Modification of testing strategy   g
    software simulation
Estimated resources: 6 additional person months beginning 7-1-96

اسم المشروع

نوع المشروع

اولوية المشروع

عوامل الخطر

احتمالية حصول الخطر

التأثير

طريقة المراقبة

خطة المنع والتخفيف

مصادر التخمين

شكل 7-4 سجل الخطر

الفصل الثامن

إدارة التغييـــر

الأهداف التعليمية للفصل الثامن:

يهدف هذا الفصل إلى التعريف بأهم المفاهيم المتعلقة بإدارة التغيير :

ومن أهم أهداف هذا الفصل:

- التعرف على أهمية الحاجة إلى الحوسبة .

- التعرف على مراحل اختيار النظام المناسب.

- التعرف على مراحل تنفيذ النظام الجديد.

- التعرف على مواقف الموظفين حول النظام الجديد.

- التعرف على أنظمة الدفاع ضد الكود التخريبي.

محتويات الفصل الثامن

1-8 الحاجة إلى الحوسبة

إن العديد من المنظمات في هذا العصر قد تأسست مع نظام حاسوب كمكون جوهري وأساسي. حيث إن نظام الحاسوب هو قلب المنظمة وجميع الأعمال والنشاطات تعتمد عليه حيث أن نظام الحاسوب في مثل هذه الشركات عنصر مهم وأساسي ولا يمكن لهذه المنظمة أن يتم إجراء أي عمل أو نشاط إذا ما توقف الحاسوب أو تعطل النظام ومثال على هذا التعطل:

- انقطاع في الطاقة الكهربائية
- تلف البيانات
- انهيار نظام التشغيل
- فقدان البيانات نتيجة لفيروسات أو عملية هجوم لصوص الحاسوب

إن نظام الحاسوب الذي تم إعداده في المنظمة لا بد له من التغيير أو التعديل أو التحديث كلما تغيرت الظروف وتغيرت متطلبات العمل وتغيرت تقنيات المعلومات في العالم وللأسف هناك العديد من الشركات تفتقر فيها الإدارة ولأسباب عديدة إلى :

- قلة التمويل المالي مما يؤدي إلى العكوف عن القيام بأي نشاط للتغيير والتطور.
- قلة الخبرة باستخدام الحاسوب وتقنيات المعلومات، حيث يتكون الخوف الكبير من التكنولوجيا والخوف من الفشل في استخدامها أو الخوف من عدم توفر الكفاءات والخبرات المناسبة في الوقت المناسب وحسب قدرة وميزانية المؤسسة.
- عدم الإقدام على التغيير من الأنظمة المجربة اليدوية إلى أنظمة الحاسوب وتكنولوجيا المعلومات، حيث أن المؤسسة مطمئنة لوضعها الحالي باستخدام الوسائل اليدوية، حيث ينعدم عندها التفكير العميق بتأثير عدم استخدام التقنيات الحديثة على وضعها التنافسي في المستقبل حيث أن استخدام التقنيات الحديثة لها فوائد عديدة منها :
  - قلة التكلفة في عمليات وتكاليف الإنتاج والمنتجات.
  - قلة الموظفين حيث أن استخدام التقنيات الحديثة يوفر العديد من الأيدي العاملة في المؤسسات.
  - الوصول إلى أسواق جديدة وتوسيع الأعمال
  - زيادة الطاقة الإنتاجية أضعاف مضاعفة.
  - قلة الأخطاء والمشكلات الناتجة من خطوات العمل وخط الإنتاج.

إن المؤسسات وللأسباب أعلاه لن تقوم بالتغير إلى منظمات رقمية تعتمد على الحاسوب والتقنيات الحديثة في كافة أعمالها الداخلية والخارجية.

وعلى كل حال فإن الأفكار والظروف دائماً في تغير وفي الغالب بشكل سريع وخاصة في الشركات التجارية المعاصرة، حيث أن هناك العديد من الأسباب المختلفة والتي تقود الشركات إلى التغيير والأخذ بعين الاعتبار حوسبة أعمالها التجارية اليدوية أو حتى تطوير وتحديث الأنظمة المحوسبة لديها إلى أنظمة أكثر تقدماً ومن هذه الأسباب:

- توسع الأعمال التجارية أو أحوال التغير في السوق قد تجلب معها العديد من المشكلات الجديدة والتي لم يتم مواجهتها في السابق.
- في كثير من الأحيان يقوم أحد المنافسين بحوسبة نظام الشركة وبكل بساطة فإن هناك شركات لا تستطيع أن تتحمل أن تبقى متخلفة ولا تتبنى التقنيات الحديثة كما فعلت الشركات المنافسة.
- ربما تكون الدراسات والأبحاث العلمية حول استخدام الحاسوب وفوائده في الأعمال التجارية والشركات وفي كافة الصناعات قد أدى إلى إدراك الإدارة لفوائد التقنيات الحديثة والتحسينات التي تسببت بها هذه التقنيات.
- إن الموظفين الجدد حديثي التخرج وخاصة على المستوى الإداري يمتلكون خبرة كبيرة باستخدام الحاسوب والتقنيات الحديثة حيث انه من الممكن أن يكون لديهم أفكار جديدة معاصرة بما يخص استخدام تقنية المعلومات والحاسوب في الشركات.
- أو أن هناك فهم عام وإدراك كبير للفوائد المحتملة والتحسينات والتي يمكن الحصول عليها من عملية الحوسبة واستخدام تقنية المعلومات في الشركات.

مهما كانت الأسباب ففي كل الحالات انه لمن المهم وفي المراحل المبكرة أن يتم تشكيل وتقديم الأفكار حول الموضوع وبشكل متماسك وذلك لتدرك الإدارة النقاط التالية :

- أن عملية الاستثمار في الحاسوب وتقنية المعلومات هو قرار مالي مهم جداً .
- الأنظمة الكبيرة الحيوية تتطلب عملية التغيير وبشكل دوري في وظائف الأفراد وفي طريقة عملها وإدارتها للمشاريع.

إن الطريقة المتعبة في عملية التغيير قد تختلف وذلك حسب طبيعة عمل الشركة وطبيعة الأعمال التي يقوم بتنفيذها نظام الحاسوب والمصادر المتوفرة في المؤسسة .

إن الوظائف الأساسية للإدارة والتي تتضمن التخطيط والتنظيم والتنسيق والتحفيز والتحليل والمراقبة أيضاً يجب أن يتم توظيفها وأخذها بعين الاعتبار وذلك عند اختيار وتطبيق وتنفيذ نظام الحاسوب.

إن النجاح في عملية تقديم نظام حاسوب جديد أو في عملية تحديث النظام إلى نظام أكثر تقدماً يعتمد وبشكل أساسي على عمليات التحضير والتخطيط والتي يجب الاعتماد على تطبيقها قبل البدء بالتغيير .

2-8 مراحل اختيار النظام المناسب

إن التغيير عملية ضرورية من أجل مواكبة التقدم العلمي ومن أجل التمكن من التنافس مع الشركات المتقدمة، إن عملية التغيير ليست عملية سهلة فهي تحتاج إلى الوقت والتمويل المالي وتحتاج إلى الخبرات والكفاءات وقدرات الإدارة ومهاراته في إدارة عملية التغيير، حيث عملية اختيار النظام المناسب ليست عملية سهلة فهي تحتاج إلى تخطيط وتنظيم ودراسة مسبقة وعلى العموم فان هناك ستة مراحل يتم من خلالها اختيار النظام الصحيح والمناسب للمؤسسة وهذه المراحل هي :

- تحليل احتياجات المشروع
- تحديد وتعريف الأقسام التي سوف تتأثر بالتغيير
- تقييم الخيارات والبدائل المتوفرة
- إعداد وتطوير كشف بالمتطلبات
- البحث عن مزود مناسب
- تقييم العروض المقترحة والقيام باختيار النظام المناسب النهائي.

حيث أن الوقت الذي سوف يخصص لكل مرحلة من المراحل أعلاه سوف يختلف وذلك حسب المشاكل التي ستواجه المشروع والتي يتطلب حلها وقت معين وفي بيئة معينة وحسب قدرات وخبرات الإدارة وفريق العمل المخصص لهذا المشروع حيث أن التشديد في هذه الأقسام سوف يكون مركزاً على :

- o التحليل الدقيق والشامل على كل الاحتياجات ومشاكل ا لمشروع.
- o التوثيق الواضح الشامل لكل المراحل أعلاه.

أولاً : تحليل احتياجات المشروع

إن الهدف الرئيسي لهذه المرحلة هو عملية مراجعة وتحري وتدقيق للمشروع على أنه مبني حسب الوقت الحالي وذلك من أجل تسهيل عملية تعريف مناطق ومساحات المشاكل

الرئيسية وهذه عملية ضرورية وذلك لسببين رئيسين هما :

- يجب أن يكون هناك نظام الكمبيوتر المناسب وذلك ليلبي حاجات الأفراد لمشروع معين في المنظمة.
- في كثير من الأحيان وعندما تكون هناك عدة أقسام من الممكن أن تستفيد من عملية تغيير النظام والحوسبة لا يمكن أن يتم حوسبة أو تغيير نظام هذه الأقسام بنفس الوقت وذلك لأسباب عديدة منها :
  - o الوقت
  - o المصادر
  - o التنظيم
  - o قابلية التطبيق والتطور والنمو
  - o التكلفة

إن عملية تحليل النظام الحالي للمؤسسة أو المشروع ووضعه التقني والتجاري والعملي له هدفين رئيسين هما :

- لكي يتم تزويد إطار عمل على أساسه يتم التخطيط لتوظيف التطبيق المناسب للنظام الجديد المقترح.
- لكي يتم تأسيس وتكوين قواعد وأسس للمتطلبات الأساسية للنظام الجديد المقترح وذلك لاختيار المزودين والذين سوف يتمّ التعاقد معهم لشراء المعدات المطلوبة للنظام الجديد.

إن النظام الجديد المقترح لا بد أن يتضمن العديد من المعلومات والتي تكون مهمة جداً في عملية تحويل النظام الحالي إلى النظم الجديد المتطور والذي سوف يتمّ توظيفه وتطبيقه في النهاية ومن المعلومات التي يجب أن يتضمنها النظام الجديد المقترح :

أ- شرح مفصل للمشروع يتضمن المعلومات التالية:

- نوع وطور النشاطات في المشروع
- عدد الموظفين ويتمّ تصنيفهم حسب أصنافهم ومراكزهم وأهميتهم.
- أهداف العمل التجاري للسنوات الثلاثة القادمة .
- حجم العمل المتوقع الحالي وخلال السنوات الثلاثة القادمة.
- نوع وعدد العملاء والمزودين والمنتجات وخطوط الإنتاج ... الخ
- أي تفاصيل أخرى أو ميزات أو خدمات أو ظروف خاصة والتي لها علاقة

بالمشروع والتي يتمّ تمييزها عن الخدمات الأخرى وذلك في نفس مجال خط العمل التجاري.

- تفاصيل إضافية أخرى عن المشروع والطريقة التي يتمّ من خلالها تنظيم وإدارة شئونها، حيث تبين هذه التفاصيل :

أ- نشاطات المتعلقة بمختلف الأقسام .

- تفاصيل عن عملية تدفق المعلومات وخطوات العمل.
- أي نسخ لمستندات تمّ استخدامها

ثانياً : تعريف المناطق التي ستتأثر في التغيير

في هذه المرحة فإن الإدارة لم تتخذ أي قرار حاسم حول ما إذا أرادت أن تنفذ سياسة التغيير والتطور وتحديث النظام أم لا، لذا فإنه من المفيد أن تتمّ عملية المراجعة والتدقيق لكل الدوائر والمساحات وذلك لتعريف الفوائد المجناة والتي من الممكن أن تأتي من عملية التغيير والتطوير.

إن عملية المراجعة والتحليل من هذا النوع من الممكن أن تؤدي إلى الإدراك بأن هناك مساحات معينة من الشركة قد يكون معيار الوقت والفعالية في عملية التغيير أقل منها في مساحات أخرى من الشركة لذا يجب أن يتمّ ملاحظة هذه المساحات مع التي تمّ ملاحظتها في الأصل، حيث يتطلب ذلك عرض بعض الاقتراحات منها :

- هل من الممكن أن يتم إرسال الفواتير وكشوفات الطلبات في الفترة القريبة؟
- هل من الممكن أن تصبح عملية الدفع النقدي للديون أكثر فعالية؟
- هل عمليات التأخير في عمليات التسليم والشحن سببها نقص في المواد الأولية والخام أم في النقص في المنتجات النهائية؟
- هل يمكن التنبؤ في هذه النواقص وهل يمكن للمساعدة وعملية التغيير والحوسبة أن تتعامل بشكل فعال مع هذه النواقص؟
- هل يمكن التعامل مع طلبيات العملاء بشكل أسرع؟
- هل أفضل صفقة تجارية تمّ الحصول عليها هي عندما نجد المزود المناسب لكل نوع من المنتجات أو المواد الخام؟

يجب أن يتم إصدار تقرير يضم على الأقل النقاط أعلاه ويضم الفوائد الممكنة والمجناة من عملية التغيير وعملية تطوير النظام الحالي إلى نظام أكثر تطوراً وأكثر اعتمادية على تقنيات المعلومات حيث في النهاية يتم وضع أولويات للطلبات والتي يتطلب شراءها من

مجموعة من المزودين.

بالإضافة إلى ذلك من الممكن أن يكون هناك خصائص وميزات والتي لا يوجد مساحات لها في النظام الحالي والتي من الممكن أن تتمّ الفوائد المجناة من النظام الجديد وعلى سبيل المثال، الشاشات الرسومية والإحصائيات وغيرها من عمليات التحسين والتي لا يمكن أن تتم عملية توظيفها بدون نظام حاسوب متطور، وفي النهاية نرى إن هناك بعض المزايا لا يمكن أن تكون قابلة للتطبيق وذلك لتنوع للثوابت والإمكانيات المتوفرة.

لذا إنه من الضروري في المساحات التطبيقية أن نقوم بشكل واضح بوضع علامة على :

- أي من المساحات تعتبر الأكثر أهمية والتي يجب أن تشكل أساس النظام الجديد المتطور والمحوسب.
- أي من المساحات من الممكن أن يكون التغيير فيها مفيداً ولكن يمكن أن يتم تأجيل ذلك إلى المستقبل القريب.

لذا في نهاية المرحلتين الأولى والثانية يجب أن تكون هناك صورة واضحة تخرج حول الاحتياجات الضرورية والأولويات لهذه الاحتياجات للشركة والمصاحبة لكل المعلومات التي يحتاج إليها من أجل إكمال عملية التغيير والتطور، لذا من الممكن على الإدارة أن تبدأ البحث عن حلول معينة لهذه الاحتياجات والتي تؤدي إلى تغير ناجح وبأقل التكاليف والجهد والوقت المطلوب.

ثالثاً : تقييم الخيارات المتاحة:

إن الخيارات المتنوعة والتي ظهرت في هذه المرحلة على فرض أن النظام اليدوي والنظام القديم هو النظام الوحيد الذي يعمل في هذه اللحظة، هذه الخيارات يمكن تصنيفها على النحو التالي إما في نفس التسلسل أو بتسلسل مختلف:

- **الخيار الأول** : الإبقاء على النظام الحالي اليدوي أو المحوسب وتطوير بعض نشاطاته والقيام بعملية تحسين لفعاليته وذلك بدون تقديم نظام حاسوب جديد.
- **الخيار الثاني** : الحصول على نظام حاسوب يتمّ تطويره من داخل المؤسسة حيث تمّ حوسبة وتغيير بعض أو كل المساحات في الشركة.
- **الخيار الثالث** : تبني حلّ إداري ذو منافع متعددة يتمّ من خلالها تغيير وحوسبة مساحات معينة من الشركة.

إن محتوى كشف المتطلبات والذي يجب أن يضم الحقائق والاستنتاجات التي تمّ اشتقاقها من المرحلتين الأولى والثانية وذلك بعدما وأثناء عملية التحليل

لاحتياجات المشروع وتعريف المساحات التي يجب أن تتأثر بهذا التغيير، لذا إنه لمن المهم التطرق إلى بعض المزودين والذين سوف يقومون بتزويد المشروع بالمعدات والتقنيات اللازمة لعملية التغيير بالإضافة إلى ذلك فإن كشف المتطلبات لا يحتوي على وصف لكل النشاطات ولكل المشكلات المتعلقة بالمشروع، إن تفاصيل ومعلومات كشف المتطلبات لعملية التغيير لا بد أن يلبي ويراعي بعض الخصائص والميزات منها :

- نوع وحجم البيانات والتي سوف يتمّ استخدامها في النظام، فعلى سبيل المثال ما هي التفاصيل والتي نحتاج إليها والمتعلقة بالعملاء والمزودين والمنتجات وقسم المحاسبة وغيرها؟. حيث أنه أفضل طريقة لتجميع تلك المعلومات هو عبر تدقيقها وتدقيق كل السجلات اليدوية ومن ثم ملاحظة محتوياتها وكيفية العمل على تطويرها وتحسينها.
- حجم البيانات والتي سوف يتمّ توظيفها في النظام الجديد وذلك في الوقت الحاضر ومن الممكن في المستقبل ، وعلى سبيل المثال عدد الزبائن أو العملاء عدد المزودين وعدد خطوط الإنتاج ...الخ بالإضافة إلى عدد التعاملات التجارية أو الإدارية والتي تتمّ يومياً وأسبوعيا وشهرياً .
- أي ميزات خاصة والتي تم ذكرها مسبقاً وإذا كان ممكناً فيكن تضمين بعض المخططات فهي ستكون مفيدة جداً للإدارة في إدارة عملية التغيير.
- مخرجات النظام والنماذج المستخدمة مثل التقارير والرسائل والتحاليل والفواتير ... الخ وتكرارها المطلوب والذي سوف يتمّ استخدامها في النظام المقترح وأيضاً يجب أن يتضمن هذا القسم جودة الطباعة المطلوبة للمستندات الداخلية والخارجية المستخدمة في النظام .

يجب أن يتضمن مع كل ذلك صورة واضحة لنوع وطبيعة ومدى وقت النظام المطلوب للمشروع حيث أن هذا الوقت يكون مناسباً من أجل عملية البحث عن النظام المناسب والمزود الذي سوف تتعامل معه المؤسسة من أجل إكمال وسدّ حاجات المشروع.

خامساً : البحث عن المزود المناسب

يجب أن يتمّ التذكير والتشديد دائماً أن أهم ميزات أي نظام يجب أن يتمّ استخدامه في المشروع لا بدّ أن يلبي متطلبين هامين هما :

- أنه موثوق ويمكن الاعتماد عليه للقيام بكل نشاطات المؤسسة الرئيسية والفرعية.

- أنه ينبغي أن يقوم بالأعمال والنشاطات كلها المنوط بها بدون إعاقة أو قصور أو توقف وبشكل فعال.

إن ميزة الاعتمادية تتعلق بشكل أساسي بالبرمجيات والمعدات بينما الأداء والفعالية تتعلق بشكل أساسي بالبرمجيات، حيث أن أثمن وأعقد حاسوب أو قطعة من المعدات لا يمكن أن تعمل بدون أن يكون هناك برمجيات تقوم بتشغيلها للاستفادة منها، لذا لا بد للإدارة من تذكر أن المعدات مرتبطة ارتباطاً كبيراً بالبرمجيات لذا يفضل أن يتمّ توفير المعدات والبرمجيات من نفس المزود أن كان ذلك ممكناً.

إن من المهم أن تقوم الإدارة بالبحث عن المزود الجيد الأمين ذو الخبرة المسبقة في حوسبة وتحديث الأنظمة والموثوق بها حيث يفضل كما أسلفنا أن يكون المزود هو نفسه الذي يزود بالمعدات والبرمجيات بالإضافة إلى عمليات التدريب على النظام وكيفية استخدامه كما يكون المزود مسئولاً عن عملية الإعداد والتنصيب وتركيب كل الأجهزة والبرمجيات وأنظمة التشغيل الخاصة بالشبكة والتطبيقات وغيرها. كما لا بدّ من الاهتمام بقضية الضمان وخدمة ما بعد البعد لما لها من أهمية كبيرة في حال كان هناك أخطاء أو حدوث أعطال في ا لنظام وذلك لكي يتمّ التأكيد بأن يبقى النظام عاملا بدون توقف أو إعاقة.

إن عملية اختيار المزود المناسب هي عملية حيوية ومهمة جداً لذا إنه لمن المستحب أن يتمّ اتخاذ القرار بالنسبة إلى طبيعة الأجهزة والبرمجيات حول مصدرها حيث أن هناك خيارات عديدة منها :

- شراء المعدات من مزودين أصليين وهي الأكثر تكلفة وهي في العادة تكون شركات كبيرة وعالمية وتعتبر منتجاتها معتمدة ومستوى خدماتها جيداً إلا أن أسعارها تكون أكثر من باقي السوق.
- يمكن أن يتم تصميم البرامج محلياً داخل الشركة وهذا يتطلب وجود مهندسين وفنيين ذوي كفاءة وخبرة عالية في عمليات البرمجة وكيفية تصميم الأنظمة حتى أنه يمكن محلياً تجميع قطع أجهزة الحاسوب المراد شراءها وذلك من قبل المفنيين المحليين وهذا طبعاً يحتاج إلى إعدادات كبيرة من اجل القيام بذلك.
- يمكن أن يتمّ ذلك حسب الطريقتين أعلاه، أي أنه يمكن شراء بعض الأجهزة والبرمجيات ويمكن في نفس الوقت القيام محلياً بتجهيز بعض البرمجيات من قبل الموظفين الفنيين في الشركة.

سادساً : تقييم الخيارات والقرار النهائي

إذا تمّ قبول العروض فإنه من المستحسن في هذه المرحلة أن يقوم المدير أو من له علاقة باتخاذ القرارات بأن يحضر عرض للنظام المقترح من قبل المزود أو المبني محلياً وذلك باستخدام بيانات من الشركة إذا كان ذلك ممكناً أو من كل مزود اقترحها من عنده، حيث يجب أن يتمّ الأخذ بعين الاعتبار النقاط التالية عند الاتفاق مع المزود:

- يجب أن تكون مسئولية التزويد والتركيب والتدريب والدعم ومن ضمنها ترتيب عقود الصيانة كل تلك يجب أن تكون من مسئولية المزود .
- المزود يجب أن يقدم مراجع معتمدة تدل على خبرته وعمله مع شركات كثيرة من قبل.
- إن النظام يجب أن يتمّ توثيقه بشكل واضح ويجب أن يتمّ توضيح مع من سوف يتمّ الاتصال لتلبية احتياجات الشركة من صيانة ودعم فني وغيرها.
- يجب أن يتم دمج المتطلبات التي تمّ إعدادها مسبقاً في العقد.

في هذه المرحلة تتمّ مقارنة كل الأنظمة المقترحة وفائدة ومزايا ونواقص كلّ منها حيث عند الانتهاء من دراستها من الممكن أن تتخذ الإدارة القرار النهائي بشأن المزود وبشأن النظام ا لمقترح المنوي تطبيقه في المؤسسة.

من الممكن للإدارة في هذه المرحلة أن تقوم بتعيين مستشار أنظمة لديه خبرة كبيرة يمكن استغلالها في اتخاذ القرارات بشأن النظام المقترح، حيث أنه هناك الكثير من الفوائد من تعيين مستشار أنظمة أو مستشار حاسوب ومن هذه الفوائد :

- قدرة المستشار على الإمداد بالتعليقات والملاحظات على المشروع بدون تحيز نحو الحلّ المقترح المحوسب.
- مقدرته على تعريف المشاكل وإضافة وسرد متطلبات أخرى مفيدة للمشروع وتقديمه النصائح المتعلقة بعملية التغيير.
- مقدرته على شرح العديد من مصطلحات الحاسوب إلى المسئولين بلغة سهلة وواضحة وشرح مبدأ عمل العديد من الأجهزة والمعدات والتي تكون متوفرة من اجل توظيفها في النظام الجديد.
- المعرفة والخبرة بالبرمجيات المتوفرة في السوق وجودة كل منها.
- المقدرة على تقييم كل من المزودين وعملية دعمهم بالمعدات والبرمجيات المناسبة.

إن عملية استخدام وتوظيف مستشار تكون مفيدة وغالباً عندما تكون الإدارة مشغولة كثيراً حيث أن تعيين المستشار من الممكن أن يساهم :

- توفير وقت الإدارة والذي يجب أن يتم استغلاله في المهمات والأنشطة المهمة من أجل إدارة وتنظيم المشروع.
- توفير النظام الصحيح للمشروع والشركة من خلال قرارات مبنية على النصائح والتوصيات من قبل متخصص وخبير مثل هذا المستشار.

3-8 مراحل تنفيذ النظام الجديد:

تحضير خطة للتنفيذ

عندما يتمّ استلام المقترحات من عدة مزودين وقبل عملية اتخاذ القرار النهائي من قبل الإدارة حول أي الأنظمة سيتمّ اختيارها من بين البدائل المختلفة فمن الممكن أن يتمّ التحضير لوضع خطة تمهيدية لعملية النظام الذي سوف يتمّ في النهاية توظفيه في المؤسسة وفي بعض أو كل أقسام الشركة. الوجه العام للخطة يمكن تطبيقه على أي نظام سوف يتمّ تنفيذه إلا أن التفاصيل بالطبع سوف تختلف حسب نوع وحجم المشروع وحجم العمليات الداخلية للمؤسسة للمشروع المعين.

كما بينا سابقاً فإن عملية التخطيط هي من أهم الوظائف الأساسية للإدارة وهي أيضاً مهمة جداً في عملية التغيير وتطوير المؤسسة إلى نظام أفضل متقدم، إن عملية التنظيم والتنسيق والمراقبة سوف تكون كلها عمليات ضرورية ومهمة وأساسية خلال فترة التنفيذ كما أيضاً عملية تحفيز الموظفين والذين من الممكن أن يكون لدى بعضهم تحفظات ومعارضة لهذا التغيير.

إن عملية تنفيذ التغيير عملية كبيرة وتحتاج إلى وقت وجهد كبير من أجل الوصول إلى الوضع الجديد المثالي، ويمكن تقسيم مراحل عملية التنفيذ إلى المراحل التالية:

1- تعيين مدير المشروع، ليكون هو المسئول عن المشروع والتفاوض على بنود العقد قبل التوقيع حيث التقرير المقدم منه سوف يكون ذو أهمية كبيرة بالنسبة للإدارة العليا.

2- التنسيق مع المزود من أجل نشاطات التحضير والتسليم والتدريب والإعداد والتنصيب .. الخ .

3- تنظيم وتحضير الموقع وفي حالة بناء شبكة حاسوب لا بدّ من تحديد وتجهيز مواقع مختلف المكونات المتعلقة بنظام الشبكة والحاسبات والخادمات والطابعات والماسحات الضوئية ... الخ حيث يتطلب إعداد الموقع المزيد من قوابس الكهرباء وبنية تحتية لخطوط شبكة الحاسوب والكابلات المتصلة بها.

4- القيام بعمليات طلب القرطاسية والمستلزمات المستهلكة التي يحتاج إليها فريق العمل.

5- يجب أن يتمّ الاتفاق على مواصفات النظام وخاصة في حالة تصميم البرمجيات حسب طلب المؤسسة.

6- إعادة تنظيم الموظفين والتحضير من أجل تعيين بعض الموظفين بشكل مؤقت من أجل القيام بإدخـال البيانـات إلى الحاسوب .

7- تنظيم البيانات اليدوية وذلك كعملية تحضير من أجل تغذيتها إلى الحاسوب.

8- متابعة ومراقبة عمليات التسليم في النظام والشروع في التحضير والإعداد مـن أجـل حضـور جلسـات التـدريب على النظام.

9- تدريب كل الموظفين المعنيين سواء كان موظفين دائمين أو بعمل مؤقت والقيام بالإعدادات من أجـل التحضـير لعملية وإجراءات التوثيق لكل خطوات التنفيذ خطوة بخطوة.

10- اختبار النظام باستخدام بيانات اختبار وضعت خصيصاً لعملية الاختبار.

11- القيام بإدخال البيانات الحية والبيانات الرئيسية إلى النظام وهذه البيانات تكون ثابتة ولا تتغير.

12- القيام بإدخال البيانات المتحركة والتي تخص العمل والعملاء وهي على الأغلب تتغير حسب العمليـات التـي تجرى عليها، حيث في هذه الخطوة يكون كلا النظامين بعملين النظام القديم والنظام الجديد بشكل متواز .

13- عندما تتمّ الخطوة السابقة (12) بشكل ناجح مئة بالمائة يتم هجر النظام القديم والعمل بالنظام الجديد فقط (انظر الشكل التالي : 8-1)

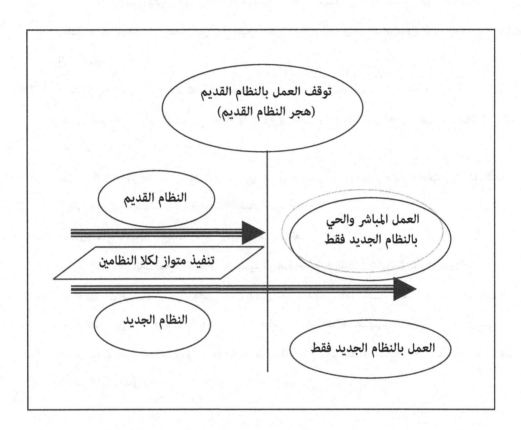

شكل 8-1 العمل المباشر بالنظام الجديد

4-8 مواقف الموظفين

تختلف مواقف الموظفين حول النظام الجديد حيث يمكن تقسيمها إلى ثلاثة مواقف:

• موقف معارضين ومتشددين للنظام الجديد

• موقف مؤيد بشدة للتغيير والتطور والنظام الجديد

• مواقف محايدة وليس لها رأي واضح حول التغيير.

على مدير المشروع أن يلم بهذه المواقف وأن يعمل على توحيدها وجرها نحو تشجيع التغير والتطور لذا عليه أن يضع إستراتيجية وخطة من أجل القيام بذلك وهذه الخطة من الممكن أن تنبني على أساس النقاط التالية:

- عقد الاجتماعات واللقاءات والتي يشرح من خلالها مدير المشروع أهمية التغير والتطور وأهمية استخدام الحاسوب والتقنيات الحديثة في تطور الشركة ونجاحها ونجاح الموظفين وتطورهم.

- بيان أهمية الحاسوب للعمل وبيان خصائص الحاسوب وفوائده للمشروع وبيان وشرح استخداماته .

- يجب على المدير أن يشرك الموظفين في تنفيذ المشروع وتسهيل عملية التشاور معهم لأخذ آرائهم واقتراحاتهم مما يشجعهم كثيراً على العمل بتنفيذ المشروع بشكل اقوي واكبر.

- على المدير أن يبين للموظفين أن استخدام الحاسوب وتوظيفه في المؤسسة لا يعني الاستغناء عن خدمات الموظفين بل على العكس حيث يعتبر الحاسوب أداة بيد الموظف كالآلة الحاسبة لتسهيل وتسريع العمل وجعله أكثر كفاءة وفعالية.

- يجب على المدير عقد الدورات التدريبية للموظفين وحثهم علي حضورها مما يزيد من إقبالهم على قبول النظام وعدم الخوف من استخدام الحاسوب.

الفصل التاسع

إدارة الجــــودة

الأهداف التعليمية للفصل التاسع:

يهدف هذا الفصل إلى التعريف بأهم المفاهيم المتعلقة بإدارة الجودة :

ومن أهم أهداف هذا الفصل:

- معرفة المقصود بمفهوم الجودة .

- التعرف على النشاطات المتعلقة بإدارة الجودة.

- التعرف على النقاط المتعلقة بعملية التحكم ومراقبة الجودة .

- التعرف على مراحل تخطيط الجودة.

- التعرف على عملية مراقبة الجودة .

- التعرف على ماهية المراجعات التقنية الرسمية .

- التعرف على المقاييس والمعايير المتبعة لقياس الجودة.

- التعرف على الخطوات التي تتمّ من أجل التحقق من معايير الجودة للمشاريع.

محتويات الفصل التاسع

1-9 ما هي الجودة؟

لا يمكن أن يكتمل كتاب يتحدث عن إدارة المشاريع بدون التطرق لموضوع الجودة وضمان الجـودة والقضـايا المتعلقة بها، حيث أن الجودة تأخذ مفهوم واسع ليس فقط فيما يخص إدارة المشاريع بل أيضاً عندما تتضمن الجودة كل العمليات التي تتم خلال وقبل وأثناء تنفيذ المشروع.

قد عرّف قاموس التراث الأمريكي الجودة بأنها خصائص أو سمات الشيء، أما اليابانيون فقط عرفوا الجودة بأنها " الرضاء المطلق للزبون أو العميل " ورضاء الزبون يشمل رضاه عـن المنـتج ذو الجـودة الجيـدة ورضـاه عـن عمليـة الشحن والتوزيع ضمن الميزانية و الوقت المناسب، ورضاه عن طريقة العملية التجارية وبنود العقود وغيرها.

وهناك تعريف واسع الانتشار للجودة تمّ تزويده من قبل منظمة المعايير الدولية والتـي تسـمى بمنظمـة ISO (International Organization Standardization) وهـي منظمـة تعنى بإصـدار نشرات ومعلومات تخص المعايير والمقاييس العالية الجودة لمختلف القطاعات الصناعية كالهندسة والطب والكمبيوتر والاقتصاد وغيرهـا وقـد عرفت منظمة الآيزو الجودة كما يلي:

الجودة عبارة عن مجموعة من السمات أو الخصائص لمنتج أو خدمة معينة والتـي تظهـر مقـدرتها عـلى تلبيـة الحاجات الضمنية والصريحة. ويمكن سرد بعض هذه الخصائص التي يجب أن يتميز بها المنتج أو الخدمة المقدمة من المؤسسات ومنها :

- الاعتمادية (وهي قوة المنتج في تلبية الحاجات حيث يمكن الاعتماد عليه بشكل موثوق).
- إعادة الاستخدام (يمكن إعادة تدويره وإعادة استخدامه مرة أخرى).
- السلامة والأمن
- الرشاقة والقوة
- البساطة وعدم التعقيد
- قابل للتعلم
- قابل للاستخدام
- قابل للفهم
- قابل للتأقلم (يعمل تحت ظروف كثيرة وعديدة)
- الفعالية

- مقسم إلى أجزاء (سهل التركيب والفك والحمل والنقل ...الخ)

- قابل للاختبار

- قابل للنقل

2-9 تكلفة الجودة

إن عملية ضمان الجودة لا تأتي بسهولة إذ لا بد من عملية تخطيط وتنظيم وإدارة مـن قبـل مـدير المشروع، وهناك ثلاثة نشاطات رئيسية تتعلق بإدارة الجودة وهذه النشاطات الثلاثة:

- **تأكيد ضمان الجودة** : وتتم من خلال تأسيس إطار عمل من الإجراءات أو النشاطات والمعايير والتي تـؤدي إلى منتجات ومشاريع ذات جودة عالية.

- **التخطيط للجودة**: وتتم من خلال اختيار إجراءات مناسبة واختيار مقاييس من خلال إطار العمل هـذا والـذي يتم توظيفه من قبل طبيعة المشروع الجاري إدارته.

- **مراقبة الجودة**: وهي عملية تعريف وسن العمليات والتي تضمن أن فريق أعضاء المشروع يقومـوا بعملهـم حسب مقاييس ومعايير الجودة.

هناك ما يسمى بتكلفة الجودة وهي الثمن أو الضريبة التي لا بـدّ مـن القيـام بهـا لـكي نضـمن أن يـتم إدارة وتنظيم المشروع بجودة عالية ،وهذه التكلفة من الممكن أن يتم تقسيمها إلى ما يلي:

- **تكاليف وقائية .هذه التكاليف تتضمن:**

    o   التخطيط للجودة

    o   مراجعات فنية رسمية ودورية لقياس نسبة الجودة

    o   استخدام معدات اختبار

    o   التدريب لكل الأفراد على الامتثال للمقاييس والمعايير وأداء العمل بشكل فعال.

- **تكاليف الفشل أو الخطأ أو الخلل الداخلي وهذه التكاليف تتضمن :**

    o   إعادة العمل مرة أخرى من الصفر

    o   إصلاح الخطأ أو الخلل

    o   عملية تحليل طور الخلل أو الخطأ

- **تكاليف الفشل أو الخطأ الناتج من خارج الشركة**

    o   شكاوي ناتجة من خارج الشركة (العملاء، المزودين، شركاء العمل ..الخ)

o   إعادة المنتج أو عملية استبداله

o   تكاليف الدعم الفني والمساعدة

o   تكاليف عمليات الضمان وا لصيانة لفترة ما بعد البيع.

9-3 نموذج ضمان الجودة للمشاريع

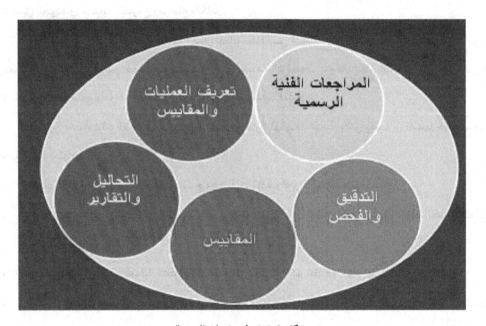

شكل 9-1 نموذج ضمان الجودة

إن عملية التحكم بالجودة تتطلب كثيرا من المراقبة لأداء فريق العمل لضمان تحقق الجودة حسب المقاييس والمعايير والإجراءات، حيث في نهاية كل مرحلة يجب أن يتم قياس ما تمّ تحقيقه ومقارنته مع المعايير والمقاييس المعتمدة في المؤسسة ومدى مطابقة ما تمّ مع هذه المرحلة وأيضاً في نهاية المشروع وعند تسليم النتائج لا بـد مـن إجراء عملية القياس لمدى امتثال نتائج المشروع إلى مواصفات الجودة.

الشكل 9-1 يبين نموذج بسيط لعملية التحكم ومراقبة الجودة حيث يضم هذا النموذج خمسة نقاط أساسـية هي :

•   المراجعات التقنية الرسمية

•   تعريف العمليات والمقاييس

•   المقاييس

•   التدقيق والفحص

•   التحاليل والتقارير

4-9 التخطيط للجودة

تعتبر مرحلة تخطيط الجودة من المراحل المهمة في عملية ضمان الجودة حيث يتم فيها تطوير وإصدار خطة جودة شاملة للمشروع تتضمن هذه الخطة كل العمليات المطلوبة وكمياتها مع شرح ووصف تفصيلي على كيفية تقييم وقياس هذه العمليات طبقاً لمعايير ومقاييس الجودة حيث تعرف هذه الخطة في النهاية المعاني الحقيقية لتحقيق الجودة في عمليات المشروع ومراحله بالكامل.

خطة الجودة لا بدّ أن تتضمن عملية اختيار المعايير والمقاييس المناسبة والتي تكون مناسبة للمنتج الذي سوف يتمّ إنتاجه أو للمشروع الذي سوف يتم تنفيذه أو حتى للخدمة التي سوف يتم تقديمها، حيث أن كل معيار جديدة لا بد أن يتضمن منهج وأدوات جديدة لكي يتم تطبيقها عند تنفيذ المشروع.

هامفري أحد أساتذة الغرب في كتابه إدارة المشاريع اقترح المكونات التالية والتي يجب أن تضمها خطة الجودة وهذه المكونات هي :

- **تقديم الإنتاج**: وهي عملية وصف للمنتج وعملية تسويقه والجودة المتوقعة لهذا المنتج.
- **خطة الإنتاج**: التواريخ الزمنية الحاسمة والمسئوليات المترتبة عليها للمنتج بالتزامن مع الخطط لعملية التوزيع والتسليم وخدمات المنتج.
- **وصف العملية**: وصف لعملية التطوير التنفيذ والتي يجب أن يتم تطبيقها أثناء تنفيذ المشروع وإدارته.
- **أهداف الجودة**: أهداف الجودة والخطط للمنتج أو المشروع يجب أن تتضمن تعريف وتبرير للصفات والسمات التي يجب أن يتصف بها المنتج أو خطوات المشروع.
- **المخاطر وإدارة المخاطر**: المخاطر الأساسية والتي من الممكن أن تؤثر على جودة المنتج والخطوات الفعالة التي لا بدّ من القيام بها لمعالجة هذه المخاطر.

من الواضح أن خطط الجودة تختلف في التفاصيل والمعايير والمقاييس وذلك حسب طبيعة المشروع وحجمه ونوعه ونوع الأنظمة والأدوات المستخدمة في تطوير المنتج إلا أنه وعندما يتم كتابة خطط الجودة فيجب أن يتم محاولة إبقاءها مختصرة قدر الإمكان وذلك لكي يتمكن الأفراد الذين لهم علاقة بتطوير المشروع من قراءتها حيث لو أنها كانت كبيرة فلن يقرأها أحد مما يؤدي ذلك إلى عدم تحقيق الجودة في كل مراحل المشروع وبالتالي عدم تحقيق الجودة في المنتج النهائي.

يجب أن تتضمن خطة الجودة المعايير والمقاييس التي يجب أن يتم الإمتثال لها لكي تحقق الجودة والتي هي كما تمّ تعريف في بداية هذه الوحدة سمات أو صفات شيء ما، حيث أن هناك مدى واسع وكبير لسمات الجودة والتي يجب أخذها بعين الاعتبار عند وضع خطة الجودة إلا أنه لا يمكن لمنتج معين أو مشروع معين أن يتم تطبيق جميع هذه الصفات عليه، فكل مشروع أو منتج من الممكن أن يتصف ببعض هذه السمات أو الخصائص وفيما يلي سرد لأهم هذه السمات والتي تساهم في ضمان الجودة ومن هذه السمات أو الخصائص:

- الامتثال للمتطلبات الموضوعة
- عمليات التوثيق
- الأمن والسلامة
- تقسم المنتج إلى وحدات (من أجل سهولة الفك والتركيب والنقل والحمل..الخ)
- الاعتمادية والوثوقية (المنتج يعتمد عليه بقوة ويمكن الوثوق من قدرته على أداء العمل بشكل مضمون ولفترات طويلة دون الحاجة إلى عمليات صيانة)
- نسبة التعقيد (كلما كان هناك بساطة في التصميم كلما كان افضل)
- قابلية التعليم (يمكن تعلم المنتج بشكل سهل)
- الفعالية في الأداء والعمل
- الرشاقة (سرعة تنفيذه للوظيفة)
- الاستخدام (يمكن استخدامه والاستفادة منه في احد جوانب الحياة)
- إعادة الاستخدام (يمكن تدويرة وإعادة استخدامه عند انتهائه مدة خدمته)
- التأقلم (مدى تأقلمه وعمله في مختلف الظروف)
- قابل للنقل (يمكن نقله بسهولة ويسر)
- الاختبار (قابل للاختبار والفحص)
- قابلية ا لصيانة (يمكن صيانته واصلاحه بطريقة سهلة)
- الفهم (سهل الاستخدام وسهولة فهم طريقة عمله)

5-9 مراقبة الجودة

عملية مراقبة ومتابعة الجودة تتضمن مراجعة كل النشاطات والإجراءات اللازمة لتطوير وتنفيذ وإصدار المخرجات من بداية تعيين المشروع وحتى انتهاء المرحلة الأخيرة منه وتسليم النتائج حيث يتمّ مراقبة تطبيق المعايير والمقاييس المعتمدة في المؤسسة ومدى

الامتثال والالتزام بها من كل أعضاء فريق المشروع حيث يتمّ اختبار نتائج المشروع مع هذه المعايير في عملية مراقبة لأداء الجودة، وخلال مرحلة مراقبة الجودة لا بد من التأكد من عمليات التوثيق في كلّ مراحل المشروع المختلفة، ومن الممكن استخدام التقنيات الحديثة والبرمجيات ذات الفعالية العالية في قياس ومراقبة الجودة لكثير من المنتجات .

6-9 المراجعات التقنية الرسمية

عمليات المراجعة لا تعتبر الوسيلة الأكثر شيوعاً لقبول وضمان الجودة للعمليات أو المنتجات حيث تتضمن هذه الوسيلة تعيين مجموعة من الأفراد من اثنين إلى أربعة مهمتهم عملية التدقيق والمراجعة لكافة المستندات المتعلقة بالمشروع مع فريق العمل ومدير الإنتاج من التأكد من تحقيق الجودة وذلك باكتشاف المشكلات والأخطاء حيث تتمّ ذلك بإجراء لقاءات دورية عند نهاية كل مرحلة من مراحل المشروع وعند انتهاء المشروع، ويجب أن يتمّ تسجيل كل نتائج عمليات التدقيق والمراجعة وتوثيقها للعودة إليها فيما بعد ومن اجل تسليمها إلى المدير المسئول والذي من الممكن أن يكون مسئولاً عن عملية تصحيح وعلاج هذه الأخطاء ومن الممكن أن يكون مدير المشروع نفسه.

يمكن تلخيص دور وواجبات فريق المراجعة والتدقيق بالنقاط التالية:

- إعداد خطة لضمان الجودة خاصة بالمشروع حيث يتم تعريف الخطة بحيث تضم النقاط التالية:
  - o عمليات التقييمات التي يجب أن يتمّ تنفيذها.
  - o عمليات التدقيق والمراجعات التي يجب ان يتم تنفيذها
  - o المعايير والمقاييس والتي يجب ان يتم تطبيقها في المشروع.
  - o الإجراءات المتخذة عند حدوث الأخطاء ومتابعتها وإصدار التقارير بشأنها.
  - o المستندات التي يجب ان يتم إصدارها لمجموعة فريق عمل ضمان الجودة.
  - o كمية معلومات التغذية الراجعة والتي يجب ان يتم تزويدها من فريق عمل المشروع.
- المشاركة في تطوير الوصف والإجراءات التي تتعلق بالمشروع
- مراجعة جميع النشاطات لكل مرحلة من مراحل المشروع وذلك للتأكد من امتثالها مع المعايير والمقاييس المتبعة في المؤسسة ويتم ذلك بالقيام كما يلي:
  - o تعريف ومراجعة المستندات ومتابعة ما تم تسليمه من نتائج العمل والتأكد من تصحيح كل المشكلات التي اكتشافها.

- تدقيق تصميم المنتج للتأكد من توفقه من معايير المؤسسة وذلك بمراجعة مخرج من نتائج العمل والتأكد من إجراء كافة التعديلات المطلوبة عليه.
- التأكد من عملية التوثيق في كل مراحله عمل المشروع.
- تسجيل أية أخطاء أو عدم امتثال لمعايير الجودة وإصدار التقارير حول ذلك إلى المدراء الكبار في المؤسسة حيث يتم متابعة أي تجاوزات للتأكد من حلها.

عند عقد اللقاء أو الاجتماع المتعلق بتدقيق ضمان الجودة لا بد من حضور سبعة أفراد على الأقل هم:

1. قائد فريق ضمان الجودة ويكون هو المسئول في أثناء عقد الاجتماع.
2. حامل للمقاييس والمعايير المتعلقة بالمؤسسة
3. مدير المشروع
4. مراجع ومدقق وهو من ضمن فريق عمل ضمان الجودة
5. ممثل للعملاء أو المزودين
6. مسجل يقوم بتسجيل كل ما يدور في الاجتماع
7. مسئول الصيانة وعمليات اصلاح الخطأ أو الفشل.

يجب على مدير المشروع وفريق عمل ضمان الجودة عند انعقاد الاجتماع أن يقوموا العديد من التحضيرات قبل وأثناء وبعد الاجتماع ومن هذه التحضيرات :

- يجب أن يكون مستعداً، حيث يجب عليه أن يقوم بمراجعة جميع ما تمّ انجازه إلى الآن بشكل حذر ودقيق.
- في أثناء اللقاء يجب أن يتم تدقيق النتائج وما تمّ انجازه وليس الأفراد ذاتهم.
- يجب أن يتم الاجتماع بشكل هادئ وبدون عمليات صراخ أو تعصب أو غيرها حيث يجب أن يتمّ طرح الأسئلة والابتعاد عن الاتهامات .
- يجب أن يتمّ تحضير أجندة المشروع ويجب الالتزام بها
- يجب إثارة القضايا والمشكلات ولا يجب التطرق إلى حلها في هذا اللقاء
- يجب تجنب مناقشة أسلوب الإدارة وأن يتمّ الالتزام بالتصحيحات الفنية
- يجب أن يتم جدولة عمليات التدقيق لفريق ضمان الجودة كما تمّ جدولة نشاطات المشروع ومراحله المختلفة.
- يجب أن يتم تسجيل وتوثيق كل النتائج وتفاصيل الاجتماع.

يمكن لفريق ضمان الجودة أن يقوم بتصحيح جدول على شكل مصفوفة يتمّ تعبئتها أثناء اللقاء حيث تضم هذه العديد من النقاط وذلك حسب طبيعة المشروع والجدول التالي (9-1) يمثل مثالاً لهذه المصفوفة:

البيــــــان	تمّت المراجعة	تمّ تدقيق المستند كاملا	تمّ التحري والتقصي	مراجعة دورية للخطأ
تمّ انشاء الأجندة	نعم	لا	نعم	نعم
مدير المشروع مثل وشرح المنجزات التي تمّت	نعم	لا	نعم	نعم
انشاء قائمة بالقضيات	نعم	نعم	نعم	لا
تصنيف الأخطاء	نعم	لا	لا	نعم
قائمة استخدمت لوضع علامة على الاخطاء	نعم	نعم	لا	لا
المسجل قام بتسجيل تفاضيل اللقاء	نعم	نعم	لا	لا
يجب أن يوقع الفريق على النتائج	لا	نعم	نعم	ربما

9-7 المقاييس والمعايير المتبعة لقياس الجودة

إن عمليات مراجعة الجودة وتدقيقها تعتبر عملية مكلفة ومستهلكة للوقت والجهد والمال ويمكن أن تتسبب في تأخير المشروع بعض الوقت إلا أنها تضمن أن يتم إنتاج وتطبيق المشاريع بجودة عالية، لذا من المهم أن يتم تسريع عملية المراجعة باستخدام أدوات وذلك لجعل عملية ا لتدقيق والاختبار محوسبة ومؤتمتة تؤدي عملها بشكل فعّال وسريع، حيث تسعى هذه المقاييس إلى اشتقاق قيم رقمية أو عددية لبعض الخصائص أو السمات التي تحقق الجودة حيث تتم عملية مقارنة هذه الأرقام مع بعضها البعض ومع الأرقام اللازم الامتثال بها والتي تحقق الجودة وقياس نسبة الجودة للمنتج النهائي.

وهناك طريقتين رئيسيتين يمكن من خلالها استخدام المقاييس والمعايير والتي يتمّ تطبيقها لقياس الجودة :

1- اصدار تنبيء عام حول النظام . وذلك بقياس الخصائص السمات لمكونات المنتج أو نشاطات مراحل المشروع ومن ثم القيام بتجميع وتكتيل هذه القيم حيث يمكن بعدها القيام بتخمين عام عن سمات النظام مثل عدد الأخطاء في النظام أو المنتج أو نسبة

المادة الأولية المعينة في المنتج والذي تؤدي إلى نسبة مئوية من الجودة على سبيل المثال قد تصل جودة المنتج إلى 90% أو 49 % وهكذا.

2- لتعريف المكونات المجهولة المقاييس من الممكن ان تقوم بتعريف المكونات الفردية والتي تمّ اقتباس خصائصها من معيار أو مقياس معين وعلى سبيل المثال يمكن قياس المكونات للكشف عن اكبر مكون يتميز بالتعقيد ويتميز بعدم الإلمام الكامل به والتي يفترض انها سوف تتسبب بالكثير من الأخطاء أو المشكلات حيث يجب أن يتمّ التركيز على هذه المكونات أثناء عملية المراجعة والتدقيق.

وعادة من المستحيل أن يتم قياس سمات جودة المنتج بشكل مباشر، فسمات الجودة مثل قابليته للصيانة وقابليته للفهم وقابليته للاستخدام هي سمات خارجية تعتمد بشكل خاص على رؤية المطورين و المنتجين والمستخدمين لهذا المنتج حيث أنها تتأثر بالكثير من العوامل ولا يوجد طريقة بسيطة يمكن من خلالها قياسها إلا أن هناك الكثير من السمات يمكن قياسها بسهولة كالحجم .

عملية فرض أن هناك علاقة موجودة بين ما يتمّ قياسه وما يراد أن يتمّ معرفته حيث أنه يجب أن تكون هناك علاقة واضحة ومقبولة للسمات الداخلية والخارجية للمنتج.

الشكل التالي 9-2 يبين بعض السمات الخارجية التي يمكن الاهتمام بها وبعض السمات الخارجية التي تكون مرتبطة بها ارتباطاً وثيقاً حيث يقترح هذا الشكل أن هناك علاقة بين بين السمات الخارجية والداخلية ولكي يعرف ما هي هذه العلاقة حيث أنه إذا كان القياس المستخدم في قياس السمات الداخلية مفيداً لخصائص المنتج الخارجية فإنه يجب أن تتحقق ثلاثة شروط :

• السمات الداخلية يجب قياسها بشكل دقيق

• يجب أن تكون هناك علاقة بين ما نستطيع أن نقيسه والسلوك الخارجي للنشاط والذي نحن مهتمين بمعرفته.

• إن العلاقة مفهومة وتمّ قبولها ويمكن التعبير عنها على شكل نموذج أو معادلة أو على شكل قيم رقمية.

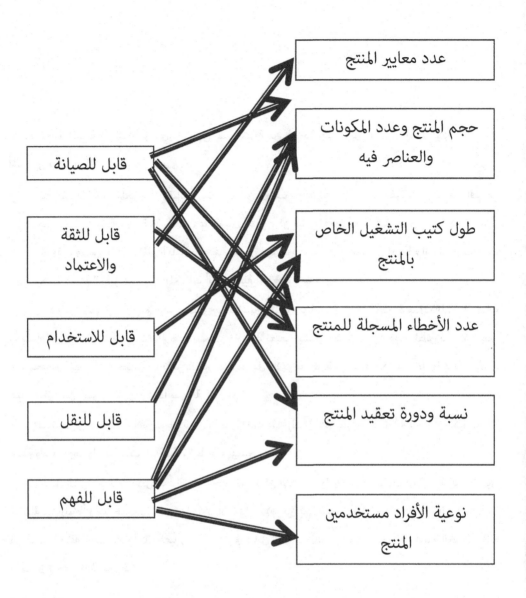

شكل 9-2 العلاقات بين السمات الداخلية والخارجية للمنتج

9-8 عملية القياس

الشكل التالي 9-3 يبين خطوات وعملية القياس التي تتمّ من أجل التحقق من معايير الجودة للمشروع حيث

تتكون عملية القياس من عدة خطوات هي :

• خطوة اختيار المقاييس المراد اجرائها، حيث أن المقياس الذي يؤدي إلى إجابة على

بعض الأسئلة يجب أن يتمّ اختياره ومن يجب أن يتمّ تشكيله وتعريفه من أجل الحصول على الإجابات.

- خطوة اختيار المكونات التي يجب أن يتمّ تقييمها، حيث أنه ليس من الضروري أن يتمّ اختيار كل العناصر من أجل القيام بقياس المعايير عليها حيث يفضل التركيز على المكونات الجوهرية والتي يتمّ استخدامها بشكل ثابت .
- خطوة قياس خصائص المكونات والعناصر، العناصر المختارة يتمّ قياسها، والمقاييس المصاحبة لها يتم حساب قيمة المعيار لها حيث يتطلب هذا تضمين عملية معالجة تمثيل العناصر مثل التصميم والطور ... الخ وذلك باستخدام بيانات تمّ جمعها بشكل تلقائي باستخدام أدوت وبرمجيات حاسوب متطورة.
- خطوة تعريف المقاييس المجهولة، بعد أن تتمّ عملية القياس للمكونات فيجب أن تبدأ عملية مقارنة هذه المقاييس مع مقاييس سابقة والتي سبق ان تمّ تسجيلها وحفظها في قواعد بيانات محوسبة عندها يتمّ البحث القيم الغير عادية أو القيم العالية لكل مقياس حيث أنه من الممكن ان تؤدي هذه إلى اكتشاف الأخطاء أو المشكلات التي تصاحب هذه المكونات ذات قيم مقاييس عالية.
- خطوة تحليل العناصر المجهولة، بعد أن يتمّ تعريف المكونات والتي لها قيم مجهولة أو عالية يجب ان يتم اختبار هذه العناصر ليتم التقرير فيما إذا كانت قيم القياس المجهولة لهذه العناصر تعني أن جودة هذه العناصر لم يتمّ تحقيقها أو تمّ تحقيق الجودة فيها .

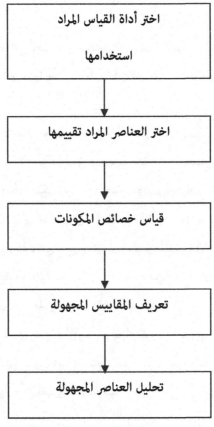

اختر أداة القياس المراد

استخدامها

اختر العناصر المراد تقييمها

قياس خصائص المكونات

تعريف المقاييس المجهولة

تحليل العناصر المجهولة

شكل 9-3 عملية قياس جودة المنتج

أسئلة الفصل التاسع

ضع دائرة حول رمز الإجابة الصحيحة

1-عرف ------------- الجودة على انها " الرضا المطلق للزبون أو العميل":

ب. اليابانيون   أ – البريطانيون

د. الصينيون   ج – الامريكيون

2- من خصائص الجودة التي وضعتها منظمة الآيزو -----------.

ب. السلامة والأمن   أ. الاعتمادية

د. كل ما سبق ذكره   ج. البساطة وعدم التعقيد

3-من خصائص الجود انه قابل للتأقلم يعني ذلك --------------:

ب - وهي قوة المنتج في تلبية الحاجات حيث يمكن الاعتماد عليه بشكل موثوق.   أ - يعمل تحت ظروف كثيرة وعديدة

د. سهل التركيب والفك والحمل والنقل   ج - يمكن إعادة تدويره وإعادة استخدامه مرة أخرى

4- تكاليف الفشل أو الخطأ أو الخلل الداخلي تتضمن:

ب - إصلاح الخطأ أو الخلل   أ - إعادة العمل مرة أخرى من الصفر

د. كل ما ذكر   ج - عملية تحليل طور الخلل أو الخطأ

5- يتمّ تقسم المنتج إلى وحدات من أجل

أ – أداء العمل بشكل مضمون ولفترات طويلة دون الحاجة إلى عمليات صيانة

ب. إعـادة اسـتخدامه عنـد انتهائـه مـدة خدمته

ج – من أجل سهولة الفك والتركيب والنقل والحمل..الخ).

د. أن يكون قابل للاختبار والفحص

6- سمات الجودة قابلة

أ- للصيانة

ب- للفهم

ج- للاستخدام

د- كل ما ذكر

المراجع :

- John McManus , 2003,- Information system Project Management , Prentice Hall ,UK

- Sommerville , 2004, " software engineering, 7th edition, Prentice Hall ,UK

- Laudon and Loaudon, 2004 , " management Information system ", Prentice Hall ,UK

الفصل العاشر

إدارة سلسلـــة الامـــداد

الأهداف التعليمية **Learning Objectives**

بعد إتمامك لهذا الفصل سوف تكون قادرا على

- التعرف على ماهية سلسة الامداد الالكترونية وطرقها ومداها و استخدامها .
- التعرف على التقنيات المستخدمة لدعم سلسلة الامداد الالكترونية وفوائدها.
- فهم عملية تطبيق سلسلة الامداد باستخدام نموذج بسيط لتنفيذ السلسلة الالكترونية في الحياة العملية.
- التعرف على القضايا الإدارية المتعلقة بسلسلة الامداد الالكترونية وحلولها
- التعرف على التجارة التعاونية وإدارة المعرفة
- فهم ماهية بوابات الانترنت التعاونية وأنواعها في التجارة الالكترونية.

المحتويات Contents

10 - 1 ما هي إدارة سلسلة الامداد

يتوفر الآن أعداد ضخمة من الناس والذين يقومون بعمليات البيع والشراء عبر الانترنت لذلك يعتمد نجاح الشركات التجارية كثيراً على البحث والمحافظة على هؤلاء الناس أو الزبائن. إن نجاح الشركات التجارية في الانترنت يعتمد أيضاً كثيراً على ماذا يوجد من عمليات مساندة خلف الموقع الالكتروني ويعتمد أيضاً على المحتويات والوظائف والعمليات التي يقوم بها الموقع الالكتروني . إن العمليات الداخلية التي تقوم بها الشركات مثل العلاقات مع التجار المزودين والعلاقات مع شركائهم التجاريين وعمليات تنظيم استيراد المنتجات والسلع والبحث عنها وشرائها بأفضل الأسعار ومن أفضل المزودين التجار، و تعتبر من العمليات التي تقوم بها شركات التجارة الالكترونية من خلف المواقع الالكترونية وهي مهمة جدا في نجاح هذه الشركات. إن كل هذه العمليات التي تجري من خلف الموقع الالكتروني لا يشعر بها الزبون بل يرى نتائجها عند إجراء عملية الشراء وعند التواصل مع الشركة لإجراء مختلف النشاطات مثل الاستفسار وعملية الدفع وخدمة ما بعد البيع الخ.

إن كل العمليات التي تقوم بها الشركة من عملية الاتصال بالمزودين لشراء السلع والمواد الخام ومن ثم إجراء عمليات التصنيع والتي تدخل في عمليات كثيرة تتضمن التنسيق والتنظيم بين مختلف الأقسام وما يصاحبها من إدارة حتى عملية اخراج المنتج بصورته النهائية ومن ثم شحنه إلى الزبون تسمى كل هذه العمليات بسلسلة الامداد وإذا تمّت كلّ هذه العمليات عبر الانترنت فتسمى سلسلة الامداد الالكترونية.

التدفق للأعلى
داخل الشركة
التدفق للأسفل
موردين - طبقة 2
موردين - طبقة 1
تدفق مادي للمواد
مركز توزيع رئيسي
تجميع ، تصنيع و تغليف
بائعين تجزئة
تدفق المعلومات
زبائن
شركة تصنيع أجهزة كمبيوتر
موزع معالج مصغر
مصنع سيليكون أو بلاستيك
شحن
موزع رئيسي
لوحة مفاتيح ، فارة
شركة بلاستيك
مصنع تجميع الحاسوب
تغليف الحاسوب
موزع تجزئة
مصنع حديد
شاشات عرض
لوحة رئيسية
زبائن
مصنع كرتون
مصنع ورق

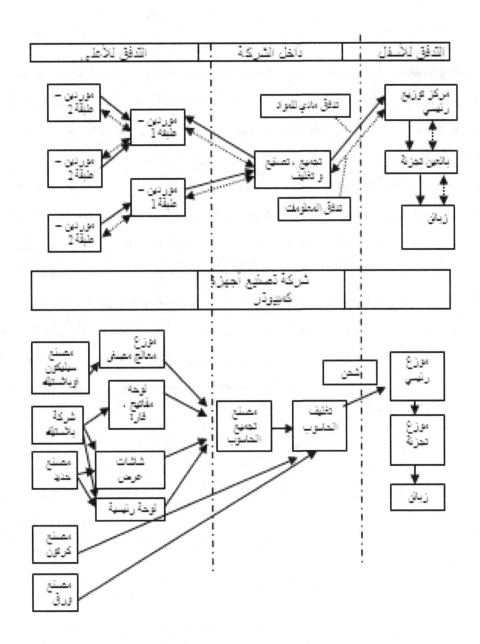

10 - 2 استخدام التقنيات الحديثة لدعم سلسلة الامداد

من أهم عوامل النجاح لشركات التجارة الالكترونية هي استخدام التقنيات الحديثة وتكنولوجيا المعلومات مثل الانترنت والكمبيوتر والطابعات والماسحات الضوئية والكاميرات الرقمية وأجهزة شبكات الهاتف الثابتة واللاسلكية وغيرها من التقنيات الحديثة بالإضافة إلى استخدام برامج مشاريع متقدمة قابلة على التفاعل والتواصل مع غيرها من البرامج وبمختلف الإعدادات والعتادات وأنظمة التشغيل والتي تزيد من سرعة وفعالية وأداء السلسلة حيث يتمّ استخدام الانترنت في عملية التنسيق والتنظيم وتدفق وتحويل الأموال والمعلومات والخبرات في داخل الشركة وخارجها وبين أفرع الشركة المختلفة .

إذن فإدارة سلسلة الامداد ما هي إلى عملية استخدام التقنيات الحديثة لتحسين أداء النشاطات المختلفة في سلسلة الامداد في مختلف أقسام الشركة من أجل المساعدة على تحسين أداء السلسلة. أن إدارة سلسلة الامداد هي ليست مجرد استخدام التقنيات الحديثة فقط فهي أيضاً تتضمن استخدام السياسات والاستراتيجيات الإدارية الحديثة ذات الرؤية البعيدة واستخدام أدوات القياس في النشاطات التجارية عبر كل سلسلة الامداد لذلك فان نجاح أي سلسلة أمداد يعتمد بالدرجة الأولى على العوامل التالية:

1- السرعة والتكلفة وضمان الجودة وخدمة الزبون

فهذه العوامل الأربعة تعتبر مقاييس فعالية الأداء لسلسلة الامداد، لذلك يجب على كل شركة أن تعرف بوضوح هذه المقاييس وذلك حسب مستويات الأهداف التي ترغب الشركة بتحقيقها بحيث يجب أن تكون هذه الأهداف مغرية إلى شركائهم في الأعمال .

2- توفر المعلومات عبر كل مستويات سلسلة الامداد

إن المعلومات من المصادر المهمة والضرورية في كل النشاطات المتعلقة بالسلسلة وفي مختلف المستويات لذا يجب أن تكون هناك إستراتيجية فعالة وكافية تقوم على توفير المعلومات الضرورية والكافية والتي تتعلق بكل نشاطات سلسلة الامداد والعمليات التجارية مثل المعلومات حول الزبائن والمخازن والطلبيات والكميات والمتوفرة من المواد الخام ومستويات التخزين وأوقات التسليم وعناوين الزبائن وطريقة الشحن والتسليم وكيفية أجراء العمليات والتعاملات المالية والتجارية والإدارية والتخاطب من الزبائن والمزودين وغيرها من المعلومات بحيث تكون متوفرة لكل عضو او مستوى من مستويات السلسلة وفي كل الأوقات، لذلك من المهم إن تكون هناك إدارة جيدة لنظام معلوماتي مبني على الحاسوب يوفر المعلومات عند الحاجة أليها وبمختلف الأشكال والصور وهذه الإدارة للمعلومات يجب

أن تشكل سياسة وطريقة تعامل موحدة وسياسة ضبط ومراقبة من أجل السماح فقط للأفراد المعنيين مـن الوصول للمعلومات وحسب المستوى والفرد الذي يطلب المعلومات بحيث تعطى صلاحيات مختلفة للأفراد لتنظيم عملية الوصول إلى المعلومات حيث تبقى هناك معلومات سرية لا تكون متاحة لكل الأفراد بل فقط للأشخاص المصرح لهم.

3- **تكامل عملية دمج وربط سلسلة الامداد**

لكي تكون السلسة أكثر نجاحاً وفعالية يجب أن تكون هناك طرق وعمليات تكامل ودمج وربط لكل الأقسـام داخل الشركة وأفرعها المختلفة الخارجية وعملية تكامل ودمج مع التجار المزودين وشركاء العمل وقنوات توزيع لكل هذه الأقسام بحيث تكون مربوطة ومدموجة معا باستخدام بـرامج تكـون موزعـة عنـد كـل الأطـراف الموجـودون في السلسلة وهذه البرامج يجب أن تكون لديها المقدرة على التخاطب والتواصل معاً ومشاركة المعلومـات ونقلهـا وبثهـا بدون أي صعوبات حتى مع اختلال أنواع الشبكات والأجهزة المستخدمة بـين أطـراف السلسـلة وذلـك لزيـادة ادعـاء فعالية السلسلة ولضمان نجاحها.

10 - 3 أجزاء سلسلة الامداد

يمكن تقسيم سلسة الامداد إلى ثلاثة أجزاء رئيسية هي :

● سلسلة الامداد الداخلية

● سلسلة الامداد الدفق للأعلى

● سلسلة الامداد الدفق للأسفل.

أولا : سلسلة الامداد الداخلية :

إن الجزء الداخلي من سلسلة الامداد يتضمن كل العمليات المستخدمة لتحويل عناصر المـدخلان المسـتلمة مـن المزودين التجار إلى داخل الشركة وذلك لتحويلها إلى مخرجات . فهذا الجزء ممتد من الوقت الـذي يـتم فيه إدخـال العناصر الخام إلى الوقت الذي يتم فيه الانتهاء من عملية صنع المنتج وتوزيعه إلى خارج الشركة .

في هـذا الجـزء مـن السلسلة يكون الاهتمام الأساسي منصباً عـلى عمليـة إدارة الإنتـاج والتصـنيع ومراقبـة المستودعات من صيانة وإدارة , وتعتبر هذه النشاطات الداخلية في سلسلة الامداد مـن أهـم المكونـات التـي تقيم الشركة من خلالها وذلك حسب ما يراه الزبون فكلـما زادت الجـودة في هـذا القسـم مـن عمليـات التصـنيع وإدارة وضبط المستودعات كلما كانت الشركة أكثر قيمة وأفضل أداء وسمعة لغيرها من الشركات.

ثانياً : سلسلة الامداد الدفق للأعلى.

إن جزء الدفق للأعلى من سلسلة الامداد يتضمن كل النشاطات مع المزودين التجار والذين من الممكن أن يكونوا مزودين مصنعين أو مزودين عمليات تجميع وتصنيع أو كلاهما، أن الجزء الأهم من هذه السلسلة هو عملية الحصول على أفضل المواد الخام والمصادر أو القطع من المزودين بأفضل الأسعار وذات جودة عالية . إذاً فالدفق العلوي من سلسلة الامداد يشمل العلاقات مع الموردين التجار ويشتمل أيضا على عمليات النقل والشحن وتحويل الأموال والمواد الخام بين الشركة والمزودين.

ثالثا: سلسلة الامداد الدفق للأسفل

وهو الجزء المتعلق بالزبون في سلسلة الامداد ويهدف هذا الجزء إلى إنهاء عملية سلسلة الامداد وذلك بتسليم المنتج أو الخدمة النهائية إلى الزبون، أن هذا الجزء من السلسلة يبدأ من عمليات التوزيع في المستودعات والنقل ومن ثم خدمة ما بعد البيع حيث يكون هناك تواصل كبير بين الشركات والزبائن لتسليم المنتجات وإجراءات الصيانة والدعم الفني والمساعدة وغيرها من الأمور الفنية المتعلقة بالصيانة والتدريب.

10 - 4 مشاكل وحلول سلسلة الامداد

إن سلسلة الامداد من الممكن أن تكون طويلة جداً وذلك لأنها من الممكن أن تتضمن العديد من الشركاء الداخليين والخارجين والموجودين في أماكن مختلفة وأيضا تتضمن سلسلة الامداد الطويلة تدفق كل من المواد والمعلومات بين العديد من الأقسام وتزداد طول هذه السلسلة خاصة عندما يتم إجراء وتولي النشاطات بشكل يدوي حيث تكون العمليات بطيئة ومعرضة للأخطار .

إن نظام التجارة التقليدية الذي لا يعتمد على الانترنت والكمبيوتر يتخلله الكثير من المشاكل والصعوبات من أهمها تلبية احتياجات الزبائن من المنتجات في الوقت المناسب وبالسعر الملائم للزبون وايضاً توفير المستودعات لتخزين هذه المنتجات وقد قللت سلسلة الامداد الالكترونية عبر الانترنت من هذه المشاكل فأصبحت عمليات إدارة الطلبيات للمنتجات من الزبائن أكثر فعالية وذلك باستخدام أنظمة المعلومات والكمبيوتر مما أدى إلى تقليل أعداد الموظفين بنسب كبيرة جداً وبالتالي أدى ذلك إلى تخفيض أسعار المنتجات حيث ان تكلفة إنتاج السلعات والخدمات يعتمد قسم منها على رواتب الموظفين وبالرغم من استخدام الكمبيوتر والانترنت في معالجة الطلبيات فقط تحصل مشاكل في عملية تسليم المنتجات في الوقت المناسب وخاصة في المناسبات الاجتماعية والدينية مثل مناسبة أعياد

الميلاد ورأس السنة الميلادية حيث تزداد الطلبيات على الكثير من السلع والمنتجات من بعض الشركات مـما يـؤدي إلى تسليم المنتجات إلى الزبائن بعد انقضاء المناسبات أو في أوقات متأخرة كثيرة .

ومن المشاكل المهمة في سلسلة الامداد مشكلة ضمان الجودة حيث تؤدي هذه المشكلة إلى تأخير عمليـة أنتـاج السلع أو إلى أنتاج سلع لا تلبي رغبات الزبائن . أن ضمان الجودة للمنتجـات يـؤدي إلى زيـادة السـعر بنسـبة كبـيرة وزيادة الوقت لإنتاج هذه السلع . أن ضمان الجودة يعني أن يتم أنتاج السلع بأفضل المواد الخام المستوردة وبأفضل الأسعار ومن أجود المزودين التجار وهذه السلع لا بد من عملية إنتاجها بشكل دقيـق لتلبـي رغبـات الزبـائن . وقد عرف اليابانيون الجودة بأنها عملية ارضاء الزبون.

ومن المشاكل الأخرى المتعلقة بسلسلة الامداد هي مشكلة التذبذب في طلب السلع من الزبائن، ويعني ذلك أنه في وقت ما يحصل طلب كبير على سلعة معينة وفي وقت آخر لا يحصل أي طلب أو يحصل طلب ولكـن بشـكل قليل جداً , وهذه تخلق ربكة للشركات في إدارتها للإنتاج وتلبيتها للطلبات.

10 - 5 ما هي السوقيات ؟

إن مصطلح السوقيات له علاقة كبيرة بإدارة سلسلة الامـداد، فالسوقيات هـي عبـارة عـن الإدارة الإسـتراتيجية لمجموع سلسلة الامداد، وسلسلة الامداد هي عبارة عن مجموعة من السلاسل التي تتضمن أهداف ونشاطات تهدف إلى عملية ارضاء الزبون . أن السوقيات تتضمن العديد من النشاطات مثل عمليـات الاسـتيراد للمـواد والبحـث مـن الموردين وعملية التصنيع والتوزيع والشحن والتخزين وعملية إدارة وبث المعلومات خلا ل كل هذه النشاطات .

ان تعريف مصطلح السوقيات تعريف واسـع يعكـس أدائـه في الأعمـال التجاريـة فهـو أساسـا لا يتعلـق بكـل مجموعة السلاسل الامداد بل فقط يتعلق بعملية الإدارة للسلسلة والسوقيات أو بكلـمات أخـرى عمليـة الإدارة عـلى كل ما يدخل أو يخرج للشركة.

إذن فالسوقيات ما هي إلا الإدارة الفعالة لأحداث سلسلة الامداد من مواد أو مصادر تدخل للشركة inbound logistic وما يخرج من الشركة outbound logistic فالداخل للشركة عبارة عن عملية الإدارة الفعالة للمواد والمصادر التي يتم ادراجها وإدخالها للشركة من مجموعة التجار المزودين وغيرهم من شركـاء العمـل أمـا السـوقيات الخارجـة فهي عملية إدارة المواد والمصادر والتي يتم تزويدها من الشركة إلى الزبائن مباشرة أو من خلال

وسطاء مثل الموزعين بالجملة أو البائعين بالتجزئة.

10 - 6 نموذج بسيط لسلسلة الامداد مع السوقيات

إن سلسلة الامداد للشركة يمكن أن ترى من منظور فني على أنها عملية تحويل المواد الخام (المدخلات) من خلال عمليات فنية وتقنية وإدارية إلى سلع وخدمات (مخرجات) والتي يتم إرسالها إلى العملاء . أن مثل هذا المنظور يدل على انه ومن خلال الانتقال إلى الأعمال الالكترونية فان المنشآت يمكن أن تقوم بعملية مراجعة لهذا التحول لعمل تحسينات على المنتجات وطريقة أنتاجها وإدارتها وذلك من أجل تسليم السلع أو الخدمات إلى الزبائن بالوقت المناسب وبأقل التكاليف.

عن عملية المراجعة والتدقيق في العملية الإنتاجية للسلع أو الخدمات من أجل هدف التحسين لا يتضمن فقط العمليات الموجودة داخل الشركة فقط بل يمكن أن يتعدى هذه التحسين والمراجعة إلى خارج حدود الشركة وذلك لتحسين العمل من المزودين التجار وتحسين عملية النقل وتسليم البضائع إلى الزبائن مما يزيد من قيمة الشركة ويزيد من عملية ارضاء الزبون وبالتالي يزيد من ولاء الزبائن لهذه الشركة مما يؤدي إلى زيادة الدخل المادي للشركة وبالتالي زيادة الأرباح وزيادة التنافس بين غيرها من الشركات.

والشكل التالي يوضح نموذج بسيط لإدارة سلسلة الامداد لتصنيف تجارة الكترونية شركة إلى شركة .

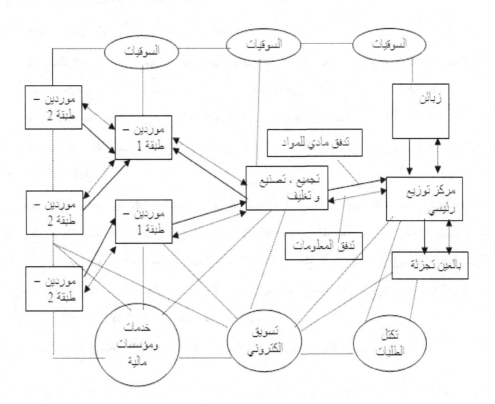

شكل 10-1 نموذج بسيط لإدارة سلسلة الامداد والتزويد

10 - 7 التجارة التعاونية وإدارة المعرفة

إن إدارة المعرفة ما هي إلى عملية خلق للمعلومات أو عملية الحصول عليها والتجارة التعاونية تعتبر ضرورة جداً في تكامل عملية إدارة المعرفة وفي التجارة الالكترونية وطرق وأدوات التعاون التي تم تصميمها لتنفيذ كل التعاملات والنشاطات داخل أو عبر الشركات .

من الممكن استخدام العديد من الخطط لإكمال عملية التكامل هذه لذلك فان التجارة التعاونية تختلف حسب التصنيفات المختلفة للتجارة الالكترونية وإعداداتها مثل تصنيف شركة إلى شركة أو شركة إلى مستهلك.

إن المعرفة والإدارة تلعب دورا استراتيجياً في التجارة التعاونية فعلى سبيل المثال احد أهم الوظائف الأساسية لإدارة المعرفة هي عملية جمع خبرات وآراء الخبراء وهذه الخبرات والآراء أو الأفكار يمكن تزويدها من شريك تجاري إلى آخر لذا يعتبر أحد نماذج التجارة التعاونية الرئيسية هي عملية تزويد المعرفة مع العملاء الذين يرغبون بالحصول على المعرفة .

وتعتبر طريقة التعليم أيضاً من الطرق المهمة في التجارة التعاونية ويمكن اجراء العديد من التسهيلات في عملية التعليم من خلال إدارة المعرفة .

إن عملية خلق المعرفة ونماذج مشاركتها من أجل التعاون التجاري بين الشركاء التجاريين ممكن أن يكون ذلك من خلال ما يعرف ببوابات المعرفة حيث يتم تصنيف المعرفة وتنظيمها وإدارتها من خلال قنوات موجودة على الانترنت في المواقع الالكترونية المختلفة.

10 - 8 معوقات التجارة الالكترونية

بالرغم من الفوائد العديدة المستوحاة من التجارة الالكترونية التعاونية إلا أنها تنتشر وتسير ببطء شديد والأسباب المؤدية إلى هذا التباطؤ حسب العديد من الدراسات هي أسباب تقنية وفنية تشمل عمليات التكامل والدمج بين الشركاء والمقاييس والمعايير المستخدمة وأيضاً تشمل أنواع مختلفة عديد من الشبكات وهناك أيضاً مشاكل الأمن وسرية وخصوصية المعلومات والتي تتعلق بالوصول والتحكم وتداول المعلومات المخزنة في قواعد البيانات للشركاء التجاريين. ومن أسباب عدم انتشار التجارة التعاونية بشكل واسع هو المقاومة الداخلية من الموظفين لعملية مشاركة المعلومات والمقاومة لتبني الطرق الجديدة لتنفيذ مختلف العمليات التجارية وعدم توفر المهارات والخبرات الكافية لتنفيذ التجارة التعاونية.

ان المعوق الكبير لعملية تبن التجارة التعاونية هي الافتقار إلى التعريف الشافي والعالمي المتفق عليه حول المعايير والمقاييس الدولية المستخدمة والمتعلقة بالتجارة التعاونية وقد ظهرت في السنوات الأخيرة الماضية طرق جديدة للتغلب على المقاييس في نقل المعلومات بين مختلف أنظمة الكمبيوتر وعلى اختلاف عتادها المادي والبرمجي واختلاف أنظمة التشغيل ونوع الشبكة المستخدمة وذلك باستخدام لغة برمجة او يمكن تسميتها بروتوكول لنقل المعلومات المرمزة بين مختلف أنظمة الحاسبات الالكترونية وهي لغة XML .

وأيضاً ساعد استخدام تقنية الشبكة العنكبوتية أو ما يعرف بالويب واختلاف اللغة والثقافة والعادات والتقاليد بين الشركات التجارية حول العالم على الحدّ من انتشار التجارة التعاونية على مستوى مقبول عالمياً.

إن عامل الثقة يعتبر من أهم العوامل التي تمنع وتحد من انتشار التجارة التعاونية بشكل كاف ومن التقنيات التي تمّ اقتراحها في السنوات الماضية من أجل زيادة عامل الثقة بين الشركات المتعاونة هو البدء بالتعاون التجارية على نطاق ضيق وصغير على سبيل المثال يمكن مشاركة ومزامنة نوع واحد من المعلومات حول المبيعات بين الشركاء أو اختيار

مشاريع قادرة على جلب الأرباح والعائدات بشكل سريع لكل الأطراف المتعاونة تجاريا وذلك لتشجيعهم على الاستمرار والمضي قدماً إلى المزيد من التعاون والتشارك التجاري حتى يصل إلى الحد المقبول به .

وأيضاً تعتبر الاجتماعات واللقاءات وجها لوجه بين الشركاء في بداية التعاون التجاري من الأمور الهامة والتي تساعد على تبني التجارة التعاونية بينهم، كما أن اظهار الفوائد والمشاكل المستمدة من تبني التجارة التعاونية لكل الأطراف من العوامل المشجعة على تبني التجارة التعاونية أيضاً وبشكل قوي.

بالرغم من قلة الثقة بين الشركاء فيمكن على الأطراف المحتمل تعاونهم تجارياً عبر الانترنت أن يقرروا الموافقة على هذا التعاون وذلك بعد حكمهم وفهمهم للفوائد الناتجة عن هذا التعاون، كما أن استخدام العديد من الأدوات البرمجية والتي تمّ تصميمها من التجارة التعاونية تعمل على الحد من العديد من المعوقات لتبني هذا النوع من التجارة، كما أن نشر الوعي والإدراك لأهمية التجارة التعاونية لكل الأطراف مثل سهولة عملية تنفيذ نشاطات سلسلة الامداد كاملة وعملية تخفيض أو حتى إلغاء نظام المستودعات وتخفيض تكاليف تشغيلها وأدارتها وحمايتها والذي ينتج عنه الرضاء التام للزبون من الشركة وزيادة التنافس بين الشركات، كل هذه الفوائد سوف تؤدي بالمستقبل القريب إلى انتشار التجارة التعاونية ليس على نطاق محلي فقط بل على نطاق عالمي أيضاً.

10 - 9 أساسيات التجارة التعاونية

من أهم المبادئ المتعلقة بالتجارة التعاونية هي عملية التخطيط التعاوني بين الشركاء التجاريين والتجار المزودين والموزعين وغيرهم. إن أهم نتائج التخطيط التعاوني بين كل الأطراف المشتركة بالعملية التجارية هو التنبؤ بحجم السوق والتنبؤ بكميات الطلب والعرض وكميات المبيعات للسلع أو الخدمات في مدى زمني محدد، والذي يؤدي بدوره إلى تنظيم العمل واستقراره ومعرفة كيفية التأقلم مع مختلف التغيرات والتي قد تحصل مثل التذبذب في كميات العرض والطلب.

إن من أهم أساسيات التجارة التعاونية بالإضافة إلى المقابلات واللقاءات بين مختلف الشركاء وجهاً لوجه وذلك في بداية التعاون التجاري هو مشاركة المعلومات بين كل الشركات التجاريين (المصنعين والمزودين والموزعين وشركاء العمل) والتي تهدف إلى خلق وجهة نظر عامة لعملية التخطيط المستقبلي لكيفية تحسين العمل التجاري وزيادة العائدات المالية والإرباح والتنافس على الجودة والريادة في السوق وتقليل تكاليف البيع والشراء . ولا بد من توفر برامج وأنظمة متكاملة وذات مرونة عالية في عملية التخطيط

والتصميم للمنتجات والعملية التجارية . إن التخطيط التعاوني والتنبؤ المستقبلي للعمل التجاري يعتبر مشروع كبير يتمّ من خلاله التخطيط والتنبؤ بالطلب والعرض من أجل التأكد من أن الأعضاء المشتركين في التجارة التعاونية سوف يتوفر لديهم الكمية المناسبة والكافية من المواد الخام والمصادر من أجل إنتاج السلع النهائية وذلك لتلبية رغبة وطلبيات العملاء في الوقت المناسب .

10 - 10 بوابات الانترنت التعاونية

وهي عبارة عن مدخل لموقع الكتروني تعاوني والذي يمكن من خلاله تسهيل عملية الاتصالات والوصول إلى معلومات الشركة المتعلقة بالأعمال التجارية .

إن بوابات الانترنت التعاونية هي عملية تخصيص نقطة ما للوصول من خلال متصفح الانترنت إلى معلومات مهمة جداً عن الأعمال التجارية والتي تكون متواجدة داخل أو خارج الشركة التجارية ومن الأمثلة على البوابات التجارية والمشهورة والمنتشرة عالمياً شركة ياهوو yahoo.com وشركة MSN.comواللتان تعتبران بوابات لمعلومات عامة على الانترنت حيث تزود العملاء بقنوات فردية للوصول إلى معلومات أو تطبيقات الكترونية متوفرة على الانترنت والانترانت والاكسترانت لشركات محددة وأيضاً يمكن للشركات أن يكون لها بوابات انترنت تعاونية منفصلة داخل الشركة وخارج الشركة .

إن البوابات التعاونية تعمل على تسهيل وتمكين الموظفين وشركاء العمل والعملاء من تسهيل عملية التواصل والاتصالات المتبادلة فيما بينهم والتواصل من الشركة من أي مكان في العالم ومن خلال هذه البوابات لذا فان البوابات التعاونية هي احد الأساسات التي تمكن الاتصالات والتعاون والوصول إلى معلومات الشركات، وقد قامت العديد من الشركات الكبيرة بتطبيق البوابات التعاونية وذلك من أجل تخفيض التكلفة وتقليل الجهد الموكل إلى المدراء والمدراء التنفيذيين لكي يقوموا بأعمال أخرى أكثر أهمية للشركة تزيد من كفاءة الشركة وتنافسها وقيمتها بين الشركات الأخرى .

10 - 11 أنواع البوابات التعاونية في الانترنت.

إن التجارة الالكترونية التعاونية من الممكن أن تكون عامة أو وظيفية. فالبوابات العامة يتم تعريفها من خلال مستخدميها مثل الموظفين والموزعين والعملاء الخ. أما البوابات الوظيفية فيتم تعريفها من خلال الأداء الوظيفية التي تقوم بعرضه، وتعتبر البوابات التعاونية شائعة لكل من القطاعات الخاصة والحكومية على حد سواء . ومن أنواع التجارة التعاونية العامة والتي يمكن وجودها داخل الشركات والمنشآت :

1- بوابات للمزودين وغيرهم من شركاء العمل

إن استخدام هذا النوع من البوابات التعاونية يمكن المزودين من عملية إدارة مباشرة لمستودعاتهم، فيمكنهم من خلال هذه البوابات أن يقوموا باستعراض كميات وأنواع السلع المباعة وكميات المبيعات كل سلعة على حدا وتفاصيل الطلبيات ومتابعتها من الزبائن ومعرفة ومراقبة مستويات المستودعات وإمكانية إرسال طلبيات إلى المزودين عند حصول نقص في مستوى المستودعات لسلعة أو مادة ما، إن هذا النوع من البوابات يؤدي إلى زيادة المبيعات وتقليل التكاليف بنسبة كبيرة تؤدي إلى زيادة المبيعات والعائدات المالية للشركة.

2 - بوابات الزبائن

إن البوابات التعاونية للزبائن يمكن أن تخدم كل الأعمال التجارية وتخدم الزبائن حيثما وجدوا، حيث يستطيع الزبون استخدام هذه البوابات لاستعراض المنتجات وعرضهم بالطريقة التي يريد وتمكنه من إجراء عمليات الطلب لسلعة ما ومراقبة الطلبية ومتابعتها، وأيضا يستطيع الزبون من خلال هذه البوابات أن يستعرض حساباتهم المالية ومشاهدة ومتابعة التغييرات التي تجري في حساباتهم وبشكل متزامن وفي الوقت الحقيقي كما باستطاعة الزبائن إجراء عمليات الدفع الالكتروني المالي عن المنتجات أو الخدمات التي تم شراؤها، كما ويمكنهم متابعة عمليات الدعم الفني والتسليم وطلب الصيانة والمساعدة والاستفسار عن كل الأمور المتعلقة بالسلع أو الخدمات التي تم شراؤها.

ويتوفر في العديد من البوابات التعاونية الكثير من البيانات والتي يستفيد منها كثيراً مدراء التسويق وذلك لتمكنهم من التنبؤ ما إذا كان هناك برنامج محدد للزبون يمكن أن يكون مفيداً للتطبيق والاستخدام كنموذج مثالي يمكن تطبيقه لزبائن آخرين مشابهين .

يستطيع الزبون من خلال هذه البوابات التعاونية أن يقوم باستخدام النظام وتخصيصه حسب التفضيلات التي يرغب فيها ومن خلال حسابه يستطيع القيام بإجراء طلبيات شراء وإرسال رسائل مبينة على تقنية XML إلى التاجر وهذا بدوره يوفر الوقت والجهد والمال والذي يمكن أن يستهلكه نظام الفاكس أو استخدام الهاتف في إجراء عمليات الطلب والشراء.

إن استخدام الزبون لهذه البوابات يقوي العلاقة بينه وبين البائع مما يؤدي إلى إعطاء المزيد من العلاقات القوية والتسهيلات الفعالة لكلا الطرفين.

2- بوابات الموظف

إن بوابات الموظفين يمكن استخدامها من أجل التدريب وبث الأخبار والمعلومات للموظفين ويمكن استخدامها أيضا لإجراء منتديات جماعية للنقاش والحور وطرح الأفكار والآراء التي تفيد العملية التجارية . وأيضاً يمكن استخدام بوابة الموظف كنشاطات لخدمة

تجارية على سبيل المثال يمكن استخدامها بشكل أساسي في إجراء نشاطات ذات طابع شخصي لكل موظف.

4 - بوابات المشرفين والمدراء التنفيذيين

وهذه البوابات تمكن المشرفين والإداريين من مراقبة وضبط كل العمليات الإدارية والأعمال التي تتم داخل الشركة من عمليات تجهيز الميزانية للقوى العاملة وتجهيز المصاريف وغيرها من الأمور المالية كما إنها يمكن أن تكون مصدراً مهماً للمعلومات المالية والأداء المالي للشركة، يتم الحصول عليها في أي وقت وبسرعة وبسهولة كبيرة من أجل استخدامها في عمليات التخطيط والتنبؤ في الأعمال التجارية المستقبلية من قبل مختلف المستويات الإدارية ومن قبل المشرفين وذلك من أجل تحقيق الأهداف الإستراتيجية والتجارية والتي تسعى الشركات إلى تحقيقها، كما تمكن هذه البوابات من إمكانية مشاركة المدراء لبعضهم البعض العديد من التوصيات والممارسات المهنية الهامة التي يمكن أن تزيد من فعالية العمل وأهميته من خلال تحسين أداء اتخاذ القرارات.

5 - بوابات الهواتف النقالة

وهي بوابات يمكن الوصول إليها من خلال أجهزة الهاتف الخلوية النقالة أو أجهزة المساعد الرقمي الشخصي-النقال، ومعظم بوابات الهاتف النقالة هي بوابات تجارية بحتة وليست بوابات لمعلومات تشاركية حيث إن صغر حجم الشاشة وصغر حجم لوحة المفاتيح من أهم المعوقات والتي تحد من استخدام الهاتف النقال بشكل فعال وسريع.

أسئلة الفصل العاشر

ضع دائرة حول رمز الإجابة الصحيحة لكل مما يلي:

1-	كل ما يلي يتضمن في سلسلة الامداد الالكترونية ما عدا : أ- الموظفين ب- المواد الخام ت- المعلومات ث- النقود
2-	كل ما يلي يعتبر أطراف في سلسلة الامداد الالكترونية ما عدا : أ- منسقين حكومة ب- شركات تنجيم تعمل على إزالة المواد الخام من الأرض ت- الزبائن الذين يشترون المنتجات النهائية ث- شركات التسليم والتي تسلم المنتج النهائي إلى الزبون
3-	استخدام تقنيات الويب لإدارة المخازن وعمليات النقل تسمى أ- السوقيات الالكترونية e-logistics ب- التخطيط التعاوني ت- عمليات الامداد إلى الداخل ث- التزويد الالكتروني
4-	من ناحية المصنع فإن سلسلة الامداد تنتهي : أ- عندما يتم استخدام المنتج واستهلاكه ومعرفة مزيد من الآراء عنه ب- عندما يشتري الزبون المنتج ت- عندما يقوم المزود بالتزويد بالمواد الخام إلى المصنع ث- عندما يقرر الزبون بأنه راضي عند المنتج
5-	سلسلة الإمداد الالكترونية والتي تقدم منتجات متكاملة وعمليات توزيع وتسليم تسمى : أ- إعادة التزويد سلسلة الامداد ب- السوقيات الالكترونية e-logistics

	ت- التخطيط التعاوني ث- عمليات الامداد الى الداخل جـ - التزويد الالكتروني
-6	إن استخدام تقنيات مبنية على الويب لدعم عمليات التصدير والمصادر والطلبيات وعمليات الدفع تسمى : أ- التوظيف التجاري الالكتروني e-procurement ب-إعادة التزويد سلسلة الامداد ت-السوقيات الالكترونية e-logistics ث-التخطيط التعاوني
-7	الشبكات الداخلية التي تستخدم لغاية الاتصالات والتعاون تسمى : أ- الانترانت intranet ب-الانترنت ت-الكيان الجماعي ث-الاكسترانت
-8	إن التذبذب في حجم الطلبات في اليوم الواحد بحيث يكون الفارق كبير جدا تسمى : أ- تأثير السحب bullwhip effect ب-عدم الاستقرار في الطلبات ت-التزويد غير المناسب ث-عمليات الطلب
-9	إن العقبة الرئيسية لانتاشر تطبيق التجارة التعاونية هي : أ- الافتقار إلى المقاييس المقبولة عالمية ب- أن نظريات تتعلق بالتجارة التعاونية لم يتم أثبات نجاحها بعد ت- أن التجارة التعاونية مكلفة للغاية ث- كل ما ذكر خطأ
-10	داخل الشركة فان الأعمال الالكترونية تسمى : أ- التجارة الالكترونية للأعمال الداخلية intrabusiness EC

	ب- تجارة الكترونية للموظفين ت- تجارة داخلية ث- إدارة الانترانت
-11	أن البوابات التي تستخدم في تدريب وبث المعلومات للأطراف في داخل الشركة تسمى : أ-بوابات الموظفين employees portal ب- بوابات المحمول ت- بوابات الزبائن ث- بوابات تنفيذية
-12	بوابات تقوم بتخزين معلومات وتسمح للمستخدمين بطلب هذه المعلومات تسمى: أ- بوابات المعلومات information portal ب- بوابات تعاونية ت- بوابات موظفين ث- بوابات داخلية

الفصل الحادي عشر

إدارة العلاقة مع الزبائن الكترونياً

e-Customer Relationship Management

الأهداف التعليمية Learning Objectives

بعد اتمامك لهذا الفصل سوف تكون قادرا على :

- التعرف على إدارة علاقة الزبائن الكترونياً لكل من الزبائن والشركات.

- التعرف كيفية اكتساب زبائن جدد مع المحافظة على الزبائن الحاليين

- التعرف إلى أهمية جمع المعلومات عن الزبائن وتحليل هذه المعلومات لدراسة سلوك الزبائن

- التعرف على بعض البرامج المستخدمة في تحليل معلومات الزبائن

- التعرف على مفهوم التنقيب عن البيانات

- التعرف على الوسائل المختلفة المستخدمة في التخاطب مع الزبائن والرد على استفساراتهم

- ادراك مفهوم الثقة في التجارة الالكترونية وأهميتها في إجراء عمليات البيع عبر الانترنت وفي كسب ولاء العملاء.

- التعرف على فوائد ومحددات إدارة العلاقة بالزبائن عبر الانترنت.

المحتويات Contents

11 - 1 مقدمة Introduction

إن عالم التجارة والأعمال الالكترونية اليوم أصبح ذا قوة تنافسية هائلة بحيث يصعب تمييز المتنافسين فيها مما يوفر للزبائن خدمات متميزة ملائمة جداً وذات جاذبية قوية، إن إدارة العلاقة مع الزبائن CRM(Customer Relationship Management) تركز على بناء علاقات طويلة الأمد مع الزبائن وذلك بتقديم الخدمة ذات الجودة العالية لهم مع المحافظة عليها وذلك بالاتصالات الفعالة المنوعة وعمليات تسليم المنتجات والخدمات والمعلومات وحلول لكل المشاكل التي تواجه الزبائن وتلبية احتياجاتهم ورغباتهم على الوجه الأكمل. أن خدمة الزبائن من الممكن أن تتضمن عمليات تولي الاتصالات مع الزبائن ومتابعة عملية البيع وتسجيل كل المراحل التي تمر بها عملية البيع وعمليات دعم لكل المعاملات والحركات التي تتم بين الشركة والزبون وتولي العديد من الوظائف والمهمات الأخرى بشكل يهدف إلى أرضاء الزبون.

إن إدارة العلاقات مع الزبائن الكترونياً eCRM تعتبر من أحد التطبيقات لإدارة العلاقات مع الزبائن CRM بالطريقة التقليدية والتي تتضمن عمليات تخصيص التسويق للزبائن Personalization وعمليات تفصيل المنتجات والخدمات Customization بحيث تلاءم طلب الزبون وعمليات التفاعل مع موقع الويب للشركة Web site، إن على الإدارة أن تقوم بوضع الخطط التي تهدف إلى تحسين إدارة العلاقة مع الزبائن من أجل تعريف وتحقيق الأهداف حيث أن إدارة العلاقة مع الزبائن الكترونياً تتطلب الثقة الكبيرة بين الطرفين، لذا من المهم معرفة الزبون بشكل قوي من أجل أنشاء والحفاظ على علاقة قوية والتي تؤدي إلى أعادة الزبائن مرة أخرى من أجل القيام بعمليات الشراء مرات عديدة .

إن التطبيقات الذكية لتقنية المعلومات IT لتحقيق أهداف إدارة العلاقات مع الزبائن لهي العنصر الأساسي في الأعمال والتجارة الالكترونية، فبناء علاقات طويلة الأمد مع الزبائن من الضروريات الأساسية لبقاء الأعمال التجارية ونجاحها، والفشل في عمل علاقات قوية مع الزبائن يؤدي إلى فشل العمل التجاري الالكتروني.

إن الهدف من إدارة العلاقات بشكل جيد مع الزبائن هي من أجل بناء علاقات طويلة الأمد مع الزبائن حتى تصل درجة العلاقة بين الشركة والزبون إلى درجة الولاء بحيث يستمر الزبون في التردد على الشركة والشراء المستمر، وتعتبر تكلفة إدارة العلاقات مع الزبائن عبر الانترنت أكثر من تكلفتها في التجارة التقليدية وتكلفة الزبون الجديد تكلف الشركة أكثر بنسبة أعلى من 25% من تكلفة الزبون الموجود للشركة ولديه الولاء الكامل

حيث الزبون القديم يعرف كيف يتصل بالشركة ويعرف منتجاتها وأسعارها ويعرف طرق التسليم والاستلام ومن هو الموظف الذي يجب البقاء معه على اتصال بعكس الزبون الجديد حيث انه بحاجة الى كل هذه المعلومات وأيضا الزبون الجديد تكون عنده حساسية من الأسعار بعكس الزبون القديم والذي يكون راضياً 100% عن الأسعار التي تقدم إليه.

في هذا الكتاب سوف يتم التطرق إلى تقنيات واستراتيجيات كثيرة من أجل إقامة علاقات قوية مع الزبائن بحيث تزيد من درجة رضاهم عن الشركة وبالتالي تزيد من نسبة ولائهم للشركة . حيث هناك ثلاثة مراحل أساسية للعلاقات مع الزبائن وهي :

- مرحلة اكتساب الزبائن Customer acquisition

- مرحلة الحفاظ على الزبائن Customer retention

- مرحلة زيادة الزبائن Customer extension

11 – 2 اكتساب الزبائن Customer acquisition

من المهم جداً للشركات أن تفكر باستراتيجيات تسويقية لاكتساب الزبائن وجذبهم إلى الشركة حيث بعض الشركات تستخدم تقنيات جديدة ومبتكرة لتقوية العلاقات مع الزبائن بهدف تحقيق زيادة في المبيعات عبر الانترنت ولجعل هذه التقنيات المتعلقة بالتسويق والمبيعات فعالة إلى أقصى حدّ ممكن، حيث يفيد كثيراً في ابتكار هذه الاستراتيجيات والتقنيات أن تقوم الشركات بدراسة وفهم الطرق المختلفة للاتصالات بين الوسائل القديمة والجديدة في عمليات البيع سواءً عبر الانترنت أو عبر الطرق التقليدية وبين الطرق التي يتصرف فيها الزبون تجاه هذه الطرق.

11 – 3 الحفاظ على الزبائن Customer retention

على الشركات والمؤسسات أن تسعى جاهدة للحفاظ على زبائنها الحاليين وذلك بتقديم خدمات ما بعد عملية البيع لهم وذلك من خلال الدعم الفني والتواصل معهم والرد على استفساراتهم ومتابعتهم لمعرفة ما حاجاتهم المستقبلية من المنتجات أو الخدمات، حيث على الشركات أن تكسب ولاء وثقة زبائنهم وذلك لأنهم سوف يقومون مقام السفراء لهؤلاء الشركات، حيث إنهم أذا شعروا أن هناك خدمة حقيقية تقدم لهم من قبل شركة معينة فسوف يقومون بالدعاية لهم بطريقة غير مباشرة وذلك بتعريف من حولهم من أقارب وأصدقاء عن هذه الشركة والخدمات التي تقوم بها، أما أذا كانت الشركة تقدم خدمات سيئة ولا تهتم بهم وخاصة بعد عملية البيع فإنها لن تكتسب إلا السمعة السيئة وسوف تخسر كل زبائنها الحاليين.

11 -4 تعقب وتحليل البيانات

إن من أهم الوسائل الأساسية في التسويق عبر الانترنت هي متابعة وتعقب الزائرين لموقع الشركة لمعرفة سلوكهم، وتتم عملية المتابعة التعقب باستخدام برامج وأدوات وأجهزة ذكية يتم استخدامها مثل عملية التنقيب عن البيانات Data mining والكوكيز cookies والنماذج الالكترونية التي يقوم الزبائن بتعبئتها عبر الموقع وهناك وسائل أخرى غير أخلاقية مثل Web Bugs و Spy ware وغيرها، وفي الأقسام التالية سوف نتطرق إلى كل من هذه الوسائل بالتفصيل.

أيضاً تقوم العديد من الشركات عبر الانترنت باستخدام أدوات التعقب السابقة الذكر بدلاً من اجراء عمليات المسح باستخدام الاستبيانات وذلك لأنه من الممكن أن يقوم الزوار بتزويد معلومات خاطئة لذلك يستخدمون أدوات التعقب للحصول على المعلومات ودراسة سلوك الزوار واهتماماتهم.

11 -5 أهمية جمع المعلومات عن الزبائن

من الممكن دراسة وتقصي سوق التجارة والأعمال الالكترونية بمساعدة التقنيات الجديدة والمستخدمة الآن في الكثير من الشركات الضخمة مثل amazon.com حيث تعتبر هذه الطرق أسرع وأدق بكثير من الطرق التقليدية وتسمح بالشركات بدراسة المزيد من الزبائن وبمختلف المناطق عبر العالم والتي من الصعب عملها بالطرق التقليدية وأيضا تعتبر اجراء الدراسات والأبحاث المتعلقة بالتجارة الالكترونية أكثر عمقاً وتعطي معلومات لا يمكن الحصول عليها بالطرق التقليدية حيث أنها تعطي معلومات كاملة عن القرارات التي اتخذها الزائر بالشراء والمواقع التي زارها وعدد الزيارات التي قام بها والوقت الذي أمضاها في كل موقع وحتى في كل صفحة مع تسجيل كل العمليات التي قام بها بالفأرة أو بلوحة المفاتيح مما تؤدي إلى دراسة سلوك العملاء بشكل دقيق مما تمكن الشركات من التنبوء بما سوف يشتريه العملاء والتنبوء بوقت الشراء وأيضا من خلال هذه الدراسات تستطيع الشركات معرفة سبب شراء العملاء من الانترنت وسبب عدم شراءهم من الانترنت اما العوامل أو الأسئلة الرئيسية المستخدمة للمساعدة في عملية التنبوء فهي :

- ما هي المعلومات المطلوبة حول منتج أو خدمة معينة؟
- ما هو عدد مرات إرسال البريد الالكتروني المتعلق بمنتج ما؟
- ما هو عدد طلبات الشراء التي تم اجراءها؟
- ما هي المنتجات/ الخدمات التي تم طلبها؟

- ما هو جنس الزائر أو المشتري؟
- ما هو النموذج الرئيسي الذي يسير عليه الزائر لاجراء عملية اتخاذ القرار بالشراء؟
- ما هي العوامل التي تساعد وتشجع الزائر على اجراء عملية الشراء؟
- كيف نستطيع أن نعرف المشتري الحقيقي من مجرد الزائر العادي؟
- هل يقوم المشتري مباشرة بعملية الشراء أم يقرأ المعلومات المتعلقة بالمنتج والشركة والسعر؟
- ما التصميم الأفضل لموقع الويب والذي يحث على عملية الشراء؟

إن الإجابات على هذه الأسئلة للمدراء والشركات تبين مدى أهمية جمع المعلومات في عملية التسويق والتنبىء بسلوك المشترين عبر الانترنت وتساعدهم في تصميم موقع الويب حسب المطلوب وتساعدهم على إدارة الموقع والمحتويات وتحديد الأسعار الملائمة والتي تشجع على عملية الشراء وتساعد البائعين على عملية التسويق بشكل فعّال وبالطرق المناسبة وبأقل التكاليف، إن اجراء عمليات الدراسة عبر الانترنت تستطيع أن تزود معلومات وإجابات للأسئلة السابقة الذكر وغيرها عن المشترين والشركات وعن الانترنت كافة وحتى أنها تمكنها من جمع معلومات عن المنافسين لها في السوق.

إن دراسة سلوك الإفراد عبر الانترنت هي غالباً ما تجرى في عملية تفاعلية بين الطرفين مما تسمح بالاتصال الشخصي بين المشتري والبائع مما تؤدي إلى تزويد الشركات بإمكانيات هائلة لفهم الزبائن والسوق والعملية التنافسية وتساعد الشركات على تحسين منتجاتهم وخدماتهم بما يتلاءم مع احتياجات الزبائن حسب رغباتهم وأيضا هذه الدراسات تستطيع أخبار المديرين ومتخذي القرار في الشركات ما هي أفضل المنتجات المطلوبة والأكثر شعبية وما هي المنتجات التي أصبحت غير شعبية ولا أهمية لها.

11 - 6 طرق جمع المعلومات

من الممكن أن تتمّ عملية جمع المعلومات باستخدام المنهج Methodology التقليدي أي باستخدام الاستبيانات أو المقابلات أو باستخدام التجارب وغيرها ولكن هناك طرق مبتكرة وفعّالة يتم فيها جمع المعلومات بطريقة فعّالة وسريعة وأغلبها يتمّ بدون علم الشخص، ومن الطرق المستخدمة :

1 الكوكيز Cookies

من الطرق العصرية المتبعة لملاحظة ما يفعلونه الأفراد عبر الانترنت هي الكوكيز cookies وهي عبارة عن ملف بيانات data file والذي يتمّ حفظه في القرص الصلب لكمبيوتر المستخدم من قبل خادم الويب Web server وعادة بدون علم المستخدم وبدون حتى رضاه والذي يقوم بجمع معلومات حول نشاطات المستخدم في الانترنت ويتم الحصول على المعلومات التي تمّ حفظها في هذا الملف عندما يقوم المستخدم بالدخول إلى نفس الموقع مرة أخرى حيث يتمّ تداول هذه المعلومات من قبل الشركة وحفظها في ملف العميل للقيام بدراستها باستخدام برامج ذكية ويتم التسويق للمنتجات أو الخدمات بناءً على هذه المعلومات ويعتبر استخدام الكوكيز من المواضيع التي لاقت جدلاً كبيرا بين مختلف الأطراف وهذه الطريقة مستخدمة في شركات كبرى مثل شركة amazon.com. من الممكن إلغاء تفعيل هذه الطريقة من خلال متصفح الانترنت Internet explorer وذلك بإلغاء تفعيلها من خيارات الانترنت Internet Option في قائمة أدوات Tools .

2 سجلات الزبائن:

وهي عبارة عن نماذج الكترونية يتم طلب تعبئتها من الزبون وذلك لعمل ملف شخصي له عندما يراد تقديم خدمة للزبون، فمثلاً عند اشتراكك في خدمة البريد المجاني لشركة hotmail.com يتم الطلب منك تعبئة نموذج يحوي العديد من المعلومات الشخصية عنك مثل اسمك وبريدك الالكتروني القديم ومكان السكن والبلد وتاريخ الميلاد والراتب الشهري والعمل الحالي وغيرها من المعلومات والتي تقوم الشركات بتحليلها وبالتالي تساعدهم في عملية التسويق والتنبىء بما يحتاجه الأفراد من منتجات أو خدمات وهي أيضاً تساعدهم في عملية تحسين تصميم موقعهم وتحسين خدمة الزبائن وفي ابتكار استراتيجيات تسويقية تساعد في نمو الشركة وازدهارها وزيادة أرباحها.

يفضل عند استخدام هذه الطريقة لجمع المعلومات أن تكون المعلومات المطلوبة قليلة على سبيل المثال الاسم وعنوان البريد الالكتروني وكلمة المرور واسم المستخدم لأن معظم الزوار يمتنعون عن اعطاء الكثير من المعلومات الشخصية التي تخصهم. كما يجب اعطاء الزبون حافز للتسجيل مثل تقديم خدمة مجانية أو الحصول على عينات مجانية أو تطبيقات أو العاب أو غيرها.

وبعد أن تكتمل عملية التسجيل يجب إرسال بريد الكتروني للترحيب بهم متضمناً اسم المستخدم وكلمة المرور ورابط link إلى موقع الشركة.

3 Web Bugs

وهو ملف رسومي بالغ الصغر يتم تضمينه في رسالة البريد الالكتروني وفي مواقع الويب والتي تقوم ببث معلومات عن المستخدم وعن جميع نشاطاتهم وتحركاتهم إلى خادم الويب Web server وتعتبر هذه الطريقة لا أخلاقية ولا يجوز استخدامها لأنها تستخدم بدون علم المستخدم ومن خلال هذه الطريقة تحصل الشركات على معلومات خاصة جداً عن الزوار.

4 Spyware

وهي عبارة عن تطبيقات تقوم بجمع معلومات عن بدون علم المستخدم عبر الانترنت وهذه التطبيقات يتمّ عادة تضمينها في البرامج المجانية والتي يتمّ منحها مجاناً عبر الانترنت وبدون علم المستخدم وهي أيضاً طريقة لا أخلاقية ولا تجوز استخدامها لأنها تتعدى على خصوصية الأفراد.

-1 طرق أخرى Other methods

تستخدم الكثير من الشركات طرق كثيرة لجمع المعلومات عن الزوار مثل طريقة الدردشة Chatting أومن خلال Voice Communication أو باستخدام البريد الالكتروني e-mail أو باستخدام استبيانات الكترونية e-Questionnaire أو غيرها من الطرق.

وهناك بعض الشركات تقوم بشراء المعلومات من شركات أخرى أو القيام باستئجارها لاستخدامها مرة أو أكثر حسب الاتفاق بين الشركتين وتعتبر هذه غير قانونية وهناك شركات أخرى تقوم بشراء المعلومات من الزوار بدفع رسوم بدل المعلومات وهي منتشرة كثيراً في وسط الممثلين والفنانين حيث تقوم العديد من الشركات بشراء معلومات خاصة عن حياة الممثلين أو الرياضيين مقابل مبالغ طائلة من الأموال.

11 -7 تحليل المعلومات Data Analysis

بعد أن تتم عملية جمع المعلومات بمختلف الطرق التي تم شرحها سابقاً لا بد من إجراء عمليات التحاليل اللازمة وذلك لمساعدة الشركة في إجراء عمليات المعالجة والتحليل لعمل التقارير والجداول والبيانات على شكل رسومات ومخططات حيث يقوم المحللين بأخذ هذه البيانات الممثلة على شكل تقارير وجداول ورسومات لعمل نماذج جديدة واستراتيجيات جديدة تساعد في تحسين التسويق والمنتجات وخدمة الزبون.

يتم تخصيص جهاز كمبيوتر بمواصفات خادم رئيسي يستخدم كمستودع للبيانات من داخل وخارج الشركة مما يسهل عملية وصول البيانات وتحليلها للأشخاص المصرح لهم كما ان هناك تطبيقات وبرامج وأنظمة تستخدم وتساعد كثيراً في عملية التحليل ودعم

القرارات والمساعدة في تحسين خدمة الزبائن وأيضاً تستخدم الكثير من الأدوات مثل العمليات الإحصائية والتي يمكن استخدامها في عملية قياس كفاءة الشركة وفعالية الإدارة وفعالية خدمة الزبائن حيث تستخدم المخرجات من عمليات التحليل لتحسين التطبيقات المستخدمة من قبل الزبائن لاجراء عمليات الطلب والبيع ولتحقيق أهداف إدارة خدمة الزبائن كما تستخدم عمليات التحليل لدراسة سلوك الزبائن ولقياس مدى قيمة إدارة العلاقات مع الزبائن عبر الوقت ومدى تمسك الزبائن بالشركة ومدى ولائهم لها.

11 -8 سلوك العملاء Consumers' Behavior

إن الهدف الرئيسي من نموذج سلوك العملاء هو لمساعدة البائعين والشركات على فهم كيفية اتخاذ قرار الشراء بالنسبة للمستهلك. حيث أنه إذا فهمت الشركة ذلك فأنها ستساعد كثيراً في حث وتدعيم قرار الشراء للمستهلك، يبين الشكل 11-1 المبادئ الأساسية لنموذج سلوك المستهلك بحيث تمّ تعديله ليلاءم بيئة التجارة الالكترونية.

حيث يتكون النموذج من الأجزاء التالية:

- **العوامل المستقلة (لا يمكن التحكم بها)Independent Variables .**

إن العوامل التي لا يمكن التحكم بها والسيطرة عليها يمكن تصنيفها حسب الخصائص الشخصية للفرد Personal Characteristics مثل العمر age والجنس gender والتعليم education وأسلوب العيش lifestyle والنواحي النفسية psychological والمعرفة knowledge والقيم values والشخصية personality وخصائص البيئة Environmental characteristics. مثل العامل الاجتماعي social والثقافة والمجتمع cultural community وعامل القضايا القانونية والمؤسسات والحكومات.

- **العوامل المتداخلة intervening variables (يمكن التحكم بها)**

وهي عوامل يمكن التحكم والسيطرة عليها من قبل البائع أو الشركات وهي مقسمة الى قسمين هما محفزات البيع market stimuli مثل السعر Price والعلامة التجارية Brand والترويج Promotions والإعلانات advertising وجودة المنتج Product quality وتصميم المنتج وتغليفه Product design and Packages.

- **العوامل المعتمدة على غيرها The Dependent variables.**

وهي العوامل التي تعتمد على العوامل السابقة ومن خلالها يتخذ المشتري القرار إما بالشراء أو بعدم الشراء ويتخذ قرار من أين يشتري وماذا يشتري ومتى يقوم بالشراء وكم سوف ينفق على هذا الشراء.

إن النموذج في الشكل (11-1) يبين ما هي العوامل التي تجري في دماغ المشتري والتي من خلالها يقرر عمليـة الشراء أم لا فمن هذه العوامل علي سبيل المثال عامل المستوى التعليمي والدخل يؤثران كثيراً في زيـادة اتخـاذ القـرار بالشراء من الانترنت بشكل كبير. حيث من الملاحظ انـه كلمـا زادت تجربـة الفـرد واسـتخدامه للانترنـت زادت كميـة شرائه للمنتجات و الخدمات عبر الانترنت .

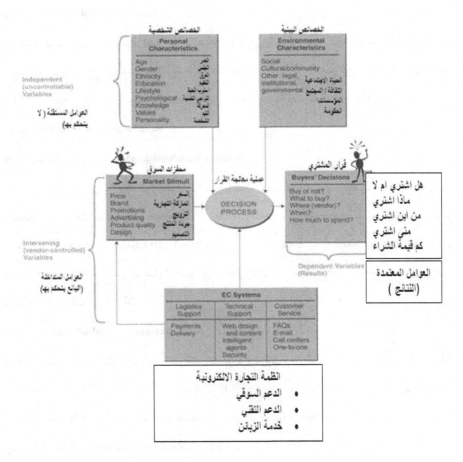

الشكل 11-1 نموذج سلوك المستهلك في التجارة الالكترونية

وفي دراسة قام بها الباحث تيمكن (Timkin, 2002) تبين أن العامل الرئيسي الذي يمنع الكثير مـن الشـراء عبر الانترنت هو تكلفة الشحن والتسليم 51% تليها القلق من جودة المنتج 44% ونسبة منهم يمتنعون عـن الشـراء مـن الانترنت بسب القضية الأمنية32% والخوف من الاحتيال او السرقة والشكل (11-2) يبين هذه الدراسة.

ومن العوامل التي تؤثر في عملية اتخاذ القرار بالشراء هـي العوامـل البيئيـة Envirnmental variables حيـث
هناك العوامل الاجتماعية والتي إما أن تحثهم على الشراء أو تمنعهم من الشراء ومن الأمثلة عليها الموضة حيث يقوم
العديد من الأفراد بالشراء بناء على الموضة وبناء على حث الأصدقاء له أما عبر الانترنت في غرف الدردشة chat أو مـن
خلال الحياة الاجتماعية اليومية وأيضا من عوامل البيئة العوامل الثقافيـة والمجتمـع حيـث تختلـف عمليـات الشراء
حسب الموقع الجغرافي الذي يعيش فيه الأفراد فالذي يسكن في الريف أو الصحراء لا يمكن أن يشتري نفس السـلع أو
الخدمات كالذي يسكن في المدينة كما أن المتسوقين العرب عبر الانترنـت لا يمكـن بـأي حـال مـن الأحـوال أن يقومـوا
بشراء نفس السلع التي يشتريها الصينيون على سبيل المثال.

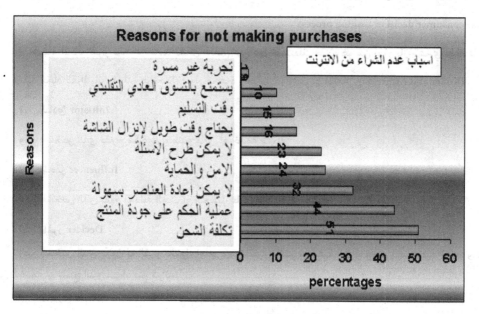

الشكل 11-2 أسباب عدم الشراء من الانترنت

كما أنه هناك عوامل أخرى تؤثر في عملية الشراء للمستهلك مثل القضايا القانونية حيث قد يمنع القـانون مـن
امتلاك السلع التي قد تضر بالأمن أو بالأعراف الموجودة في قطر ما.
ومن الناحية الأخرى هناك عوامل يمكن التحكم بها وتساعد وتحـث الزائـر علـى عمليـة الشراء مثـل السـعر
والعلامة التجارية فالأفراد قد يشترون منتجات ليست ضرورية لهم وذلك بسبب تدني سعرها ومثلها مثل الإعلانـات
وعمليات الترويج حيث أن بعض الأفراد من

يفضلوا شراء منتجات رائجة ولها دعاية قوية بغض النظر عن جودتها.

أخيراً وبناءً على العوامل السابقة يقرر الزائر ويتخذ القرار أما بالشراء أو بعدم الشراء ويقرر من يشتري وماذا يشتري ومتى يقوم بعملية الشراء وما هي قيمة المبلغ الذي سوف ينفقه في عملية الشراء حيث هذه القرارات تعتمد على العوامل غير مستقلة Independent variables وعلى العوامل المتداخلة Intervening variables لذا فإن الهدف من هذا النموذج هو إيجاد الوسائل التي تحث الزائر على اتخاذ قرار الشراء بالتحكم بالعوامل المتداخلة مثل السعر والجودة وغيرها.

9-11 عملية اتخاذ القرار من قبل العميل

the consumer decision making process

إن عملية اتخاذ القرار بالشراء تعتمد بشكل أساسي على دور المستهلك حيث هو من يقرر بان يشتري أو لا، لذا فان عملية اتخاذ القرار بالشراء تتم من خلال أدوار محفزة وهذه الأدوار هي : (Kotler and Armstrong, 2002)

1. **البادئ Initiator**

وهو الشخص الذي يقترح فكرة شراء منتج معين أو خدمة معينة

2. **المحفز Influencer**

وهو الشخص الذي يقوم بعملية الحث أو التحفيز على اتخاذ القرار بالشراء .

3. **المقرر Decider**

وهو الشخص الذي يكون له القرار بالشراء أو جزء من القرار بالشراء وكيفية الشراء ومتى تتم عملية الشراء وما هي الخدمة أو المنتج الذي سوف يتم شرائه.

4. **المشتري Buyer**

وهو الشخص الذي يقوم بعملية الشراء الفعلية.

5. **المستخدم User**

وهو الشخص أو الأشخاص الذين سوف يقومون باستخدام المنتج الذي تمّ شرائه.

إن من المهم على الشركات معرفة ما إذا كانت العوامل الخمسة يقوم بها شخص واحد أو أكثر من شخص أو أن يكون المشتري شركة أو مؤسسة حكومية أو خاصة وذلك من أجل القيام باجراء عملية التسويق حيث انه كلما كان هناك أكثر من شخص يقوم بلعب الدور في عملية الشراء فان عملية التسويق تكون أعقد وأصعب، لذا ظهرت هناك نماذج أخرى كثيرة والتي تصف تفاصيل عملية اتخاذ القرار بالشراء وهذه النموذج تزود بإطار يتم من

خلاله دراسة العمليات المتعلقة بالتنبؤ بقرار المستهلك بالشراء وتؤدي إلى تحسين عملية اتخاذ القرار بالشراء بالنسبة للمستهلك.

والشكل 11-3 يبين أحد النماذج المستخدمة في اتخاذ القرار بالشراء حيث يتكون النموذج من خمسة خطوات أو مراحل هي:

1- مرحلة الحاجة إلى توضيح Need Recognition

حيث أن المستهلك يواجه عدم توازن بين حاجته والوضع الحقيقي لحياته وحاجاته وهنا يكمن دور المسوق بأن يبين للمستهلك بأنه بحاجة ماسة إلى منتج معين أو خدمة ومن ثم يقنعه بالقيام بعملية الشراء.

2- مرحلة البحث عن المعلومات Information Search

بعد عملية اقتناع المستهلك بضرورة شراء منتج معين أو خدمة معينة تأتي مرحلة البحث عن المزيد من المعلومات عن المنتجات أو الخدمات وأيضا البحث عن الشركة المناسبة التي ينبغي الشراء منها وهنا يكمن دور الشركات بالترويج لمنتجاتها عبر الانترنت وبصورة قوية بحيث تظهر منتجاتها واسم الشركة عندما يبدأ المستهلك بالبحث عن المعلومات .

3- مرحلة تقييم الخيارات Evaluation of Alternative

بعد عملية البحث سوف يجد المستهلك العديد من الخيارات فتبدأ عملية المقارنة من حيث الجودة والسعر وطريقة خدمة الزبون والاتصال وخدمة ما بعد البيع فكل هذه العوامل تؤثر في قرار المستهلك باختيار الشركة التي سوف يقوم بالشراء منها.

4- مرحلة الشراء Purchase

بعد عملية تقييم الخيارات سوف يقوم المستهلك باختيار المنتج أو الخدمة التي ينوي شراءها من احد الشركات المتوفرة، بحث تتم عملية الشراء واجراء عملية الدفع Payment والتنسيق من أجل التسليم Delivery وخدمة الصيانة والضمان وغيرها.

5- مرحلة ما بعد عملية الشراء Purchase outcome

وفي هذه المرحلة الأخير يتم اختبار المنتج من قبل المستهلك وقياس مدى جودته وعند حصول أي مشكلة يتم قياس مستوى خدمة الزبون في الشركة وهي مهمة جداً قد تجلب السمعة الجيدة أو السيئة للشركة.

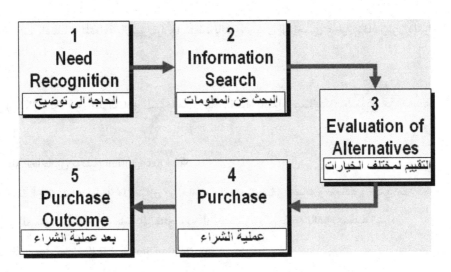

الشكل 11-3 : نموذج أنظمة الدعم وعمليات اتخاذ القرارات

تطبيقات إدارة علاقة الزبائن والأدوات المستخدمة

CRM Tools and Applications

إن الهدف من التطبيقات والأدوات المستخدمة في إدارة علاقة الزبائن هو لتحسين خدمة الزبائن ولكسب رضاهم بالشعور بأن المنتجات والخدمات التي تقدمها الشركة تطابق متطلباتهم واحتياجاتهم وتوقعاتهم وتعتبر هذه التطبيقات والأدوات وتتميز بتقدمها عن الأدوات المستخدمة في التجارة التقليدية من حيث سرعة الاتصالات والرد على استفسارات الزبائن بدون تأخير وتعمل على حل المشاكل التي يواجهها الزبائن بشكل فعال وسريع وذلك باستخدام تطبيقات محوسبة ومؤتمتة بحيث يتم الاستجابة للزبائن بشكل تلقائي أو باستخدام تقنية خدمة الزبون لنفسه Self service، لذلك من أجل تقديم خدمة أفضل للزبائن ومن أجل النجاح بالتجارة الالكترونية لا بد للشركات من أعداد مركز نظام اتصالات متكامل خاص بالتجارة الالكترونية وذلك لتقديم الدعم الكامل للزبائن بعد عملية الشراء حيث تعتبر خدمة ما بعد البيع هي نقطة الوصل الأخيرة بين الشركات والزبائن والتي تضيف قيمة عظيمة للمنتجات والخدمات والتي تعمل على أنجاح التجارة الالكترونية . تعتمد معظم الشركات الكبيرة على موقع الويب الخاص بها لتقديم الدعم الكامل للزبائن مستخدمة تطبيقات خاصة بإدارة علاقة الزبائن CRM وهذه التطبيقات قد تتخذ العديد من الأشكال بدئاً من تقديم خدمة عملية البحث والمقارنة وتمكين الزبائن من متابعة وتعقب حالة طلباتهم وهناك تطبيقات أخرى يمكن استخدامها من قبل الزبائن وقد تم تصنيفها إلى ثلاثة أقسام :

1- التطبيقات المواجهة للزبائنCustomer-facing applications

وهذه التطبيقات تمثل عملية تفاعل الزبائن مع الشركة مثل التطبيقات الخاصة بمركز الاتصالات والتي تتضمن الدعم الفني و أتمتة عمليات البيع وأتمتة خدمة المبيعات وتتضمن هذه التطبيقات أيضا أتمتة تدفق المعلومات من وإلى الشركة.

2- التطبيقات التي يلمسها الزبائن Customer-touching applications

ومن خلال هذه التطبيقات يتم تفاعل الزبائن مباشرة مع تطبيقات الشركة مع الملاحظة بأن هذه التطبيقات خدمة ذاتية للزبائن تتضمن تطبيقات خاصة بالأهداف العامة للتجارة عبر الانترنت .

3- التطبيقات الذكية ا لمركزية للزبائن Customer-centric intelligence applications

وهذه التطبيقات تستخدم في عمليات التحاليل للنتائج الخاصة بعمليات التشغيل واستخدام هذه التحاليل لتطوير وتحسين التطبيقات الخاصة بإدارة علاقة الزبائن CRM حيث يعتبر استيداع البيانات Data warehousing وتقرير البيانات Data reporting والتنقيب عن البيانات Data mining هي المواضيع الرئيسية المستخدمة في هذه التطبيقات.

11 - 10 مراكز الاتصال مع الزبائن Call Centric

إن العملاء في التجارة الالكترونية لا بد لهم من القيام بمختلف المعاملات التجارية والحصول على العديد من الأجوبة على استفساراتهم من الشركة ومن خلال مراكز يتم إنشاءها تسمى مراكز الاتصال حيث تم تطوير العديد من التقنيات والتي ساعدت في تحسين وتنوع عمليات الاتصالات بين العملاء والشركة وبطرق سريعة واقتصادية توفر على كلا الطرفين فواتير الهاتف الضخمة.

إن الطرق التقليدية لاتصال الزبائن بالمؤسسات تعتبر بطيئة ومكلفة لكلا الطرفين فقد يقوم العميل بطلب الشركة فيتم تحويله إلى الموظف المختص وقد ينتظر إلى أن يفرغ الموظف من خدمة زبون أخر أو قد يكون الموظف غير موجود في مكتبه مما يضيع الوقت والجهد والمال بدون فائدة وتؤدي على عدم الرضا من العملاء.

لقد جلبت تكنولوجيا المعلومات العديد من الوسائل الفعالة والتي ساهمت بتوفير الوقت والجهد والمال في خدمة الزبائن والرد على استفساراتهم بالوقت الحقيقي، مما أدت إلى زيادة عدد العملاء الذين يستفسرون عن طلب معين في وقت واحد ومن هذه الطرق المستخدمة في الإجابة على استفسارات العملاء:

1- البريد الالكتروني e-mail

وهو عملية تراسل بريدية عبر الانترنت ومن ميزات البريد الالكتروني أن الرسالة تصل بنفس الوقت ويمكن إرسال نفس الرسالة إلى أكثر من شخص بنفس الوقت كما أن البريد الالكتروني يعتبر شبه مجاناً فهناك العديد من الشركات التي تقدم هذه الخدمة مجاناً مثل مؤسسة hotmai.com وشركة yahoo.com وهناك شركات عربية مثل maktoob.com و ayna.com وغيرها من الشركات.

كما أن الشركة بحاجة إلى مصادر وبرامج وأنظمة تعمل على الرد على مئات الرسائل الالكترونية التي يتم إرسالها إلى الشركة كل يوم، حيث يمكن للعملاء ان يرسلوا رسائل الكترونية يطلبوا فيها الاستفسار عن منتج معين أو قد يقوموا بطلبيه لشراء منتجات عبر البريد الالكتروني لذا لا بد للشركة أن تقوم بالرد على كافة استفسارات الزبائن خلال أقل من 48 ساعة .

2- أسئلة يتم السؤال عنها كثيراً Frequently Asked Questions

يمكن وضع قسم في موقع الويب للشركة يحتوي على العديد من الأسئلة والتي يقوم الزبائن باستمرار بالاستفسار عنها مما يوفر الوقت والجهد، كما تعتبر هذه الطريقة خدمة ذاتية للزبون حيث يدخل الزائر إلى موقع الشركة وينقر على هذا القسم ومنه لا بد أن يتوفر ماكينة للبحث يضع فيها الزائر كلمة أو كلمات مفتاحيه ومن خلالها يحصل على الإجابات بشكل سريع وفعال.

3- التخاطب مع الزبائن بالنص(الدردشة) Text chatting

يمكن وضع قسم في موقع الويب ينتقل إليه الزائر بالنقر عليه ومن خلال هذا القسم يستطيع الزائر مخاطبة ممثل الشركة مباشرة بطباعة نص في نافذة معينة عن الاستفسارات التي يطلبها فيتم الإجابة عليها بنفس النافذة من قبل ممثل الشركة، ويستطيع ممثل الشركة تولي أكثر من عميل بنفس الوقت والرد على استفساراتهم ولا يمكن حدوث ذلك في الطرق التقليدية.

4- التخاطب بالصوت Voice Chatting

وهي تعتبر نفس الطريقة السابقة ولكن يتم التخاطب هنا بالصوت حيث يستخدم الزائر السماعات والميكروفون المتصلة بالكمبيوتر للتخاطب والاستماع والتحدث مع ممثل الشركة أما ممثل الشركة فيستخدم هاتف للرد والتخاطب مع الزوار، وتعتبر هذه الطريقة فعالة وناجحة حيث لا يحتاج الزائر إلى فصل الانترنت للاتصال مع الشركة ويستطيع الزائر

التحدث مع ممثل الشركة وبنفس الوقت متابعة تصفحه للانترنت.

11 – 11 أتمتة عمليات البيع Sales-forces automation

إن التطور في تقنية المعلومات أدى إلى ظهور برامج وأنظمة تستطيع أن تحل محل قسم المبيعات وتقوم بكل المعاملات اللازمة والمطلوبة من أجل أكمال عملية البيع وتسليم المنتج إلى المستهلك مما يؤدي الى توفير الوقت والجهد لممثلي المبيعات ليتمكنوا من تولي مهام أكثر متعلقة بتفاصيل المنتجات وخدمة الزبون بشكل أضافي إلا أن أتمتة المبيعات لا تلاقي رواجاً كبيراً بين نسبة كبيرة من المستهلكين حيث يفضل العديد منهم الشراء من العنصر البشري بدلاً من الشراء من جهاز كمبيوتر وذلك بسبب عدم الثقة بشكل كبير بجهاز الكمبيوتر والبرامج التي تعمل فيه لذا لا بد للشركات من الاهتمام بدمج كل من العنصر البشري والكمبيوتر وبرامجه في عمليات البيع وذلك لكسب اكبر عدد من الزبائن ولزيادة رضاهم وثقتهم بالشركة مما يؤدي إلى زيادة الولاء وزيادة المبيعات والعائدات على الشركة.

11 – 12 التسويق واحد إلى واحد One – to- One Marketing

إن من أهم الفوائد الكبيرة للتجارة الالكترونية هي إمكانية مطابقة المنتجات والخدمات حسب طلب المستهلكين الأفراد ومثل هذه المطابقة تعتبر جزء من التسويق واحد إلى واحد One-to-one marketing حيث يتم معاملة كل زبون بطريقة مختلفة عن الزبون الآخر وتتم أيضاً عملية التسويق والدعاية لكل زبون بطريقة مختلفة ومخصصة لكل زبون على حدا ولا يمكن عمل ذلك بطريقة البيع التقليدية إذن فالتسويق واحد إلى وحد one to one marketing هي عملية التسويق للمنتجات والخدمات بحيث يتم التعامل مع كل زبون بطريقة فريدة وخاصة لكل فرد من الزبائن.

11 – 13 ولاء الزبون customer loyalty

إن من أهم الأهداف لعملية التسويق واحد إلى واحد one to one marketing هي لزيادة ولاء الزبون للشركة حيث يقاس ولاء الزبون للشركة بدرجة بقائه والتزامه مع شركة أو بائع معين أو منتج معين حيث تؤدي إلى المزيد من المبيعات للمؤسسات وزيادة الأرباح مع مرور الوقت، وأيضاً حسب الأبحاث فان تكلفة إحضار زبون جديد تكلف أكثر بأربعة أو خمسة مرات من الزبون الحالي الموالي للشركة وتكلفة الحفاظ عليه، حيث أن زيادة الولاء للزبون تؤدي إلى توفير بالتكلفة للمؤسسات بطرق مختلفة منها :

- تكلفة تسويق اقل
- تكلفة المعاملات التجارية اقل

- تكلفة أقل لمصاريف تحول الزبون

- تكلفة أقل في حالة وجود المشاكل مثل ادعاءات الضمانات وغيرها.

وأيضاً تعتبر عملية ولاء الزبون من الداعمات للشركة في موقعها التجاري التنافسي بين الشركات حيث الزبون الموالي لشركة معينة يبقى بعيداً عن الشركات المنافسة والزبون الموالي لشركة معينة يجلب العديد من الزبائن الآخرين إلى موقع الشركة مثل أصحابه ومعارفه والمقربين أليه. لذا من أهم أهداف الشركات هي زيادة نسبة الزبائن الموالين إليها وزيادة ولاء الزبائن وموقع الويب يعتبر أداة لزيادة هذا الولاء.

إن التجارة الالكترونية عملت على تقليل عملية الولاء بشكل عام وذلك لان الزبون على الانترنت لديه المقدرة بكل سهولة على التسوق ومقارنة الأسعار والتحول إلى مؤسسة أخرى وذلك للتسهيلات التي عملتها تكنولوجيا المعلومات من سرعة البحث وقلة التكلفة حيث ان عملية الشراء من مؤسسة أو مؤسسة أخرى تفرق بضع ثواني أو بضع نقرات بالفأرة.

11 – 14 فوائد وحدود إدارة علاقة الزبائن Benefits & Limitation of CRM

إن الفائدة الرئيسية من إدارة علاقة الزبائن CRM هي بتقديم الرعاية الكاملة من خلال استخدام تقنيات المعلومات والانترنت ووسائل الاتصالات المختلفة بحث تقدم إدارة علاقة الزبائن CRM العديد من الخيارات المتعلقة بالخدمات والمنتجات وحلول سريعة للمشاكل التي تواجههم والاستجابة لاستفساراتهم بشكل سريع وسرعة الوصول والتداول للمعلومات التي يطلبونها عن الشركة أو عن المنتجات أو الخدمات التي يقدمونها لهم مما تؤدي إدارة علاقة الزبائن CRM إلى فائدة كبيرة للزبون كما أنها تؤدي إلى فائدة عظيمة للمؤسسة بحصولها على موقع تنافسي- كبير بين المؤسسات الأخرى وذلك بتقديمها أفضل إدارة لعلاقة الزبائن CRM.

بالرغم من كل الفوائد لإدارة علاقة الزبائن CRM إلا أن هناك حدود لها، فالعائق الرئيسي لإدارة علاقة الزبائن CRM هو أنها تتطلب تكامل مع كل أنظمة المعلومات المعتمدة على الحاسوب في المؤسسة والتي قد لا تكون عملية سهلة وقد تتطلب تكلفة عالية للحصول على أنظمة متقدمة لدمج كل أنظمة المعلومات بكل الأقسام داخل الشركة وذلك لتقديم إدارة علاقة للزبائن بشكل فعال وقوي. كما أن تكلفة إدارة علاقة الزبائن CRM ليست بقليلة فهي تتطلب طاقات من الموظفين وأنظمة للتحليل وبرامج ذكية وإدارة وغيرها مما يحتاج إلى مصاريف كبيرة ليتم أداءها بشكل فعال يرضي كل الزبائن.

أسئلة الفصل الحادي عشر

ضع دائرة حول رمز الإجابة الصحيحة لكل مما يلي:

1-	في نموذج سلوك العميل خصائص الفرد الشخصية تصنف كـ:
	أ- متغيرات مستقلة
	أ- متغيرات معتدلة
	ب- متغيرات غير مستقلة
	ت- متغيرات مصيرية
2-	في نموذج سلوك العميل، المتغيرات التي تخضع لتحكم وسيطرة التاجر تصنف كـ:
	أ- متغيرات معتدلة
	ث- متغيرات مستقلة
	ج- متغيرات غير مستقلة
	أ- متغيرات مصيرية
3-	ما هي طرق جمع المعلومات التسويقية عبر الانترنت
	أ- كل ما يلي صحيحي
	أ- الاستبانة الالكترونية
	ب- الدردشة
	ت- البريد الالكتروني
4-	معاملة كل عميل بطريقة فريدة من أجل تلبية طلباته يسمى :
	أ- تسويق واحد إلى واحد
	أ- بيع بالتجزئة
	ب- مضاربة التاجر
	ت- تسويق متعدد إلى واحد
5-	إن عملية مطابقة خصائص منتج معين لرغبة العميل تسمى :
	أ- الايصاء personalization

	ب- خدمة الزبون ت- رضاء الزبون ث- التقييم البديل
6-	إن درجة رغبة العميل المستمرة للشراء والتعامل مع تاجر معين تسمى : أ- الإخلاص loyalty ب- الرضاء ت- الثقة ث- قوة العلاقات
7-	إن عملية تقسيم الزبائن إلى مجموعات منطقية بهدف اجراء عمليات البحث والدراسة تسمى : أ- تقسيم السوق Market segmentation ب- أبحاث التسويق ت- الايصاء ث- التسويق المستهدف
8-	في نموذج سلوك العميل، المتغيرات التي تخضع لتحكم وسيطرة المشتري تصنف كـ: أ- متغيرات مستقلة ح- متغيرات معتدلة خ- متغيرات غير مستقلة أ- متغيرات مصيرية
9-	إن الخصائص التي تحفز معدل طول الوقت الذي يمكث في العميل في موقع الويب يسمى : أ- البقاء stickiness ب- الزيارة ت- زيارة فريدة ث- مشهد مضاف

10-	ان اللوحة الاعلانية التي تظهر فقط عندما يتم طباعة مجموعة من الكلمات المعرفة مسبقاً في مكينة بحث تسمى :
	أ- الكلمة المفتاحية للوحة الإعلانية keyword banner
	ب- لوحة عشوائية
	ت- لوحة مخصصة
	ث- لوحة مصنفة
11-	لزيادة معدل النقر على اللوحات الإعلانية الصورية، فإن الأبحاث أثبتت أنه يجب وضع هـذه اللوحات :
	أ- في الزاوية اليمنى السفلى للشاشة قرب شريط التدرج scroll bar
	ب- في أعلى صفحة الويب
	ت- في أي مكان في صفحة الويب
	ث- في الثلث الأول من صفحة الويب
12-	في نموذج سلوك العميل، السعر و الترويج و الجودة والمنتج هي امثلة على :
	أ- الحافز stimuli
	ب- خصائص العميل الشخصية
	ت- مكونات اتخاذ القرار
	ث- الخصائص البيئية
13-	إن أكثر الأسباب التي تجعل العميل يحجم عن عملية الشراء عبر الانترنت هي :
	أ- تكلفة الشحن
	ب- قلة الخبرة الفنية
	ت- قلة الجودة
	ث- الاحتيال
14-	في نموذج سلوك العميل، المتغيرات الاجتماعية والمتغيرات المتعلقة بالثقافة والمجتمع تصنف كـ:
	أ- متغيرات مستقلة

	ب- متغيرات معتدلة ت- متغيرات غير مستقلة ث- د_ متغيرات مصيرية
-15	في نموذج سلوك العميل، ماذا تشتري ومتى تشتري ومن أين تشتري تصنف كـ: أ- متغيرات مستقلة د- متغيرات معتدلة ذ- متغيرات غير مستقلة ر- متغيرات مصيرية
-16	أن سلسلة الطلبات خلال عملية تنقل واحدة إلى موقع ويب تسمى أ- زيارة visit ب- نقرة click ت- ضربة hit ث- انطباع impression
-17	عملية تغذية موقع ويب بكلمات أو بعلامات أو بنداءات أو بشخصيات معينة من أجل عملية زيادة الزحمة في الموقع تسمى : أ- التنصت والاستهزاء SPOOF PAGING ب- الإطارات ت- مصيدة بالفأرة ث- السيطرة واحتلال الموقع
-18	نوع من الإعلانات وفيه يقوم العميل بالموافقة والتسجيل من أجل مشاهدة اللوحات الإعلانية يسمى : أ- إعلانات بالسماح Permission advertising ب- إرسال كم هائل من البريد الالكتروني بدون إذن spamming ت- عمل لوحات إعلانية bannering ث- توهج flaming

الفصل الثاني عشر

التسويق عبر الانترنت

Marketing on the Internet

الأهداف التعليمية Learning Objectives

بعد إتمامك لهذا الفصل سوف تكون قادرا على :

- التعرف على سلبيات وإيجابيات التسويق عبر الانترنت.

- توضيح التقنيات المستخدمة في عملية التسويق عبر الانترنت ومدى فعاليتها.

- التعرف على كيفية التخطيط لبناء موقع على الانترنت والبدء بالعمل.

- التعرف على الأمور الإدارية المطلوبة لإدارة الموقع والمحتويات وكيفية جعل الموقع جذاباً لجذب انتباه الزبائن.

- التعرف على الطرق المختلفة لجمع المعلومات عن الزبائن وكيفية التنبؤ بسلوك الزبون وكيفية اتخاذه القرار بالشراء أو عدم الشراء.

- التعرف على بعض البرامج الذكية المستخدمة في عملية تحليل البيانات المتعلقة بالزبائن لمعرف كيفية تسويق المنتجات أو الخدمات إليه بالطريقة الصحيحة.

المحتويات Contents

12 - 1 إيجابيات وسلبيات التسويق عبر الانترنت

في المراحل الأولى من نشوء التجارة الالكترونية كان الحصول على موقع فعال وبناء كافياً لازدهار ونمو الشركة، أما في الوقت الحالي فقد ازداد التنافس بحيث يجب أن يكون للشركة استراتيجية معينة للتسويق حتى تتمكن من الحصول على الفائدة المرجوة وحتى تستطيع تحقيق أهدافها الموضوعة. إن الانترنت أضافت أدوات ووسائل جديدة للشركات والتي قد تزيد من فرص نجاحهم في عملية التسويق. إن عملية الحفاظ على سجلات رقمية للزوار والحفاظ على ملفاتهم والقيام باجراء التحاليل المتعلقة بنتائج عمليات التسويق تعتبر المفتاح الرئيسي- لمعرفة مدى فعالية الحملة التسويقية ونجاحها.

التسويق عبر الانترنت يجب أن يرافقه التسويق عبر الطرق التقليدية وذلك من أجل الوصول الى أفضل استراتيجية لنجاح عملية التسويق والحصول على الزبائن مع الحفاظ عليهم من أجل أن يعودوا مرات أخرى للشراء مما يخلق الولاء والثقة من قبل الزبون للشركة.

تعتبر الانترنت مكان لتجمع العديد من المتسوقين والبائعين والذين يرغبون في اجراء عمليات تجارية وهم في ازدياد مستمر ولذلك فإن الانترنت تنمو وتكبر يوماً بعد يوم، لذا فإن من المهم للشركات التجارية الالكترونية أن تقوم بالكثير من الدراسات مثل :

- دراسة الزبائن وسلوكهم وذلك لتسويق المنتجات والخدمات لهم بشكل فعال.

- دراسة لماذا يقوم هؤلاء الناس بالتسوق ؟

- دراسة ما هي المنتجات أو الخدمات التي يفضلونها ؟

- دراسة ما هو سلوكهم في الانترنت ؟

- دراسة ما هي سلبيات وايجابيات التسوق عبر الانترنت بالنسبة لهم.

- **ايجابيات التسوق عبر الانترنت**

بالنسبة للزبون فإن التسوق عبر الانترنت يعتبر عملية شيقة وممتعة وذلك لوجود العديد من الشركات والتي تبيع نفس المنتجات , لذا على الشركات أن تأخذ بعين الاعتبار أن عملية الشراء من قبل الزبون أو عدم الشراء هي مجرد نقرة بزر الفأرة فقط وذلك لأن الخيارات المتوفرة كثيرة جداً .

هناك حسنات عديدة للتسوق عبر الانترنت بالنسبة للزبون مما يجعله جذاباً ومن هذه الحسنات :

1- **وجود خيارات كثيرة متوفرة:**

إن المستهلكين والمتسوقين عبر الانترنت في مختلف مواقع الشركات التجارية الالكترونية يجدوا العديد من الخيارات قبل أن يقرروا عملية الشراء أم لا ويقرروا ما هو السعر الذي يرغبون بدفعه لمنتج معين ويساعدهم في ذلك أماكن البحث Search Engines وموقع البوابات Portals والتي تعرض لهم روابط ومداخل مواقع لمختلف المنتجات والخدمات المتوفرة في الانترنت.

2- **سرعة المقارنة**

يستطيع المستهلكين مقارنة الأسعار ونسبة جودة المنتجات أو الخدمات بسرعة كبيرة قبل اتخاذ قرار الشراء.

3- **الملاءمة**

إن التسوق عبر الانترنت ملائم جداً للمستهلك حيث يستطيع التسوق في أي وقت ليلاً أو نهاراً وبدون عناء أو تكبد التحرك من مكانه .

4- **سرعة الاستجابة والخدمة**

إن استجابة الشركات للمستهلكين عبر الانترنت تكون مباشرة وسريعة بعكس التسوق بالطريقة التقليدية فقد تحتاج إلى الانتظار أو الوقوف في طابور أو قد تجد خدمة سيئة ومعاملة جافة الخ.

5- **توفر معلومات كبيرة**

إن الشركات في الانترنت تزود المستهلكين بكميات كبيرة من المعلومات عن الشركة وعن المنتجات وعن طريقة البيع والشراء وعن طريقة التسليم وغيرها مما يساعد المستهلك كثيراً في اتخاذه لقرار الشراء بشكل فعال.

- **سلبيات التسوق عبر الانترنت :**

بالرغم من العديد من المزايا المتميزة للتسوق عبر الانترنت إلا أن هناك بعض السلبيات للتسوق والشراء عبر الانترنت منها:

1. تفحص المنتجات

عندما يريد المستهلك شراء بعض المنتجات فإنه بحاجة أن يراها فعلياً أو أن يلمسها أو حتى أن يقوم بشمها أو اختبارها وهذا غير متوفر إلا في طريقة البيع التقليدية حيث يستطيع المشتري تجربة المنتج ولمسه واختباره بالإضافة إلى ذلك فهناك بعض النصائح التي قد يحتاج إليها المستهلك قد تقدم له عندما يقوم بالتسوق بالطريقة التقليدية أما عبر الويب فلا

يستطيع أن يجد مثل هذه النصائح.

2. وجود منتجات ليست قالبة للبيع من خلال الانترنت

هناك بعض المنتجات لا يمكن بيعها عبر الويب وذلك بسبب مشكلة التسليم وذلك مثل المنتجات الكبيرة كالأثاث أو ألواح الأخشاب الكبيرة وبيع السيارات الحديثة ومثل هذه المنتجات يكون بيعها بالمحلات التقليدية أفضل.

3. وجود الكثير من المعلومات الغير صحيحة أو الغير مفيدة

إن عملية تقديم المعلومات المفيدة لشراء المنتجات عبر الانترنت هي غير فعّالة عبر الانترنت حيث هناك كم هائل من المعلومات والتي معظمها تكون تسويقية ولا تقدم النصائح كما في التسوق الفعلي.

4. عدم إمكانية مقابلة البائعين وجهاً لوجه مع المشترين.

5. إن معظم الشركات التي تبيع عبر الويب لا تتخذ سياسة الإرجاع إذا لم يروق المنتج للزبون.

6. في كثير من الأحيان يفاجئ المستهلك عندما يستلم المنتج فيجد أن نسبة الجودة أقل بكثير مما كان يتوقع.

7. كما أن عملية التسوق عبر الانترنت تصاحبها مخاطر أمنية كثيرة فقد يتعرض المتسوق إلى عمليات احتيال أو سرقة.

12- 2 تقنيات التسويق عبر الانترنت

عملية التسويق عبر الانترنت منوعة فهناك أساليب كثيرة لتسويق المنتجات والخدمات قد تلجأ إليها الشركات لتسويق منتجاتها مع العلم بوجود الكثير من الوسائل الغير أخلاقية وحتى الغير قانونية في جمع المعلومات حول الزبائن و هي تعتبر اعتداء على خصوصية المستهلك لا أخلاقية ومن هذه الأساليب:

-2 استخدام اللوحات الإعلانية Banner

وهي عبارة عن نافذة جذابة أو مربع حوار أو صورة عند النقر عليه بزر الفأرة يقوم مباشرة بتوجيه المتسوق إلى موقع البائع والذي من خلاله يستطيع المتسوق أن يقوم بعملية الشراء الفعلية للمنتج.

-3 استخدام النوافذ المنبثقة Pop-Up Advertising

وهي عبارة عن نافذة مستعرض تظهر في إطار جديد للفت انتباه المستهلك إلى منتج أو خدمة معينة وتظهر هذه النافذة سواء أراد المستهلك أن يقوم بفتحها أم لا.

4- **إرسال العديد من البريد الالكتروني Spamming**

تقوم العديد من الشركات بإرسال رسائل بريدية إلى ملايين العناوين البريدية لتقديم عروض لمنتجاتهم أو خدماتهم وذلك بدون موافقة مسبقة من العملاء.

5- **وضع إعلانات وروابط في مواقع أخرى مشهورة مثل موقع hotmail.com أو موقع yahoo.com** حيث تلجأ العديد من الشركات إلى الإعلان عن مواقعهم أو منتجاتهم بوضع إعلانات وروابط في مواقع أخرى مشهورة وعالمية .

إن عملية التسويق عبرالانترنت تعتمد على نشاط المستهلك فعندما ينقر على رابط link معين فإنه حقيقة يقوم بطلب صفحة معينة من الموقع وهذه العملية تسمى بالتسوق بالسحب Pull Marketing ومن الناحية الأخرى فعندما تبحث الشركات عن زبون معين وتفرض عليه مطالعة صفحة معينة أو صورة أو منتج معين بدون طلب المستهلك ففي هذه الحالة تسمى هذه العملية بالتسويق بالدفع Push Marketing.

3-12 التسويق عبر البريد الالكتروني **e-Mail Marketing**

إن الحملة التسويقية باستخدام البريد الالكتروني تعتبر طريقة غير مكلفة وفعالة لاستهداف زبائن جدد محتملين . يجب على الشركات أن تحدد الأهداف من الحملة التسويقية قبل البدء بها ويجب أيضاً تحديد مدى الوصول Reach أي عدد الزبائن الذين تنوي الشركة التسويق لهم ويجب أيضاً تحديد مستوى عملية التخصيص أو الايصاء Personalization اي بمعنى آخر معرفة فيما إذا كانت الشركة قادرة على تلبية احتياجات الزبائن حسب المواصفات والمعايير التي يطلبونها بحيث تتوافق مع الحملة التسويقية :

- إذا كانت الشركة تنوي تسويق منتجاتها عالمياً فيجب إرسال البريد الالكتروني مترجماً الى لغة الزبون حيث يتوفر العديد من الشركات التي تقدم خدمة الترجمة مثل شركة ايطالياً لوجوز Logos حيث تقوم هذه الشركة بترجمة البريد الالكتروني إلى أكثر من 20 لغة مختلفة بمبلغ من المال www.logos.it وهناك أيضاً شركات تقدم خدمة الترجمة مجاناً مثل شركة التافيزتا Altavista.com حيث تعرض خدمة ترجمة الموقع بالكامل مجانا.
- هناك أيضاً طرق أخرى للتسويق باستخدام تقنية الفيديو والصوت والصورة بالإضافة إلى النص وقد أصبحت طريقة فعّالة في حملات التسويق الالكترونية. حيث يكون مع رسالة البريد الالكترونية ملفات مرفقة يتمّ تنفيذها مباشرة عند فتحها من قبل العميل

ولا تحتاج من الزبون إلى عمل تنزيل Download لأي برامج إضافية حيث من خلال هـذا الملـف المرفـق يستطيع الزبون مشاهدة عرض فيديو Demonstration لمنتج معـين أو خدمـة معينـة. ومثـال عـلى ذلـك شركة www.mindarrow.com حيث تزود المستهلك بملفات مرفقة يتم تشغيلها تلقائيـا بـدون الحاجـة إلى برامج أضافية وشركة www.mediaRing.com تعرض لزبائنها فرصة لإرفاق ملف صوتي مع البريد الالكتروني أو داخل موقع الويب Web site.

- إضافة وصلة البريد الالكتروني في موقع الويب للشركة يـزود الزبـائن بوسـيلة مناسـبة للـرد عـلى استفسـاراتهم ولمعرفة آرائهم حول الشركة والمنتجات والخدمات وطريقة البيع والشراء والتعاملات بينهـا وبـين العمـلاء. كـما يجب وضع نظام فعال وتلقائي يقوم بترتيب رسائل البريد الالكتروني ومن الممكن أيضا برمجته ليقوم بعملية ردّ تلقائية فور وصول الرسائل إلى النظام مما يدعم خدمة الزبون، بعد ذلك يجب على الشركة الإجابة على طلبات الزبائن خلال أقل من 48 ساعة من تلقي الرسالة من الزبائن.
- يساعد البريد الالكتروني الزبائن على متابعة طلباتهم وتعقب عملية شحن المنـتج إلـيهم ومعرفـة اسـم الطـرف الثالث والذي يقوم بشحن المنتج وموعد التسليم.
- عدم إرسال بريد الكتروني إلى أشخاص ليس لديهم رغبة بمنتجاتك أو خدماتكم . عمليـة إرسـال رسـائل عديـدة الكترونية Spamming إلى أشخاص لا يرغبون بمنجاتك أو خدماتك يؤدي إلى سمعة سيئة للشركة. هناك شركـات مثل www.eletter.com تؤدي خدمات متميزة باستخدام البريد الالكتروني.

4-12 الترويج Promotion

الترويج في الأعمال التجارية الالكترونية ضروي ويعمل على جذب العديد مـن الـزوار إلى موقـع الويـب الخـاص بالشركة مما يؤدي إلى تحفيز عملية الشراء وأيضاً يؤدي إلى زيادة الولاء من قبل الزبون لإعادة الزيـارة مـرات ومـرات ويجب التأكد من أن ولاء الزبائن ناتج عن منتجات وخدمات الشركة وليس فقـط ولاءً ناتجـاً عـن العمليـة الترويجيـة والتسويقية.

تتم عملية الترويج بعدة طرق مختلفة منها:

- عمليات التخفيض بالأسعار
- اعطاء عينات مجانية لتجربتها
- اعطاء تخفيضات بنسبة معينة عند شراء كميات كبيرة.

إن عملية السماح للزبائن بتجربة جزء من الخدمات التي تقدمها أو المنتجات التي تبيعها يؤدي الى شعور الزبون بالرضا والثقة والاطمئنان تجاه الشركة وتجاه عملية الشراء، حيث هناك العديد من الشركات التي تقدم خدمات مجانية لجذب أكبر عدد من الزوار. ومثال على ذلك شركة www.hotmail.com وشركة www.travelocity.com وشركة www.yahoo.com وغيرها الكثير. وأيضا يفضل أن يكون هناك نماذج الكترونية تقوم باستقبال معلومات من الزوار قبل تلقيهم للخدمة المجانية مما يعطي الشركة الفرصة الكبيرة لجمع معلومات شخصية عن الزوار ومن ثم يمكن تسويق بعض المنتجات لهم حسب اهتماماتهم ورغباتهم.

- بعض الشركات على الانترنت تستخدم نموذج الكوبونات Coupons حيث تستطيع الشركة وضع كوبونات على موقع الويب لجذب الزوار الى الموقع ومن الأمثلة على ذلك المواقع التالية:
  - www.directcoupons.com
  - www.coolsavings.com
  - www.valupage.com.

5-12 الإعلانات اللاسلكية Wireless Advertising

يمكن في الوقت الحالي استخدام الانترنت من أي مكان في العالم وفي أي وقت باستخدام تقنية الاتصالات اللاسلكية Wireless Technologies أي استخدام الهاتف النقال، مع أن هذه التقنية لا زالت في بدايتها إلا أنها تنتشر بشكل يفوق التصور حيث تعمل معظم الشركات على استغلال هذه الميزة لتسويق منتجاتها مثل شركة www.skygo.com حيث تزود هذه الشركة بحلول وبنية تحتية للاتصالات اللاسلكية والإعلانات وإجراء العمليات التجارية من خلالها. فتقوم الشركات من هذا النوع بإرسال إعلانات إلى الهواتف الخلوية لزبائن مستهدفين لعرض بعض من منتجاتهم أو خدماتهم.

كما تستغل بعض الشركات الكثير من الفرص للترويج لمنتجاتهم وخدماتهم وذلك بمتابعة الزبائن عبر الأقمار الصناعية ومعرفة موقعهم بالضبط ومحاولة إرسال رسائل لهم لإرشادهم إلى اقرب مطعم أو استراحة على سبيل المثال أو لتزويدهم بخرائط للطريق الذي يقومون بسلوكه حالياً أو لإرسال رسائل إلى الأباء لإبلاغهم عن وقت مغادرة أبناءهم المدرسة كما في الشكل 12-1 التالي:

الخدمة والمحتوى	الزمن	نموذج الشبكة اللاسلكية	الهدف
تزويد المسافر بخرائط طرق والاتجاهات وتقارير الأحوال الجوية والطقس وإعلامهم بأقرب استراحة أو مطعم	عندما تتحرك السيارة	هاتف سيارة	مسافر
أعلام الإباء عن مواعيد الدراسة وإغلاق المدرسة وأعلامهم بأحوال الطقس وحركات المرور وغيرها من الأمور المتعلقة بالمواصلات وأحوال المدرسة وشؤون العملية التعليمية والدراسية	أثناء الفصل الدراسي	هاتف خلوي	الإباء
ملخصات وتحاليل تبين الأجور ومواقع الشركات المالية وغيرها	أثناء الأوقات التجارية الحرجة بإعلامهم بالارتفاع أو الانخفاض بالأسعار	بيجر	مضارب بالأسهم

الشكل12-1 يبين الخدمات التي تقدمها الشبكات اللاسلكية وكيفية استغلالها في العملية التجارية الالكترونية

6-12 مكائن البحث Search Engines

مكائن البحث هي عبارة عن برنامج يقوم بمسح عام لمواقع الانترنت وإعداد قائمة بمواقع معينة مبنية على كلمات مفتاحيه أو معيار معين للبحث.

إن رتبة موقعك في مكائن البحث مهمة جداً حيث كلما كان رتبة الموقع أعلى كلما زاد عدد الزوار إلى موقع شركتك ويمكنك من زيادة رتبة موقعك عن طريق انتقاء كلمات مفتاحيه غاية في الدقة وعن طريق تسجيله في أكثر من مكينة بحث على شبكة الانترنت. حيث بتسجيل موقعكم في مكينة بحث فإنك تقدم لهم بعض الكلمات المفتاحية ووصف قصير لموقعك حيث تقوم مكينة البحث هذه بإضافة هذه المعلومات إلى قاعدة البيانات ومن ثم تكون متاحة للجميع على شبكة الانترنت. تقوم بعض مكائن البحث بتسجيل موقعكم مقابل رسم معين ومن الأمثلة على هذه الشركات www.searchenginewatch.com/webmasters/index.html وهناك الكثير من مكائن

البحث تعرض خدماتها مجاناً بتسجيل موقعك وإضافة معلومات إلى قاعدة البيانات الخاصة به بـدون مقابـل ومـن الأمثلـة عـلى هـذه الشرـكات شركـة www.excite.com ومـن مكـائن البحـث الشـعبية والمنتشرـة بشـكل كبـير www.yahoo.com و www.altavista.com و www.google.com و www.find.com و www.arabvista.com و www.ayna.com وغيرها.

وهناك شركة www.askjeeves.com حيث من خلال مكينة البحث هذه تستطيع إدخال جملة كاملـة بـدلاً مـن كلمات مفتاحيه معينة. والشكل 12-2 يبين أشهر مكائن البحث المتوفرة على الانترنت وأكثرها استخداماً.

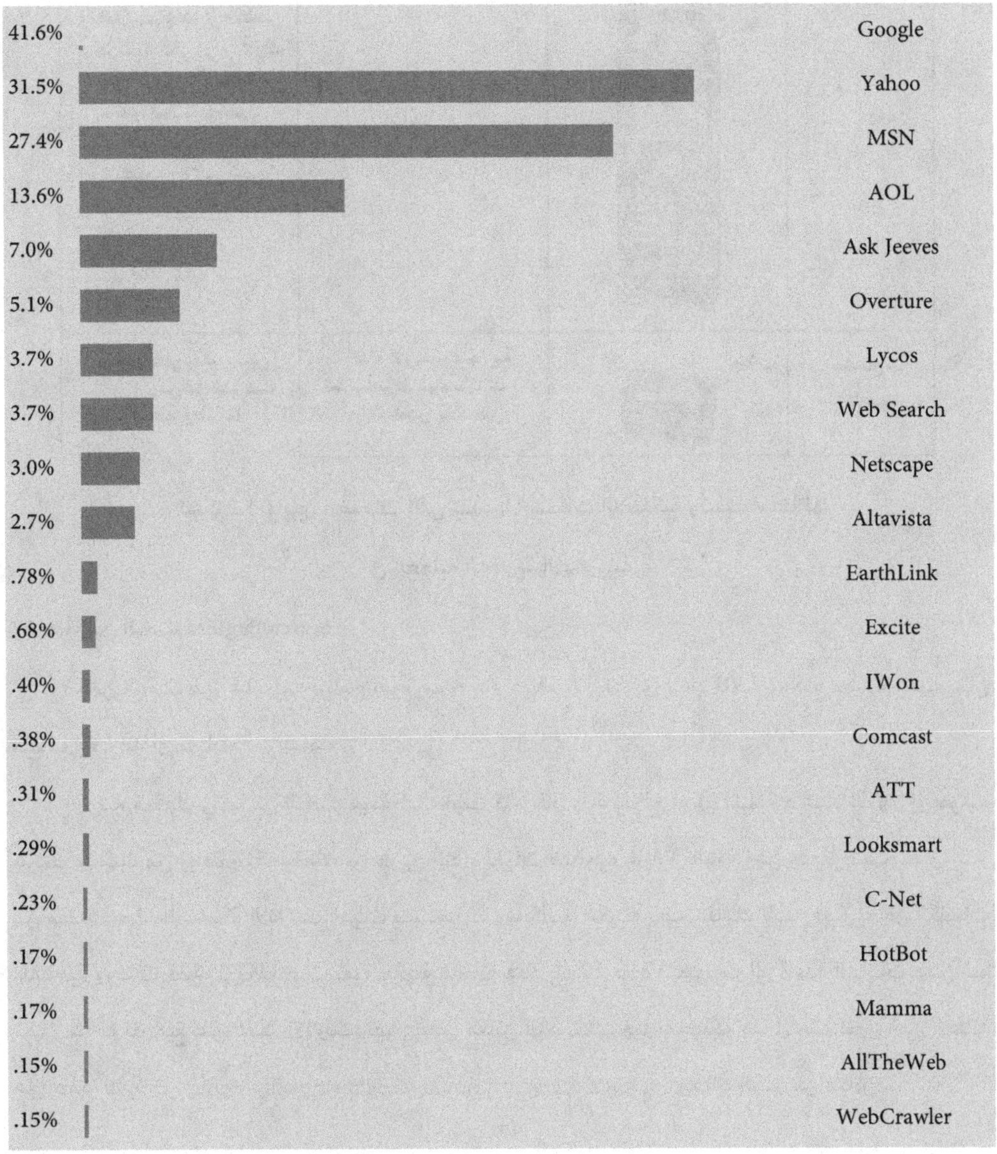

41.6%	Google
31.5%	Yahoo
27.4%	MSN
13.6%	AOL
7.0%	Ask Jeeves
5.1%	Overture
3.7%	Lycos
3.7%	Web Search
3.0%	Netscape
2.7%	Altavista
.78%	EarthLink
.68%	Excite
.40%	IWon
.38%	Comcast
.31%	ATT
.29%	Looksmart
.23%	C-Net
.17%	HotBot
.17%	Mamma
.15%	AllTheWeb
.15%	WebCrawler

Ixquick	.10%
Freeserve	.07%
Teoma	.05%
About	.04%
Kanoodle	.04%
CometWebSearch	.02%
Alexa	.01%
Profusion	.01%
Business	.01%
7Search	.01%
Searchalot	.01%
DMOZ	.01%

شكل 12-2 أشهر مكائن البحث المتوفرة على الانترنت

12-7 برامج الانتساب **Affiliate Programs**

لقد أصبحت برامج العضوية أو الانتساب Affiliate Programs من الطرق الفريدة والرائدة في عملية التسويق marketing وهي عبارة عن نموذج عضوية من خلالها تدفع الشركة رسماً لشركة أخرى تقدم خدمة العضوية عن كل زبون يتم تحويله إلى الشركة المعلنة في هذا الموقع وذلك بوضع صورة أعلانية عند النقر عليها يتم توجيه الزبون إلى موقع هذه الشركة وبالتالي يقوم بعملية الشراء الفعلي من هذه الشركة.

تستطيع الشركات الحصول على دخل وعائدات مالية باستضافة إعلانات وروابط لتجار أو شركات الكترونية أخرى حيث تساعد هذه الشركات التجار والشركات الالكترونية الجديدة على القيام باستقطاب العديد من الزبائن وبيع منتجاتهم أو خدماتهم إليهم وهي تعتبر من الطرق الترويجية للإعلان عن مواقعهم ولعرض خدماتهم ومنتجاتهم.

من خلال برامج العضوية Affiliate programs يستطيع التاجر أو الشركة المضافة وضع إعلان أو يافطة في موقع الشركة المضيفة فعندما ينقر الزائر على هذه اليافطة أو الإعلان يتم احتساب عمولة للشركة المضيفة ومن خلال هذه الطريقة فان كلا الطرفين يقوم بجني العائدات المالية وتساعد الزبائن أيضاً هذه الطريقة في الوصول إلى أكبر عدد من

المواقع والتي تبيع مختلف أنواع السلع والخدمات. والشكل 12-3 يوضح فكرة برنامج العضوية Affiliate program

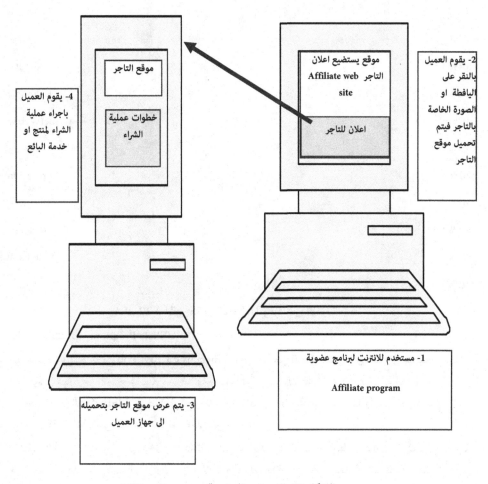

الشكل 12-3 : برامج العضوية Affiliate Programs

12-8 تقسيم السوق Market Segmentation

في السنوات السابقة كانت الشركات ترسل برسائلها البريدية المباشرة إلى الزبائن بغض النظر فيما إذا كان هـؤلاء الزبائن لديهم اهتمامات بهذه الخدمات أو المنتجات أو كانت هذه المنتجات ملائمة لهم ام لا مـما يـؤدي الى ضيـاع الجهد وزيادة التكلفة بلا فائدة حيث أن لكل رسالة ترسل إلى زبون قد تكلف الشركة مـا يقـارب الـدولار وعنـدما لا يستجيب من هؤلاء الزبائن إلا العدد القليل فإن ذلك يعتبر من سوء الإدارة وسوء عملية التسويق بسبب عدم القيام بعملية تقسيم السوق Segmentation.

يمكن للشركات أن تقوم بإجراء عمليات فرز للمستهلكين كل حسب اهتمامه من أجل تشكيل استراتيجية فعّالة في عملية التسويق ،لذا تعتبر عملية تقسيم المستهلكين إلى مجموعات منطقية من أجل اجراء الدراسات والأبحاث والتي تساعد كثيراً في عملية التسويق والإعلانات والبيع. حيث من الممكن اجراء عملية التقسيم بعدة طرق منها على سبيل المثال :

- **التقسيم حسب المنطقة الجغرافية Geographic**

حيث يراعى في عين الاعتبار حجم المدينة أو القطر وكثافة السكان فعلى سبيل المثال لا يمكن تسويق نفس المنتجات للذين يسكنون في المدن الضخمة أو الذين يسكنون في الصحراء فلكل اهتماماته وكل منهم يقوم بشراء منتجات تختلف عن الأخر.

- **التقسيم من حيث الدراسة الإحصائية للسكان Demographic**

حيث يراعي في التسويق الجنس والعمر ونوع الوظيفة وحجم العائلة والديانة والجنسية فعلى سبيل المثال لا يمكن تسويق المنتجات التي تستخدمها النساء للرجال أو الأطفال أو العكس.

- **التقسيم من حيث الحياة الاجتماعية والنفسية Psychosocial**

حيث يراعي في التسويق الطبقات الاجتماعية وأسلوب الحياة الشخصية فعلى سبيل المثال لا يمكن تسويق سيارة ثمنها أكثر من 100الف دولار لموظف بسيط لا يتجاوز راتبه الـ 300 دولار.

- **التقسيم من حيث السلوك والعادات والمعرفة Cognitive, affective , Behavioral**

حيث يراعى في التسويق العادات الاجتماعية والمستوى التحصيلي العلمي. فلا يمكن إجرا ء عملية التقسيم يدوياً فيجب الاستعانة بالكثير من الأدوات والبرامج والتطبيقات المستخدمة لهذا الغاية فيمكن استخدام قاعدة مستودع البيانات Data warehouse وهي عبارة عن قواعد بيانات ضخمة تمّ تجميعها على مدى سنوات طويلة في مستودعات في الخادم الرئيسي main server واستخدام تقنيات حديثة على هذه المستودعات مثل تقنية التنقيب عن البيانات Data mining وهي عملية استخلاص بيانات ونماذج مفيدة من كم هائل من البيانات فهي تشبه عملية التنجيم عن الذهب حيث يتم استخلاص الذهب من باطن الأرض والتي تحتوي على التراب والمعادن الأخرى والكثير من الشوائب وهذا يحتاج إلى خبرات وأدوات كثيرة فمثلاً تمّ استخراج العديد من المعلومات الجديدة المفيدة من خلال عمليات التنقيم عن البيانات فتم على سبيل المثال اكتشاف أن نسبة كبيرة من النساء

الأمريكيات عندما تقوم بشراء حفايظ البامبرز لطفلها فإنها في نفس الوقت تقوم بشراء ماكينة حلاقة لزوجها لذا قامت هذه الشركات بوضع شفرات الحلاقة قريباً من حفايظ الأطفال.

9-12 إجراء الأبحاث المتعلقة بسوق التجارة الالكترونية Conducting EC Market Research online

إن الشركات الرقمية الجديدة تعتمد اعتماداً كلياً على المعلومات التي تجمعها وعلى الدراسات التي تقوم بها من أجل فهم سلوك المستهلكين ومعرفة متى وماذا وما هي المنتجات أو الخدمات التي يرغبون بشرائها، لذا فأن القيام بالأبحاث والدراسات حول سوق التجارة الالكترونية عبر الانترنت يعتبر من الطرق الفعالة والمهمة في تحقيق أهداف الشركة.

يمكن إجراء الأبحاث بالطرق التقليدية أي استخدام الهاتف والاستبيانات أو يمكن استخدامها عبر الانترنت حيث تعتبر من الطرق الفعالة والسريعة بحيث يمكن استخدام تقنية البريد الالكتروني والاستبيانات الالكترونية من أجل الحصول على المعلومات من المستهلكين. أن اجراء المسح عبر الانترنت يعتبر طريقة فعالة وغير مكلفة نسبياً وتتم بشكل أسرع بكثير من الطرق العادية.

ولكن يجب أن يراعى عند إجراء الدراسات والمسح عبر الانترنت أن تكون العينات أكبر ما يمكن فكلما كبرت العينة العشوائية كانت النتائج أكثر دقة. حيث أن الشركات الصغيرة قد تحتاج إلى عينة من المستهلكين يبلغ عددها عدة مئات من المستجيبين.

إن القيام بمثل هذه الدراسة يساعد الشركات كثيراً في عمليات البيع والتسويق فعلى سبيل المثال بالنظر إلى الإجابات المتعلقة بسلوك المستهلك تستطيع الشركات التنبىء بسلوك المشترين وتبين بدقة كبيرة احتياجاتهم. كما تمكن الشركات وتساعدهم في عملية التقسيم Segmentation للمستهلكين وتمكن الشركة من معرفة العوامل التي تشجع على الشراء عبر الانترنت وتمكنها من فهم طبيعة العقبات التي تحول دون اجراء عملية الشراء عبر الانترنت مما يتسنى لها وضع الحلول المناسبة من أجل تحفيز وتنشيط عمليات الشراء والتجارة عبر الانترنت للمستهلكين. وأيضاً من خلال هذه الدراسات المسحية تستطيع الشركات تحديد من هم المشترين الحقيقيون ومن هم مجرد متصفحين الانترنت لا أكثر. ومن عمليات الأبحاث تستطيع الشركة معرفة نوعية المنتجات التي يرغب المستهلكين بشرائها فبناءً على الإجابات تستطيع الشركة أن تحسن من إنتاجها وأن تحسن من عملية الخدمة التي يحتاجها العملاء كما تستطيع دراسة مدى جاذبية موقعها وتلبيته لمتطلبات الزبائن واحتياجاتهم وتساعدها على

تحسين المحتوى من نصوص وصور ومقاطع الفيديو التي تحويها الصفحات وتصميم الموقع بما يتلاءم مع العملاء.

ومن الممكن تقسيم الخطوات المتبعة في عملية جمع بيانات الأبحاث المتعلقة بالسوق إلى الأقسام التالية :

1- تعريف المشكلة وتحديد الأسواق المراد دراستها

2- تعريف المجموعات وعينات المجتمع المراد دراستها.

3- تعريف مواضيع محددة من أجل مناقشتها.

4- الاشتراك في مجموعات ملائمة يتم اختيارها ومن ثم تسجيل مجتمع العينة.

5- البحث عن مجموعات تناقش موضوع معين والبحث عن قائمة بالمواضيع للمناقشة من أجل ايجاد السوق المراد دراسته.

6- البحث عن مجموعات قوائم بريدية للنقاش معهم.

7- الاشتراك مع خدمات من أجل مراقبة المجموعات.

8- قراءة الأسئلة التي تطرح باستمرار FAQ وغيرها من التعليمات

9- القيام بزيارة إلى عدد من غرف الدردشة Chat Rooms

أما بالنسبة للأدوات المستخدمة في عمليات البحث والدراسة فيمكن تقسيمها إلى الأقسام التالية:

• الدراسة المسحية بالاستبانة Survey by Questionnaire

• الملاحظات Observations

• التجارب Experiments

• المقابلات Interviews

• التركيز على مجموعة معينة ودراستها Focus Groups

• البريد الالكتروني e-mail

الأهداف من الأبحاث المتعلقة بالسوق:

• اكتشاف الفرص الجديدة المتعلقة بالتسويق والقضايا التي لها علاقة بها

• تأسيس خطط تسويقية

• فهم أفضل لعملية الشراء

• لتقييم أداء التسويق والأسواق

- لتطوير استراتيجة للإعلان والتسويق.

معوقات عملية البحث والمسح والدراسة عبر الانترنت

- توفر عدد كبير من البيانات مما يحتاج إلى برامج ذكية للتنظيم والتحرير والتلخيص
- عدم دقة الإجابات
- ضياع الكثير من الإجابات بسبب المشاكل المتعلقة بالأدوات والمعدات
- المسألة الأخلاقية والقانونية من التعقب وجمع المعلومات عبر الويب
- يعتبر المتسوقين عبر الانترنت كلهم من المتعلمين جيداً أو من الموظفين مما لا يؤدي إلى معرفة آراء العديد من شرائح المجتمع والتي قد لا تجد الفرصة لاستخدام الانترنت.
- ضعف عملية فهم عملية الاتصالات عبر الانترنت وكيفية تفكير المستجيبين وردة فعلهم عبر الانترنت.

10-12 دورة التسويق عبر الانترنت

للتسويق عبر الانترنت دورة حياة لها بداية ونهاية حيث تبدأ دورة الحياة بالتخطيط ثم يتبعها استراتيجيات التسويق الأربعة 4P's وهي المنتج Product والسعر Price المكان Place والترويج Promotion والشكل 12-4 يبين دورة الحياة للتسويق عبر الانترنت.

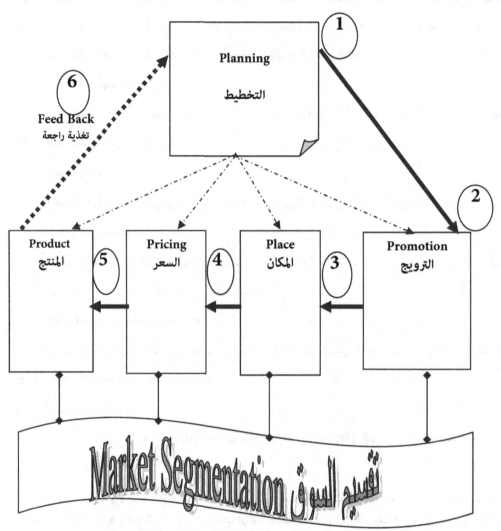

الشكل 12-4 : دورة حياة التسويق عبر الانترنت واستراتيجيات التسويق

خطة العمل

خطة العمل هي عبارة عن وثيقة مكتوبة تقوم بتعريف الأهداف التجارية للشركة أو التاجر وكيفية تحقيق هذه الأهداف. إن من أهم الخطوات المتعلقة بالعمل التجاري هي وضع خطة تجارية محكمة وذلك لأن من أهم أسباب الفشل في التجارة هو عدم وضع خطة محددة أو وضع خطة تجارية ضعيفة أو إدارة ضعيفة وتعتبر الخطة التجارية ضرورة قصوى وخاصة للشركات الكبيرة حيث من الممكن أن يأخذ وضع الخطة أسابيع أو حتى أشهر،

ولوضع خطة تجارية فالشركات بحاجة إلى تعيين موظفين بكفاءات مختلفة مثل المحاسبين والمحامين المهرة والاستراتيجيات المختلفة والمتعلقة بمختلف أقسام الشركة، إن محتويات الخطة التجارية تتنوع حسب الشركة ونوعها ولكن عموماً تتكون عناصر الخطة التجارية الإستراتيجية من الأقسام الرئيسية التالية:

- **الوظيفة أو المهمة Mission**

ما هو الهدف من العمل التجاري؟ أن المهمة شيء متعلق برؤية المالك أو المؤسس للشركة بما يريد أن يقوم بتأسيسه من عمل تجاري على الانترنت.

- **المنتج Product**

ما هي السلعة أو السلع التي ترغب ببيعها أو الخدمات التي تنوي تقديمها ؟ وما الذي يجعلها مميزة؟

- **التنافس Competition**

من هم المنافسين التجاريين؟ وكيف أداؤهم ومكانتهم في السوق؟ لذا يجب القيام بدراسة وتحليل موقعهم على الانترنت واستعراض العناصر الفريدة التي يقدمونها للزبائن.

- **الزبائن المستهدفين Target Customers**

هل يستخدم الزبائن المستهدفين الانترنت من البيت أو العمل أو من كليهما؟ هل يستخدمون البريد الالكتروني أو المجموعات الإخبارية أو أي مجموعات أخرى؟

- **التسويق Marketing**

كيف تنوي الوصول إلى هؤلاء الزبائن؟ وما هو نوع وطريقة ووسيلة الإعلان التي تنوي وتخطط للقيام بها؟

- **خطة البيع Sales Plan**

ما هي وسيلة أو وسائل البيع التي تخطط لتوظيفها مثل الوكالات Agents أو البيع باستخدام الهاتف Telemarketing؟ وما هي قنوات التوزيع التي يجب أن تستخدمها وما هي الأسعار وما هي العمليات والحركات لانجاز المعاملات.؟

- **التشغيل Operation**

ما هي المعدات والموقع وحجم المنافع والتي تخطط للبدء بها؟ وما هو حجم ونوعية الموظفين والذين سيقومون بدعم التشغيل؟ من هو الممولين؟ وكم هو عددهم على الانترنت ومدى واقعيتهم ؟ وما هي الخبرات التي يملكونها؟ وهل يتعاونون مع شركات أخرى ؟ وما نوع العلاقة مع العملاء والخدمة التي سوف تقدمها لهم؟ وكيف يصل الزبائن إلى موقع

الشركة الالكتروني؟

- **التقنيات Technology**

ما هي المعدات Hardware والبرمجيات Software وغيرها من التقنيات التي قد تحتاج إليها الشركة؟ وما هـي الشركة التي سوف تزودك بخدمة الاشتراك بالانترنت ISP ومدى توفرها؟ وما هي رسومهم وكيفية أداؤهم وواقعيتهم؟

المنتج Product

المنتج من الممكن أن يكون أما مادي مثل السيارة والحاسوب والكتاب أو يكون معنوي غير ملموس مثل عمـل الأطباء ووكالات الأنباء والتعليم والتدريب وتقديم الاستشارات المختلفة الطبية والاقتصادية والسياسية وغيرها. وعنـد الحديث عن المنتج فاهم ما يجب أن يتصف به هو الجودة العاليـة والواقعيـة ويمكـن الاعـتماد عليـه حيـث يبحـث معظم المتسوقين عن المنتجات ذات الجودة العالية والتي تريح كل من الشركة والزبون في عمليات الصيانة والإرجاع والكفالة وغيرها. والجودة من الأساسيات في التسوق عبر الانترنت كما يجب تعريف جميع الخصائص الفريـدة التـي يمتاز بها هذا المنتج من أجل قوة التنافس والسمعة الجيدة.

السعر Pricing

بعد عملية تعريف المنتج ووضع الخصائص التي يمتاز بها تأتي الخطوة التاليـة وهـي اتخـاذ القـرار بسـعر هـذا المنتج حيث أسعار المنتجات عبر الانترنت و التجارة الالكترونية تختلف عنها في التجارة التقليدية وأيضاً نوعية الزبون عبر الانترنت تختلف حيث يعتبر الزبون المتسوق عبر الانترنت مـن المتعلمـين ومـن الـذين يقومـون بمقارنة الأسعار وتحديد نوعية المنتج وجودته كما أن عملية شراء الزبون منك أو من المنافسين تختلف بنقرة بزر الفأرة فقط.

هناك العديد من الشركات التي تعرض الكثير من الخدمات المجانية بالإضافة إلى بيعها للمنتجات وذلك لجـذب الزبائن ولحثهم على العودة مرات عديدة من أجل أعادة الشراء مما ينتج عنه ولاء للزبون لهذه الشركة ومـن الأمثلـة على هذه الشركات شركة الطيران الأمريكية American Airline حيث تقوم بتخصيص صفحة لكل زائـر وتقـدم لهـم خدمة البحث عبر الانترنت مجاناً, وشركة yahoo.com حيث تخصص صفحة لكل مشترك في البريد الالكتروني وباسـمه وهناك بعض الشركات تعرض مكافآت نقدية بالانضمام إلى عضوية معينة بتعبئة بعض النماذج التي تحوي معلومـات عن اسم الزبون وبريده الالكتروني وغيرها

مما تقوم بجذب عدد أكبر من الزبائن من أجل تسويق منتجاتهم إليهم.

Place المكان

سهلت التجارة الالكترونية عملية تبادل المعلومات بين كل من الشركة التجارية وشركات شحن البضاعة إلى الزبائن مما جعلت عملية توصيل المنتجات إلى الزبائن سريعة وفعالة وآمنة حيث قامت العديد من الشركات باستخدام التقنيات الحديثة في عملية التسلم والتسليم للبضاعة للزبائن وبالوقت المحدد ومن الأمثلة على هذه الشركات شركة فيديكس FedEx للشحن والتوزيع، حيث تقدم خدمة متابعة السلعة التي يتم شحنها عبر الأقمار الصناعية وتحديد موعد التسليم بالضبط باستخدام أجهزة خاصة الكترونية.

أيضاً تعتبر الانترنت قناة توصيل مباشرة للمنتجات الرقمية حيث مئات الآلاف من البرامج والتطبيقات وملفات الموسيقى والأفلام والكتب الالكترونية وغيرها من المعلومات الالكترونية والتي يتم طلبها عبر الانترنت وتنزيلها Download مباشرة إلى أجهزة كمبيوتر المستهلكين لذلك يعتبر شراء المنتجات الرقمية والبرمجيات غير مكلفة وسريع التوصيل وفعال وملائم جداً للعملاء والخوف أو العقبة الوحيدة التي تواجهها هي في عملية السرقات أو الاحتيال من قبل

كل من الزبون أو البائع.

الترويج Promotion

لا بد من عملية الترويج للفت انتباه الزبائن إلى موقع الويب الخاص بالشركة، ان عملية التسويق والترويج عبر الانترنت تعتمد على أربعة إرشادات أو أهداف رئيسية هي:

- لفت الانتباه Attention
- الاهتمام interest
- الرغبة Desire
- الفعل Action

الهدف الأول هو للفت انتباه الزائر المحتمل إلى جودة موقع الويب للشركة وذلك من خلال طريقة تصميمه والتي تعتمد على العديد من المعايير منها :

- سهولة الإبحار navigation فيه ولوجود عملية التخاطب مباشرة مع الزائر Personalization وذلك لان عملية لفت الانتباه هي النقطة الأولى لعملية التسويق.

- يجب أن يكون الموقع مصمماً بطريقة جذابة باستخدام الرسومات والصور واللوحات الإعلانية الالكترونية Banners الملفتة للانتباه والاستخدام المناسب للألوان كل ذلك يعطي انطباعا أوليا للزائر ويحثه على القيام بزيارة الموقع.

- إن اللوحة الإعلانية تعتبر من أهم وسائل لفت الانتباه، وهي عبارة عن شريط في منتصف الشاشة يستخدم للترويج عن موقع معين وعند النقر عليها يتم سحب موقع الشركة إلى شاشة الزبون لذا يجب أن يتم تصميمها بحيث لا يزيد مدة ظهورها على شاشة العميل أكثر من 30 ثانية .

إن طريقة استخدام اللوحة الإعلانية Banners ليست بالأمر الهين فإن لها أصول وقواعد وهي قد تكون جاذبة للزبون أو قد يقوم الزائر بمقاومتها وعدم النقر عليها. لذلك يجب أن تكون اللوحات الإعلانية صغيرة وسريعة التحميل وإذا تمّ استخدام الحركات فيها فيجب أن يتمّ ذلك بشكل حركي أفقي ويجب أيضاً استخدام اللوحة الإعلانية النصية بحكمة بحيث يتم اختيار أنواع من النصوص التي يسهل قراءتها مثل خط النسخ بالعربية وخط تايمز new times roman أو خط courier باللغة الانجليزية كما يجب أن يكون ذو حجم مناسب وأكبر ما يمكن.

- الخطوة الثانية في عملية الترويج هي بوضح طعم للزائر يجعله متشوقاً ومهتماً بالمنتج المعروض على الموقع وذلك بوضع معلومات شيقة وهذه المعلومات يجب أن يتم

تحديثها وتغييرها باستمرار حتى لا يمل الزائر وحتى يبقى على اتصال بالموقع في كل مرة يدخل فيها إلى الانترنت.

- بناء رغبة للزائر من أجل أن يقوم بعمل ما داخل موقع الويب. في أغلب الأحيان يقوم الزائر بالتصفح إلى الأمام والخلف ويقوم بمعاينة الصفحات والمنتجات والأسعار قبل أن يقوم باتخاذ قرار الشراء ويعتبر هذا القرار هو الفعل Action وذلك بالقيام بعملية الطلب أو بعملية الشراء مباشرة لذا يجب أن يتم ذلك بسهولة وبسرعة وذلك بعد أن يقوم العميل بتعبئة نموذج بسيط الكتروني يطلب منه إدخال معلومات تتعلق بعنوانه وطريقة الدفع والتسليم وغيرها، وبعد ذلك يقوم الزائر بالنقر على زر لإرسال النموذج بالبريد الالكتروني إلى الشركة حتى تتم معالجته، حيث عند استلامه تعتبر الشركة قد أنهت بداية عملية التسويق الالكتروني مبدئياً.

11-12 التسويق المباشر(تخصيص التسويق) Personalization

التسويق المباشر Personalization يهدف إلى استخدام تقنيات الكترونية حديثة تجمع بين الترويج والمنتج للزبون بحيث يتلقى معلومات خصيصاً وضعت له وتلبي احتياجاته، وتقوم بعض الشركات بعمل صفحات ويب لكل زبون من زبائنها كما فعلت شركة (American Airline (AA حيث قامت بإنشاء أكثر من مليونين صفحة ويب مخصصة لكل عملائها، وتعتبر هذه الطريقة من الإستراتيجية الهامة والتي أضيفت للتجارة عبر الانترنت أو التجارة الالكترونية. إن جوهرة عملية التسويق المباشر Personalization يتمثل بعمل توصيات للزبون مباشرة لتزويده بالمنتجات أو بالخدمات التي تناسبه بشكل تام حيث هناك ثلاثة أفكار رئيسية تقوم عليها تزويد المعلومات التي يحتاجها الزبون من خلال التسويق المباشر personalization : (Ardissono et al, 2002) جوهري :

- وصف فني مفصل يتم تقديمه على مستوى معرفة وعلم العميل أو المستخدم.

- يتم تخصيص المنتج أو الخدمة بحيث تلاءم وتناسب تطلعات الزبون ومصلحته.

- توقعات الزبون بكمية المعلومات والتي سوف تقدم إليه عن منتج أو خدمة معينة.

بناءً على سجلك وملفك
فإننا نقدم لك التوصيات
والنصائح التالية

Website

اهلاً بعودتك يا محمد

الرجاء الاضطلاع على هذه التوصيات :

Website

هذا هو العنصر الذي كنت تبحث
عنه :

شكل 12-5 توضيح لفكرة التسويق المباشر Personalization

12-12 التحضير للتسويق والترويج لموقع الويب Marketing and Promotion the Web site

هناك الملايين من المواقع الالكترونية والموجودة عبر الانترنت، وحتى تستطيع الشركات أن تروج لمنتجاتها أو خدماتها فلا بد لها من تعريف الناس بالموقع والخدمات التي يقدمها وبسرعة كبيرة لذا يجب أن تكون هناك استراتيجيات متبعة للتسويق من خلال موقعك ومن خلال مواقع أخرى في الانترنت أو الويب، أن الزوار لا يمكنهم الحضور ولن يحضروا إلى مكان لا يعرفونه إلا إذا عرفوا كيف يصلوا إلى هذا الموقع فالهدف من الترويج هو الحصول على أكبر عدد ممكن من الزوار وليس هذا فقط بل أيضاً للبدء بالعمل التجاري وزيادة عدد العملاء وبالتالي زيادة الأرباح.

إن عملية الترويج للانترنت تتطلب تكاملاً بحيث يتم الترويج للموقع من داخل الموقع ومن خلال الويب ومن خلال كل الانترنت كما ويفضل الترويج للموقع من خلال الوسائل التقليدية كوسائل الإعلام مثل التلفاز والصحافة ومن خلال المجلات وغيرها من الطرق.

إن عملية الترويج للموقع من داخل الموقع تبدأ بالتخطيط بعناية لاختيار اسم للموقع Domain name بحيث يكون سهل التذكر ويدل على اسم المنتج أو نوعه كما ويفضل أن لا يزيد طوله عن 8 حروف بالإضافة إلى الحروف الخاصة بنوع الشركة على سبيل المثال للشركات التجارية تم اختيار com وللمؤسسات التعليمية edu وللمؤسسات غير الربحية org.

أما بالنسبة إلى عملية الترويج عبر الويب فتتم على الأكثر بالتسجيل في مكائن البحث المختلفة، حيث يجب أن يكون الموقع متوفراً عند البحث عنه في مكائن البحث المختلفة مثل www.yahoo.com و www.altavista.com ويجب أن نأخذ بعين الاعتبار أن مكائن البحث تحتوي على ملايين المواقع ولا ينظر إلا إلى أول 20%-40% منها، لذا يجب أن يظهر اسم الموقع في أعلى قائمة نتائج البحث لذا يجب اختيار الكلمات المفتاحية بعناية وتزويد مكينة البحث بمعلومات شاملة ودقيقة عن الموقع ويفضل أن يتم ادارج العديد من الكلمات المفتاحية التي تعكس الخدمات التي يقدمها الموقع، لذا يفضل عمل عاصفة دماغية Brainstorm لغاية الحصول على كلمات مفتاحيه عديدة لأدراجها في الموقع وفي قاعدة بيانات مكائن البحث المختلفة.

أما بالنسبة لترويج الموقع من خلال الانترنت فأفضل وسيلة هي استخدام البريد الالكتروني e-mail وذلك للمحافظة على الاتصال بين الشركة وبين الزبائن المسجلين لدى شركتك لإبلاغهم بما يستجد في الشركة من جديد وبما يطرأ على المنتجات من عمليات تحسين وتطوير وذلك بهدف تسويقها إليهم.

وهناك وسائل أخرى لترويج الموقع عبر الانترنت وذلك من خلال مجموعات الأخبارnews group ومن خلال قوائم البريد mailing list و من خلال مجموعات الأخبار يمكن تقييم واختبار مدى فعالية الموقع ومدى انتشاره واتاحيته وشهرته في الانترنت، أما بالنسبة لقوائم المناقشات discussion list فيمكن الاستفادة منها في عملية نشر- عنوان اسم موقع الشركة URL في كل مكان ، ويمكن الحصول على قائمة بمواقع قوائم مجموعات الأخبار من الموقع www.list.ocm.

جذب الزبائن إلى الموقع

من خلال الانترنت يوجد مئات الآلاف من المواقع والتي تبيع كل شيء تقريباً بدءً من مستلزمات البيت إلى السيارات والطائرات وحتى اليخوت، بتبني إستراتيجية تسويقية فعالة تعتمد على ميزانية كبيرة للترويج والتسويق للمنتجات وحتى يصبح هذا الموقع معروفاً وسرعان ما يشتهر وتبدأ الشركة بجني الأرباح.

- **جعل الموقع جذاباً**

هناك عدة نقاط لا بد من مراعاتها لجعل الموقع جذاباً ومنها:

1- يجب مراعاة التصميم الجيد والجذاب للموقع بحيث يراعى عدم كثرة الألوان والاهتمام بالمحتويات بحيث لا تكون طويلة مملة بل على شكل فقرات قصيرة.

2- يجب أن تتم عملية تحديث الموقع باستمرار لحث الزوار على الرجوع مراراً وتكراراً إلى الموقع.

3- يجب استخدام استراتيجيات معينة لجذب الزوار إلى الموقع على سبيل المثال ممكن عرض عينات مجانية أو استخدام الموقع في عمليات البحث وإنزال البرامج وغيرها من العروض.

4- يجب تبني استراتيجيات أثناء قيام الزبون بعملية الشراء مثل عرض بعض المنتجات المتعلقة بالمنتج الذي قام الزبون بشرائه.

5- يجب أن تكون عملية التنقل داخل الموقع سهلة وسريعة وتضمن عدم التكرار خاصة إذا قام الزبون بزيارة الموقع مرة أخرى فلا يجوز أن يقوم بتعبئة نموذج الشراء أكثر من مرة كما يجب أن يتم الترحيب فيه في المرة القادمة باسمه وتقديم التوصيات والنصائح له.

6- القيام بعملية الترويج لمنتجات وخدمات لشركات أخرى برسم معين وهذا يشجع الزوار على التردد كثيراً لمثل هذه المواقع والتي تعج بالنشاط والحركة وكثرة الروابط داخله فكثير من الشركات العالمية تستخدم هذه الإستراتيجية مثل شركة amazon.com و hotmail.com.

13-12 اختلاف العادات والثقافات

يجب الاهتمام بالعادات والتقاليد حيث أن الكثير من المنتجات أو الخدمات تكون ممنوعة في بلد ما ومن الممكن أن تكون مسموحة في بلد أخر فقضية العادات والثقافات تعتبر من القضايا الحساسة جداً فعلى سبيل المثال في الدول الإسلامية والعالم العربي يعتبر أكل لحم

الخنزير محرماً وتشمئز منه الكثير من طبقات المجتمع لذا لا بد من الامتناع عن تسويقه في هذه الدول.

يجب على الشركات التي تنوي تسويق منتجاتها عالمياً أن تـدرس عـادات الدولـة والنـاس ومـا الـذي يفضـلونه ويهتمون به وما الأشياء التي ينفرون منها ويجب أيضاً دراسة سلوك هـؤلاء الزبـائن. وهنـاك شركـات تقـدم خـدمات تعرض معلومات عن الفرو قات بالعادات والتقاليد والثقافات كاملة لأكثر من دولة ومن الممكن إيجاد هـذه الموقـع على العنوان www.yforum.com.

أسئلة الفصل الثاني عشر

ضع -دائرة حول رمز الإجابة الصحيحة لكل مما يلي:

-1	كل ما يلي يعتبر فوائد التسويق الالكترونية عبر الانترنت ما عدا : أ-ليس كل الإفراد في العالم يمتلكون وصول إلى الانترنت ب-تقلل من الطاقة والجهد المبذول بسبب قلة السفر المطلوب ج-تقلل من التكلفة د-الحصول على معلومات كاملة لمنتجات لا يمكن أن تتوفر بالطريقة التقليدية
-2	كل ما يلي يعتبر عوائق التسويق الالكترونية ما عدا : أ-تكلفة التسويق الالكتروني أقل من الطريقة التقليدية ب-العديد من القضايا القانونية لم يتم حلها بعد ج-سرعة البث غير كافية في كثير من الأماكن د-مشكلة الأمن لا تزال موجودة هـ التوافقية بين البرامج والمعدات
-3	ما هي طرق جمع المعلومات التسويقية عبر الانترنت أ-كل ما يلي صحيحي ب-الاستبانة الالكترونية ج-الدردشة د-البريد الالكتروني
-4	معاملة كل عميل بطريقة فريدة من أجل تلبية طلباته يسمى : أ-تسويق واحد إلى واحد ب-بيع بالتجزئة ج-مضاربة التاجر د-تسويق متعدد إلى واحد
-5	إن عملية مطابقة خصائص منتج معين لرغبة العميل تسمى : أ-الايصاء personalization ب-خدمة الزبون ج-رضاء الزبون د-التقييم البديل

6-	إن درجة رغبة العميل المستمرة للشراء والتعامل مع تاجر معين تسمى :
	أ- الإخلاص loyalty
	ب- الرضاء
	ت- الثقة
	ث- قوة العلاقات
7-	إن عملية تقسيم الزبائن إلى مجموعات منطقية بهدف اجراء عمليات البحث والدراسة تسمى :
	أ- تقسيم السوق Market segmentation
	ب- أبحاث التسويق
	ت- الايصاء
	ث- التسويق المستهدف
8-	إن الصعوبة الكبيرة من استخدام الدراسات المسحية على الانترنت لمعرفة المزيد حول السوق هي:
	أ-انه من الصعب الحصول على عينة عشوائية
	ب- أن التقنيات المستخدمة لجمع هذه المعلومات غير مستقلة
	ج-العملاء لا يثقون بهذه الدراسات المسحية
	د-من الصعب الحصول على عينة كبيرة لها معنى
9-	إن الخصائص التي تحفز معدل طول الوقت الذي يمكث في العميل في موقع الويب يسمى :
	أ- البقاء stickiness
	ب- الزيارة
	ت- زيارة فريدة
	ث- مشهد مضاف
10-	أن اللوحة الإعلانية التي تظهر فقط عندما يتم طباعة مجموعة من الكلمات المعرفة مسبقاً في مكينة بحث تسمى :
	أ- الكلمة المفتاحية للوحة الإعلانية keyword banner
	ب- لوحة عشوائية

	ت- لوحة مخصصة ث- لوحة مصنفة
11-	لزيادة معدل النقر على اللوحات الإعلانية الصورية، فإن الأبحاث أثبتت أنه يجب وضع هذه اللوحات : أ- في الزاوية اليمنى السفلى للشاشة قرب شريط التدرج scroll bar ب- في أعلى صفحة الويب ت- في أي مكان في صفحة الويب ث- في الثلث الأول من صفحة الويب
12-	موقع ويب يساعد الزبائن لاختبار مجموعة من الهدايا بناءً على إجاباتهم على مجموعة من الأسئلة القياسية ، يعتبر هذا مثال على دعم عميل : أ- يحتاج إلى تعريف need identification ب- خدمة وتقييم ت- مضاربة تاجر ث- مضاربة بالسلع

الفصل الثالث عشر

إدارة أنظمة أمن الحاسوب

الأهداف التعليمية للفصل الثالث عشر:

يهدف هذا الفصل إلى التعريف بأهم المفاهيم المتعلقة بأمن أنظمة الحاسوب وكيفية الحماية من التهديدات التي تؤثر على نظام الحاسوب، كما يشرح هذا الفصل المبادئ الأساسية لأمن المعلومات والحاسوب ومن أهم الأهداف التعليمية لهذا الفصل :

- التعرف على المكونات الأساسية لأمن نظام الحاسوب مثل السرية وسلامة البيانات وإدامة إتاحتها للمستخدمين الشرعيين.

- التعرف على أهم التهديدات والمخاطر التي من الممكن أن يتعرض لها نظام الحاسوب.

- التعرف على أهداف أمن الحاسوب.

- التعرف على قضايا التشغيل لنظام الحاسوب مثل تحليل المخاطر والتصميم والمواصفات والقوانين والأخلاق المتعلقة بها.

- التعرف على القضايا المتعلقة بالعنصر البشري ومشاكل التنظيم والتنسيق في المؤسسات التجارية.

محتويات الفصل الثالث عشر

13- 1 مقدمة عامة Introduction

إن العصر الذي نعيش فيه يمتاز باستخدام تقنيات المعلومات بشكل لم يسبق له مثيل، وتقنيات المعلومات أو تكنولوجيا المعلومات ما هي إلا استخدام التقنيات الحديثة مثل الحاسوب والإنترنت والطابعة والهواتف النقالة وغيرها من التقنيات الحديثة في جمع البيانات ومعالجتها وبثها (نقلها) فعلى سبيل المثال نحن نستخدم الحاسوب في إجراء العمليات الحسابية بدلاً من استخدام الملفات الورقية وكذلك من الممكن استخدام البريد الإلكتروني لإرسال وتلقي الرسائل بدلاً من استخدام البريد العادي وغيرها، إذا فنحن الآن نستخدم تقنية المعلومات بشكل كبير وهذه نعمة كبيرة سخرها الله لنا في هذا العصر عصر السرعة حيث وفر الله لنا هذه الأجهزة حتى نقوم بانجاز جميع معاملاتنا بشكل أسرع وأكثر فاعلية حيث نرى في هذا العصر أيضاً استخدام تقنية الاتصالات اللاسلكية بشكل كبير ولم يسبق له مثيل حيث نستخدم الهاتفات النقالة في إجراء العديد من الاتصالات والقيام بإرسال العديد من الرسائل النصية والصوتية ورسائل الوسائط المتعددة والتي بدأت تنتشر في الآونة الأخيرة كما أن الهاتفات الخلوية تستخدم في إجراء العديد من النشاطات الأخرى مثل التجارة الإلكترونية والتعليم الإلكتروني والقيام بتنظيم وتنسيق الأعمال التجارية وإجراء العديد من النشاطات المتعلقة بالأعمال التجارية مثل التسويق وإدارة العلاقات مع الزبائن وغيرها الكثير الكثير من النشاطات التي تزداد يوماً بعد يوم. إن استخدام هذه التقنيات الحديثة بشكل كبير فتح باباً واسعاً لضعاف النفوس من لصوص الحاسوب والمتطفلين وقراصنة الحاسوب والذين ليس لهم عمل سوى القيام إما بالتجسس والتنصت على غيرهم من الأفراد والشركات التجارية أو القيام بعمليات سرقة لمعلومات أو أموال أو القيام بعمليات تدمير وتخريب للبيانات والبرامج وأجهزة الحاسوب وحتى الأجهزة الخلوية، لذا لا بد من طرق لحماية أنفسنا ومصادرنا من هذه الأخطار جميعاً .

إن المشاكل الأمنية التي تواجهها الشركات والأفراد هي مشاكل مستمرة فهؤلاء القراصنة والمخربين يسعون دائماً إلى إيجاد وسائل وتقنيات جديدة من أجل استخدامها في إجراء عملياتهم التخريبية والتدميرية، فكلما تم ابتكار طريقة جديدة لصد أنواع معينة من الهجوم والتهديد يقوم هؤلاء القراصنة بابتكار طرق جديدة أخرى أكثر خطورة وأكثر مكراً من التي قبلها. إن المشاكل الأمنية لا تأتي من هؤلاء القراصنة واللصوص فقط بل أكثر عمليات السرقات والتهديدات تأتي من داخل المؤسسات حيث تبين أن أكثر من 60% من السرقات المالية وسرقات المعلومات والأسرار التجارية يقوم بها موظفين من داخل الشركة.

لذلك كله لا بد للأفراد والشركات أن تكون واعية لما يجري حولها مـن الأخطـار والتهديـدات وأن تقـوم بكـلّ مـا هـو ضروري ولازم من أجل صد هذه الأنواع أو منعها أو القيام بالتقليل منها بأكبر قدر ممكن وذلك باسـتخدام التقنيـات الحديثة الأخيرة والتي تستخدم في مقاومة ومنع والتصدي لهذه الأخطار التي تحيط بالشركات من الداخل والخارج.

يعتمد الحل الأمني الذي تقدمه التقنيات الحديثة على العديد من العوامل منها :

1. مدى التهديدات التي يواجهها النظام الحالي للمؤسسات أو حتى الأفراد.
2. تشابه التهديدات على الأنظمة المختلفة والمفعلة في الشركات .
3. الحالة التقنية المتوفرة حالياً لحماية النظام ومدى قوتها لصدّ ومنع الهجوم .
4. الحالة التقنية المتوفرة لمجموعة الأنظمة المتوفرة حاليا.
5. قيمة موارد ومصادر معلومات المؤسسة.

يحتاج الحل الأمني في الكثير من الأحيان إلى تطوير لعمليات صدّ الهجوم ضدّ التهديدات المختلفة والمتشـابه . إن الحلّ الأمني نفسه هو جانب متجدد حيث يمكن للتهديد ضدّ المؤسسة أن يتغير اعتماداً على أحداث معينة.

إن مجتمع المعلوماتية في هذا العصر يهتم كثـيراً بأمنيـة المعلومـات .حيـث أصبحت المعلومـات مصـدر مهـم يجب حمايته مثلما تتم عملية حفظ وحماية الأموال أو المقتنيات الثمينة الخاصة الأخرى . وكما نعرف فإن الحاسوب يعتمد في عمله على البرمجيات والتي تقوم بالعمل على المعلومات في تحقيق أهدافها و قد تزايد الطلب على الأنظمة الأمنية متزامناً مع تزايد البرمجيات الخاصة بالشبكات ومنها السلكية واللاسلكية والبرمجيات التي تعتمـد أساسـاً عـلى تطبيقات الإنترنت والشبكة العنكبوتية World Wide Web.

يوجد اهتمام متزايد في أمنية أنظمة شبكات الحاسوب و ذلك بسبب الزيادة المطردة و السرـيعة في عمليـات الاتصالات في المؤسسات و عملية الاتصال بها من قبل الزبائن والموردين وشركاء العمل وغيرهم و التـي فتحـت أبوابـاً كثيرة لعمليات الخرق والهجوم الأمني والتطفل وغيرها.

يوماً بعد يوم يتم ابتكار المزيد من التقنيات والبرمجيات الأكثر تعقيداً والأكثر حنكة وذكاءً وفي المقابل فإن فهم عمل الأنظمة من قبل المتطفلون أصبحت عملية غير صعبة وممكنة حيث أصبح هؤلاء القراصنة والمتطفلين ماهرين في تحديد نقاط الضعف في الأنظمة و الكشـف عنهـا للحصـول عـلى امتيـازات إضـافية و التـي تسـمح لهـم بالقيـام بالعمليات التخريبية والسرقات والتطفل على النظام . حيث يتواجد في هذا العصر تقنيات سهلة

الاستخدام وذات فعالية كبيرة ومتوفرة على الإنترنت وبشكل مجاني حيث يستطيع هؤلاء المتطفلون من استخدام هذه البرمجيات والنماذج للقيام بعمليات التطفل ويكون من الصعب على المؤسسات أن تقوم بعملية تتبعها و تحديدها وتحديد مصدرها. لذلك فمن المحتمل أن تبقى أنظمة الحواسب غير أمنة لسنوات عديدة قادمة . يجب أن تكون لدى الشركات الآليات والإجراءات المناسبة للقيام بكشف الانتهاكات الأمنية وتحديد هوية هؤلاء المتطفلين ومنعهم من اختراق النظام بأكبر قدر ممكن . لذا فإن من المهم أن تتوفر أنظمة لكشف التطفل تكون مفيدة في كشف الاختراقات الأمنية التي تمت، و كذلك في مراقبة محاولات الاختراقات الأمنية من داخل وخارج حدود المؤسسة وأيضاً يجب إن توفر معلومات مهمة حول الخرق الأمني والإجراءات المضادة المناسبة التي تستخدم لصدّ مثل هذه الخروقات .

سوف نواجه في المستقبل القريب أزمات في مجال المعلوماتية يمكن أن تهدد أمننا الوطني و أماننا الشخصي- إضافة إلى بنيتنا الاقتصادية . إن النمو السريع في تكنولوجيا المعلومات أصبح عامل مؤثر في هذا التهديد . غالباً ما نعتمد على التكنولوجيات الحديثة في تطبيقاتنا الحساسة و التي غالبا ما تكون ضعيفة أمام التهديدات المحتملة . علاوة على ذلك، فإن هذه التطبيقات تمثل أهدافا جذابة لقراصنة الحاسوب من مخربين ومتطفلين .

يمكن اعتبار عملية كشف التطفل أوالهجوم أو غيرها من العمليات القرصنية عملية معقدة تحتاج إلى برمجيات ذكية تعتمد على أنظمة التشفير وتعتمد على أجهزة حاسوب تستخدم كسياج وحاجز لصدّ وكشف العديد من الخروقات. إن الكشف الدقيق الأولي للخروقات الأمنية قبل أن تحقق أهدافها هو الهدف الأساسي لأمن الحاسوب والمعلومات.

على صعيد الأعمال التجارية في عصر الإنترنت والكمبيوتر فإن انتشار التجارة الإلكترونية والأعمال الإلكترونية في كلّ أنحاء العالم وعلى نطاق واسع أجبر الشركات التجارية والأفراد على التركيز على القضايا الأمنية للانترنت والأعمال والتجارة الإلكترونية فيها.

إن الكثير من الأفراد الذين يقومون بعمليات الشراء عبر الإنترنت أو الذين يقومون بالمضاربات وبيع وشراء الأسهم أو الذين يقومون بالتعاون مع المصارف الإلكترونية يقومون بعملية تزويد الشركات البائعة بمعلومات غاية في الأهمية والسرية مثل أرقام بطاقات الاعتماد والأرقام الوطنية وأرقام الهاتف وعناوينهم وغيرها من المعلومات ذات الحساسية الكبيرة، كلّ هذه المعلومات يتم تزويدها عبر المواقع الإلكترونية حيث تكون مهددة بالفضح أو بالاعتراض من قبل العديد من قراصنة الكمبيوتر hackers أو Crackers،

وفي المقابل فإن الشركات التجارية الإلكترونية تقوم بإرسال العديد من المعلومات السرية والخاصة إلى عملائهم من أفراد أو شركات عبر الإنترنت وهذه المعلومات تكون أيضاً عرضة للفضح والسرقة إذا لم يتم أخذ الاحتياطات اللازمة لمنع ذلك.

إن من أهم العوائق التي أدت إلى تخوف الكثيرين من التعامل بالانترنت وخصوصاً بالتجارة الإلكترونية والتي يتم فيها تحويل الأموال والمعلومات حسب الكثير من الدراسات الحديثة في العالم المتقدم وفي العالم النامي (طيطي , 2005) هو عامل الأمن والحماية من السرقة و عملية خرق لحقوق الطبع والملكية الفكرية أو عملية الاحتيال أو فضح معلومات سرية.

لقد ازدادت حوادث الهجوم الأمنية عبر الإنترنت وعبر المواقع الإلكترونية وشبكات الحاسوب السلكية واللاسلكية بشكل حاد وكبير. إن المنشآت والأفراد لا يكونون عادة عرضة للسرقة أو الاحتيال أو لسرقة المعلومات او الأموال فقط بل أيضاً هناك برامج تخريبية أو ما تسمى بالفيروسات حيث تقوم هذه الفيروسات بتدمير كلّ البيانات والبرامج والأنظمة وتعطيلها بلحظات قليلة مما يؤدي إلى تعطيل الشركة وخسارات قد تصل الى مئات الملايين من الدولارات نتيجة لهذا التعطيل، وقد ظهر العديد من أنواع الفيروسات حتى وصلت أنواعها إلى الآلاف وهي بتزايد مستمر وتعمل الكثير من الشركات بتصميم مضادات لهذه الفيروسات للقضاء عليها ولكن المشكلة أن هذه المضادات تعمل فقط للفيروسات التي تمّ التحقق منها واكتشافها بعد أن قامت بعملية التخريب لذا فعند ظهور فيروس جديد لا تنفع هذه المضادات بشيء إلا بعد عملية اكتشاف للضحية ومعرفة الفيروس وكيفية عمله يتم عمل برنامج مضاد له للكشف عنه أينما وجد ومن ثم القضاء عليه تماما كما هو الحال في الحياة الواقعية حيث يظهر على سبيل المثال فيروس ما مثل فيروس مرض الكوليرا فيقضي على الكثير لحين اكتشاف المضاد له فيتم القضاء عليه ،أما عند ظهر فيروس جديد وعلى سبيل المثال فيروس الإيدز فإلى الآن التجارب مستمرة لمحاولة صنع مضاد له للقضاء عليه، وحتى يتم ذلك يكون هناك مئات الملايين من الضحايا لهذا الفيروس.

إن كثير من المنظمات العالمية الخاصة والعامة المحلية والعالمية تقوم بدراسة مستمرة لقضية الأمن عبر الإنترنت ودراسة المشاكل المتعلقة بها وذلك للاستمرار في ابتكار حلول جديدة للقضاء أو الحدّ من الحوادث الأمنية عبر الإنترنت، ومن أهم القضايا الأمنية والمنتشرة في العالم والتي تتعلق بالإنترنت والأعمال والتجارة الإلكترونية:

1- الفيروسات Viruses

2- تأكيد هوية المتصل Authentication

3- هجوم رفض الخدمة Denial of Service

4- السرية والخصوصية Privacy and confidential

5- عدم توفر الخدمة Un available service

6- الصلاحيات Authority

7- تكامل المعلومات المرسلة Integrity

وسيتم في الأقسام التالية من هذا الفصل التطرق إلى هـذه القضـايا بالمزيـد مـن الشـرح والتفصـيل إن شـاء الله السميع العليم.

1- 2 المكونات الأساسية لأمن الحاسوب ونظامه

Basic Components of Computer Security

إن نظام أمن الحاسوب يجب أن يكون مبنياً علـى المكونـات الأساسية التاليـة والتـي يعتمـد عليهـا كـلّ نظـام للحاسوب :

1- السرية Confidential

2- سلامة البيانات Integrity

3- إتاحة البيانات Availability

شكلّ 13-1 المكونات الأساسية لأمن الحاسوب

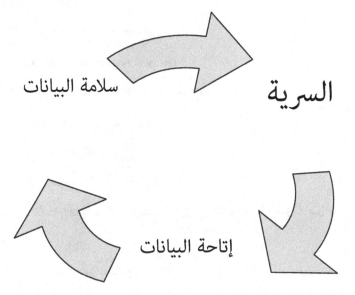

السرية
سلامة البيانات
إتاحة البيانات

إن عملية تفسير هذه المكونات الأساسية الثلاثة يتغير تبعاً للسياق الذي تنبثق منه وإلى حاجات الأفراد والزبائن والقوانين التي تخص كلّ شركة على حدا. حيث تحتاج كلّ شركة أو مؤسسة تجارية أو غير تجارية أن تقوم بعملية تنظيم وتنسيق ووضع قوانين صارمة للحفاظ على سرية وسلامة وإتاحة البيانات للمستخدمين الشرعيين وهذا يحتاج إلى إدارة ناجحة واستراتيجية متينة وقوية يتم تطبيقها من أجل الوصول إلى مرحلة من النضج في نظام أمن الحاسوب.

إن نظام الحاسوب يشمل كلّ المكونات المادية من عتاد الحاسوب والطابعات ويشمل كلّ البرامج التي تقوم بتشغيل هذه الحواسيب والأجهزة المادية وكلّ البرامج التطبيقية المستخدمة في مختلف الأنشطة مثل تطبيقات العمليات المحاسبية وحساب الرواتب أو تطبيقات تسجيل ورصد درجات الطلاب، كما ويشمل نظام الحاسوب على كلّ البيانات التي يتم إدخالها مباشرة عبر التطبيقات المختلفة وحفظها في نظام الحاسوب كما يشمل نظام الحاسوب شبكات الحاسوب وكلّ ما تحويه من خادمات وعتاد للشبكات كما يضم نظام الحاسوب المستخدمين الذين يقوم بالعمل على نظام الحاسوب ويشمل متخصصين ومستخدمين عاديين، والشكلّ التالي 13-2 يبين نظام الحاسوب.

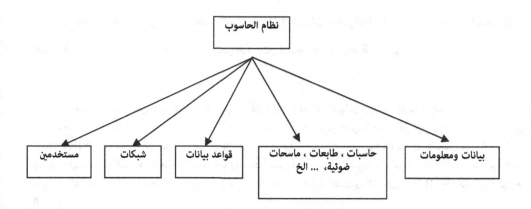

شكلّ 13-2 نظام الحاسوب

1- السرية Confidential

إن عالم اليوم مبني على التنافس الشديد بين مختلف أنواع الشركات الخاصة والعامة منها سواءً كانت شركات تسعى إلى الربح أو منظمات غير ربحية، حيث تعتمد الشركات في هذا العصر على الحاسوب في كلّ تعاملاتها اليومية سواءً كانت تعاملات داخل الشركة أو تعاملات خارج الشركة وما يتخلل هذه التعاملات من تدوال لبيانات حول كلّ النشاطات التي يتم انجازها يومياً، حيث تحتاج هذه الشركات إلى الحفاظ على سرية هذه المعلومات وعدم تداولها من قبل أطراف غير مصرح لهم بالوصول إليها من أجل أهداف كثيرة، حيث من الممكن أن يتم بيع هذه المعلومات أو نشرها على الإنترنت من أجل أغراض عدوانية لذا تحتاج الشركات إلى آلية للحفاظ على سرية هذه المعلومات وخاصة أن معظم الشركات في هذا العصر متصلة بالإنترنت وما يصاحب هذا الاتصال من مخاطر وتهديدات من قبل قراصنة (لصوص) الحاسوب Hackers والذين يسعون دائماً من أجل التخريب والوصول إلى الملفات السرية التي بحوزت الشركات أو الأفراد.

إن الحاجة إلى الحفاظ على سرية المعلومات يزداد خاصة عند استخدام الحاسوب في مجالات ذات حساسية عالية فعلى سبيل المثال المؤسسات الحكومية وما تقوم به من حفظ للعديد من السجلات البالغة في السرية عن الأفراد أو الشركات حيث تقوم هذه المؤسسات بالسماح لأفراد محددين من الوصول إلى هذه المعلومات لغاية العمل كما أن الشركات التجارية تقوم بحماية أسرارها التجارية مثل المعلومات عن الصفقات والعقود التي تبرمها مع غيرها من الأفراد أو الشركات أو أسرار متعلقة بتصاميم جديدة لمنتجاتها، حيث يحاول العديد من المنافسين سرقة هذه التصاميم، وأيضاً كمثال آخر فإن كلّ أنواع الشركات تحاول جاهدة الحفاظ على سجلات الموظفين بشكل سري.

إن عملية مراقبة الوصول إلى البيانات المخزنة في قواعد البيانات داخل الحاسبات الخادمة servers تدعم كثيراً عملية الحفاظ على السرية confidential، ومن الآليات المستخدمة في مراقبة الوصول إلى البيانات آلية التشفير Encryption.

إن عملية التشفير للبيانات يجعلها غير قابلة للفهم إذا ما تمّ اعتراضها أو الوصول إليها إلا بمعرفة المفتاح key الذي تمّ استخدامه في عملية التشفير وهذا المفتاح لا بدّ من آلية لحمايته حتى لا يصل إلى أيدي غير شرعية. فعلى سبيل المثال فإن عملية تشفير سجلات المرضى في المراكز الصحية والمستشفيات سوف يمنع أي شخص من الاضطلاع ومعاينة المعلومات السرية المتعلقة بالمرضى أما إذا أراد أحد المصرح لهم بقراءة البيانات فلا بد من عملية فك للبيانات المشفرة وذلك باستخدام المفتاح الذي تمّ استخدامه في عملية التشفير، الشكّل التالي(13-3) يوضح مفهوم التشفير.

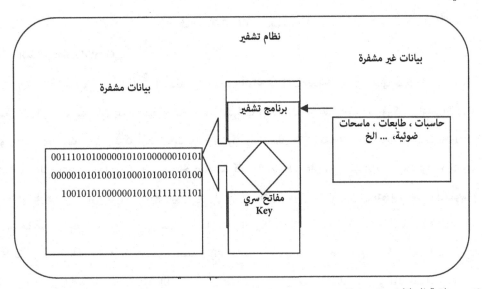

2- سلامة البيانات Integrity

المقصود بسلامة البيانات هي عملية انتقال البيانات بين الأطراف ووصولها سالمة بدون أي تغيير، وذلك بعدم اعتراضها من قبل الأعداء ولصوص الحاسبات ومن ثم القيام بعملية التغيير فيها ومن ثم إعادة إرسالها مرة أخرى إلى الطرف المستلم. إن أي بيانات يتم نقلها عبر الإنترنت من الممكن اعتراضها بسهولة من قبل قراصنة الحاسوب وباستخدام برامج مبرمجة لهذا الغرض حيث من الممكن القيام بتغييرها أو العبث فيها، لذا من المهم معرفة ما إذا تمّ تغيير البيانات عند انتقالها، إن سلامة البيانات تشمل :

- سلامة البيانات نفسها (محتوى البيانات المرسلة) Data Integrity

- سلامة المصدر (المصدر الـذي تـمّ ارسـال البيانـات منـه) وغالبـاً مـا يسـمى بـالتحقق مـن الهويـة Authentication

لذلك لضمان أن البيانات سليمة بشكل تام لا بد من التحقـق مـن أن البيانات التـي تـمّ إرسـالها هـي نفـس البيانات إلى تمّ استقبالها من دون أي تغيير تمّ فيها اثناء عبورها من المصدر إلى المستقبل وأيضاً لا بد مـن أن يكـون مصدر البيانات أي الشخص الذي أرسل البيانات هو نفس الشخص وليس شخصًا آخر يدعي وينتحل شخصية المرسـل، شكلّ 4-13.

إن آلية سلامة البيانات تقع ضمن صنفين اثنين هما :

- آلية منع التغيير على البيانات Prevention

- آلية كشف التغيير على البيانات Detection

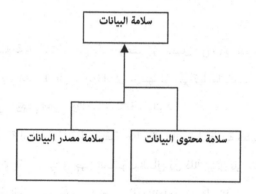

شكلّ 4-13 سلامة البيانات Data Integrity

إن آلية منع التغيير على البيانات تتضمن القيام بوضع العديد من السياسات على البيانات المنقولة بين الأطراف عبر الإنترنت أو حتى عبر الشبكات السلكية واللاسلكية وذلك لمنع عملية التغيير على البيانات مـن قبـل الأفـراد الغـير مصرح لهم وبالطرق الغير مصرح بها أيضاً، فعلا سبيل المثال لو كان هنـاك نظـام محاسبة في شركـة مـا وقام أحـد القراصنة بمحاولة اختراق نظام المحاسبة من أجل محاولة العبث في البيانات أو عندما يحاول موظف مـا ضـمن قسـم المحاسبة من استخدام النظام بطريقة غير مسموح بها من أجل القيام بعملية تحويل أو تغيير للبيانات، ففـي هـاتين المحاولتين تتم عملية غير قانونية للتعدي على سلامة البيانات في نظام المحاسبة المالي. لذا لا بد من إيقاف أي عمليـة من هذا النوع وذلك

باستخدام طريقة الصلاحيات المخولة Authorization بحيث يسمح لأشخاص ما حسب كلّمة المرور واسم المستخدم الخاص به من القيام ببعض النشاطات المصرح له فيها. أما عملية التأكد من عدم تغيير البيانات فتتطلب القيام بالعديد من السياسات المعقدة وآليات تحكم منوعة ومختلفة.

أما بالنسبة إلى آلية الكشف عن التغيير في البيانات فهي لا تعني عملية منع انتهاك سلامة البيانات، فهي بكلّ بساطة تعمل على إنتاج تقارير بأن سلامة البيانات تمّ انتهاكها ولم تعد موثوقة. إن آلية الكشف عن التغيير في البيانات من الممكن أن تعمل على تحليل أحداث النظام لكلّ من المستخدمين والبرمجيات المستخدمة وذلك من أجل الكشف عن المشاكل أو بشكل أكثر عمومية تعمل على تحليل البيانات نفسها للتأكد من أن القيود على البيانات وسلامتها ما زالت قوية وغير قابلة للهتك أو أنها أصبحت ضعيفة وتحتاج إلى آليات جديدة لمنع التغيير على البيانات. إن عمليات الكشف عن عمليات التغيير في البيانات تعمل على توليد تقارير فورية بأن هناك خرق أمني على البيانات المخزنة في الخادمات وهي قادرة على تقصي عناوين الأشخاص الذين يقومون بهذا الخرق الأمني وذلك بمراقبة عناوين الإنترنت ومصادرها.

إن آلية العمل على سلامة البيانات أصعب بكثير وأعقد من العمل على سرية البيانات، فبالنسبة إلى العمل على سرية البيانات فهي إما أن يتم الحفاظ على سريتها أو أن سريتها تمّ انتهاكها أما بالنسبة للعمل على سلامة البيانات فتشمل كلا الوظيفتين السرية وعدم التغيير والثقة في سلامة البيانات .

إن معرفة مصدر الرسالة أو الملف المنقول وكيفية حماية البيانات قبل عملية نقلها وكيفية حماية البيانات عند وصولها إلى الجهاز الحالي وكيفية حمايتها في جهاز الحاسوب الحالي كلّ ذلك يؤثر على سلامة البيانات، لذلك إن عملية تقييم سلامة البيانات هي في الغالب عملية صعبة جداً، وذلك لأنها تعتمد على الفرضيات حول المصدر الذي جاءت منه البيانات وتعتمد على الثقة بذلك المصدر الذي جاءت منه البيانات.

3- إتاحة البيانات Data Availability

إن إتاحة البيانات ما هي إلا إمكانية استخدام البيانات للأشخاص المصرح لهم في كلّ وقت ومن أي مكان، فعلى سبيل المثال موقع صفحات الإنترنت يجب أن تكون متاحة للقراءة والمطالعة والاستخدام طوال اليوم أي 24 ساعة في اليوم و7 أيام في الأسبوع (24\7) فإذا حصل أي هجوم قرصني على الموقع وتمّ تعطيله فإن هذا الموقع يصبح غير متاح

للأفراد ولا يمكن استخدامه. إن إتاحة البيانات مهمة جداً وذلك من أجل ضمان:

- سلامة تصميم الموقع

- قوة الاعتماد على الموقع

- تقديم الخدمة في كلّ وقت ومن أي مكان

- الثقة بين المستخدم والموقع

ان الكثير من المواقع على الإنترنت تتعرض لعمليات تخريب من أجل تعطيل الخدمات التي تقدمها، فهناك ما يسمى برفض الخدمة Denial of Service وهي عبارة عن عملية قرصنة يتمّ من خلالها تعطيل مصادر موقع ما وذلك بإرسال فيض من الرسائل أو الطلبيات إلى الموقع بحيث يتم تعطيل كلّ مصادر هذا الموقع مثل تعطيل الذاكرة الثانوية وتعطيل المعالج والذاكرة الرئيسية، بحيث عندما يحاول مستخدم شرعي أن يستعرض الموقع فإنه سوف يجده غير قابل للخدمة.

بالرغم من الجهود التي تقام عبر العالم كلّه من المؤسسات والباحثين لابتكار طرق أمنية لحماية المعلومات والأنظمة من الاختراق والتخريب إلا أنه هناك دائماً عمليات تسجيل لحالات اختراق وسرقات تمّ فيها كسر- وخرق أعقد الإجراءات الأمنية. وحتى على مستوى الشركات الكبرى فقط تعرضت شركات عملاقة لعمليات قرصنة مثل شركة YAHOO.COM وشركة HOTMAIL.COM حيث تمّ نشر أخبار في CNN عن تعطل مواقع هاتين الشركتين لأكثر من 24 ساعة بسبب الهجوم التخريبي عليهما شكلّ 13-5.

الشكل 13-5 أخبار من cnn.com **حول تعرض موقع** yahoo.com **إلى هجوم قرصني تخريبي .**

إن محاولة عملية منع إتاحة الخدمة في موقع ما أو ما تدعى بهجوم منع الخدمة هي عملية صعبة كما أنها عملية صعب كشفها في الوقت المناسب وذلك لأن المحلل لا بد له من أن يعرف فيما إذا كان هذا الدفق أو الفيض من الرسائل هي متعمدة من أجل استهلاك المصادر.

13- 3 التهديدات Threats

إن عملية التهديد هي أن هناك احتمال لعملية خرق أمني للمؤسسة أو الأفراد، وليس بالضرورة أن يكون الخرق قد حصل حقيقة ليتم اعتباره كتهديد وأن حقيقة أن الخرق الأمن قد حصل يعني بأن هناك مسببات لحدوث هذا الخرق الأمني لا بد من العمل على تحصينها من أجل عدم تكرار هذا الخرق الأمني. وهذه المسببات وأعمال الخرق الأمني يقوم بها لصوص الحاسوب أو ما يسموا بالمهاجمين Attackers.

إن المكونات الأمنية الثلاثة السرية وسلامة البيانات وإتاحة البيانات تقوم بصدّ لعمليات الهجوم والتهديدات الأمنية للنظام وقد تمّ تقسيم التهديدات إلى أربعة أصناف واسعة هي :

- الفضح والكشف disclosure

- الوصول غير المصرح له للمعلومات Unauthorized Access to info.

- الخداع Deception

- التحكم غير الشرعي لأجزاء من النظام Unauthorized control of some part of the system.

إن كلّ من هذه التهديدات الأربعة الواسعة تحوي العديد من التهديدات العامة والتي سوف يتمّ التطرق إليها بمزيد من التفاصيل من خلال هذا الكتاب.

- **التطفل Snooping**

إن عملية اعتراض المعلومات التي يتم نقلها بين الأطراف من قبل طرق غير شرعية وغير مصرح له، هي نوع من عملية كشف وفضح سرية هذه المعلومات، حيث يقوم هذا الشخص غير الشرعي بالتنصنت واستراق السمع، أو يقوم بعملية تصفح لملف ما أو لنظام معلومات وهذا النوع من الخرق الأمني يسمى بالخرق الأمني الخامل Passive وذلك لأنه لا يشمل عملية تغيير في البيانات. إن عملية التنصت السلكية على المكالمات الهاتفية wiretapping هي أيضاً نوع من أنواع التطفل وفيها يتمّ مراقبة شبكة الاتصالات وكشف كافة المعلومات والأسرار قد سميت تنصت سلكية لأن الشبكة التي تتعرض للتطفل تتكون من شبكة من الأجهزة المتصلة سلكياً عبر الكابلات أو سلكياً عبر خطوط الهاتف وفي الوقت الحالي تمّ انتشار الشبكات اللاسلكية وهي أيضاً تعاني من مشكلات التطفل كنظيرتها السلكية.

- **التغيير أو التعديل Modification or Alteration**

وهي عملية غير مصرح لها وغير شرعية يتم فيها القيام بتغيير أو تعديل للمعلومات وهي تغطي الثلاثة أنواع من التهديدات التي تمّ ذكرها، إن الهدف من عملية التغيير هو الخداع و الكثير من الأعمال التجارية في المؤسسات تعتمد على هذه المعلومات و التي تم تغييرها حيث يتم قبول معلومات غير صحيحة على أنها معلومات صحيحة، فإذا كان التعديل أو التغيير في المعلومات قام على أساس التغيير في أمور متعلقة بالتحكم ببعض العمليات في النظام فإن التهديد يمتد ليشمل التحكم غير الشرعي لأجزاء من النظام والوصول إلى معلومات لأفراد غير مصرح لهم، وعلى عكس التطفل فإن التغيير أو التعديل على المعلومات يعتبر عملاً تخريبياً نشطاً Active وليس خاملا Passive كعملية التطفل. فهذا النوع نتج عن عملية تغيير وتبديل للمعلومات كما أن التنصت السلكي النشط يعتبر نوعاً من التهديدات النشطة Active وذلك لأنه نتج عن عملية تغيير وتبديل للمعلومات المنقولة بين

الأطراف.

وكمثال على هذا النوع من التهديد ما يسمى بهجوم رجل في الوسط Man in the middle attack وفيه يقوم المتطفل باعتراض وبقراءة الرسالة المرسلة من المرسل (الطرف الأول) وإعادة إرسالها إلى المستقبل(الطرف الثاني) مع احتمال القيام بعملية تغيير في هذه الرسالة، وأيضاً يقوم باعتراض الردّ من المستقبل وقراءته مع احتمال القيام بعملية تعديل فيه ومن ثم إعادة إرساله مرة أخرى إلى الطرف الأول المرسل، وعلى أمل من هذا المتطفل أن يقوم بخداع الطرفين بحيث لا يشعران بأن هناك متطفل وسيط بين الطرف الأول والثاني، الشكلّ 13-6 . ولصدّ مثل هذا الهجوم لا بدّ من توظيف آلية خدمة سلامة البيانات Integrity .

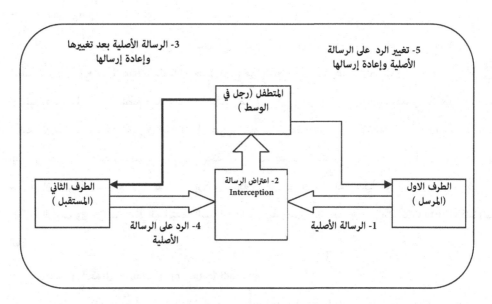

شكلّ 13-6 هجوم رجل في الوسط Man in the Middle Attack

- **انتحال الشخصية أو التنكر Masquerading or Spoofing**

وهي عملية تمثيل أو انتحال شخصية أو كينونة Impersonation من قبل كائن أو شخص آخر وهو نوع من الخداع deception ونوع من أخذ السلطة للاستخدام النظام أو الوصول إلى معلومات بغير حق شرعي أو تصريح usurpation، فهذا النوع يضلل الضحية victim على التصديق بأن الكائن المزور الذي يتعامل ويتواصل معه هو الكائن الحقيقي، فعلى سبيل المثال من الممكن إيهام الضحية بأنه يقوم بالدخول إلى حاسوب آخر غير الحاسوب الذي ينوي الدخول إليه عبر الإنترنت من أجل خداعه وأخذ المعلومات التي يريدها المهاجم منه كمعرفة رقم بطاقة الدفع المالي الإلكتروني وكلّمة المرور بهدف سرقة

الأموال. وكمثال آخر إذا أراد المستخدم قراءة ملف ما، ولكن المهاجم قد دبر مسبقاً للمستخدم بأن يقدم له ملفاً آخر غير الملف الحقيقي من أجل استخدامه. وكمثال آخر، عندما يقوم بعض المستخدمين بالسماح لمستخدم آخر بأن يقوم ببعض الوظائف بالنيابة عنه.

- **إنكار الإرسال Repudiation of origin**

إن عملية الإنكار الكاذب لإرسال أو إنشاء كائن ما (رسالة، ملف، ..الخ) هو شكلٌ من أشكال الخداع فعلى سبيل المثال افترض أن زبون ما أرسل رسالة إلى تاجر بالموافقة على دفع مبلغ كبير من النقود لمنتج ما وبناء على ذلك قام التاجر بشحن هذا المنتج إلى الزبون ومن ثم قام التاجر بمطالبة الزبون بثمن هذا المنتج، فإذا قام الزبون بإنكار طلب هذا المنتج في الأصل وقام بالاحتفاظ بالمنتج من دون دفع ثمنه، إذاً فقد قام الزبون بإنكار إرسال رسالة الطلب للمنتج فإذا لم يستطع التاجر إثبات أن الزبون قام بإرسال رسالة الطلبية قبل عملية الشحن فقد نجحت عملية الخداع أو الهجوم على هذا التاجر الضحية. لمحاربة مثل هذا النوع من الهجوم لا بد استخدام آلية التوقيع الإلكتروني الرقمي المصاحب للرسالة من الزبون.

- **إنكار الاستلام Denial of receipt**

إن الإنكار الكاذب بأن كائن ما استلم بعض المعلومات أو استلم رسالة ما هو نوع من أنوع الخداع المستخدم حالياً عبر الإنترنت أو عبر الشبكات اللاسلكية . فعلى سبيل المثال افترض أن زبون ما قام بطلب منتج ثمين ولكن أصر التاجر على قيام الزبون بعملية الدفع المالي قبل عملية الشحن، فلنفرض أن الزبون قام بعملية الدفع المالي ثمناً للمنتج ومن ثم قام التاجر بشحن المنتج إلى الزبون ولكن الزبون قام بسؤال التاجر متى سوف يتمّ إرسال المنتج، مع العلم بأن الزبون قام باستلام المنتج، إذاً فقد حصل الآن نوع من أنواع الهجوم المسمى بإنكار استلام المنتج، إن التاجر يستطيع أن يدافع عن نفسه من هذا الهجوم إذا استطاع أن يثبت أن الزبون قام باستلام المنتج .

- **التأخير Delay**

إن عملية منع وحجب الخدمة مؤقتاً هو نوع من أنواع اغتصاب الصلاحية بدون الحق الشرعي usurpation وهو يلعب دوراً داعماً في عملية الخداع فعلى سبيل المثال إن عملية إرسال رسالة ما تتطلب وقت ما فإذا استطاع المهاجم أن يزيد من الوقت اللازم لاستلام الرسالة فإنه قد نجح في عملية تأخير وصول الرسالة، إن توظيف آلية إتاحة البيانات من الممكن أن تدحض هذا النوع من التهديد.

13- 4 أهداف الأمن Goals of Security

إن سياسة الأمن Security Policy هو التصريح بما هو مسموح وما هو ممنوع، وأن آلية الأمن هـي الوسيلة أو الأداء أو الإجراء لتأكيد وتفعيل سياسة الأمن. فآلية الأمن من الممكن ن تكون غـير تقنيـة مثـل الطلب بإثبـات قبـل عملية تغيير كلمة المرور، وفعلياً فسياسة الأمن غالباً ما تتطلب بعض الإجراءات الآليـة والتـي لا تؤكـدها أو تحفزهـا التقنيات. فعلى سبيل المثال في مختبر طلاب الحاسوب في قسم علوم الحاسوب في كلية تقنية المعلومات فهناك سياسة أمنية تمنع أي طالب من عملية نسخ واجبات طالب آخر، إن نظام الحاسوب يـزود بآليـة تمنـع الطـلاب مـن قـراءة ملفات مستخدم آخر فعلى سبيل المثال لو أن أحد الطلاب فشل باستخدام هذه الآلية لحماية ملفاته فـإن أي طالـب آخر يستطيع أن يقوم بعملية النسخ واختراق السياسة الأمنية الموجودة في النظام.

13- 5 الحاجة إلى الأمن

هناك الكثير من الدراسات الاستطلاعية والتي تمّ إجراءها حول القضايا الأمنيـة في الإنترنت حيـث زودت هـذه الدراسات بصور كبيرة من الجرائم وحالات الهجوم التي تحصل عبر منافذ الإنترنت حيث أثبتت هذه الدراسات تعرض الكثير من الشركات الخاصة وحتى الحكومية والجامعات والمعاهـد وغيرهـا مـن المؤسسـات الماليـة لعمليـات قرصنة وهجوم بهدف إما استراق السمع أوالتنصت أو لسرقة المعلومات والأموال و لإجراء عمليات تخريبية عـلى الأنظمـة أو البرامج والبيانات.

ومن أشهر المؤسسات التي تقوم بدراسات حول القضايا الأمنية عـبر الإنترنت مؤسسـة CERT حيـث تأسسـت هذه المؤسسة في العام 1988 وذلك للتعامل مع القضايا الأمنية التي تحدث عبر الإنترنت فتقوم بدراسـة العديد مـن القضايا الأمنية لتعريف النزعات والتوجهات إلى عمليات التطفل والاختراق والهجوم عبر الإنترنت حيث تقوم بتعريف ودراسة الحلول لهذه القضايا الأمنية وتعمل على نشر ما توصلت إليه من حلول ومعلومات إلى العالم كلـه عـبر إجـراء العديد من المؤتمرات وعبر النشر في المجلات العلمية المحكمة.

لقد أثبتت CERT بعد أن قامت بالعديد من الدراسات عبر مدى سنوات عديدة أن عمليات الهجوم والقرصنة على الشركات عبر الإنترنت في ازدياد مستمر.

حيث قامت المؤسسة بتسجيل أعداد حوادث القرصنة عام 2003 م بـ 138000 حالة قرصنة حيث ارتفعت مـن 82000 حالة قرصنة في العام 2002م .

وفي العام 2004 تمّ دراسة أكثر من 500 شركة وتسجيل عدد المرات التي تعرضت لها هذه الشركات إلى الهجوم حيث تمّ تسجيل حالة هجوم واحدة لكلّ الشركات على الأقل إلى أكثر من 43 حالة هجوم لبعض الشركات في عام واحد فقط وقد بلغ مجموع الخسائر المالية الناتجة عن هذه الحالات إلى 666 مليون دولار أمريكي مع العلم بأن هذه الشركات والتي تمت الدراسة عليها قد قامت بتوظيف تقنيات متعددة وحديثة للحماية مثل تقنيات الجدر النارية وبنسبة 98% وأنظمة أمن طبيعية بنسبة 94% وأنظمة إدارة حماية يدوية بنسبة 91%.

لقد أثبتت الدراسات هذه وغيرها من الدراسات بأن أمن الأعمال الإلكترونية لا تزال مشكلّة رئيسية للعالم اجمع ولا تزال تنتج عنها خسائر مالية جمة من قبل الشركات والتي لا زالت تأخذ هذه القضية بجدية كبيرة وذلك لمنع الاختراقات الغير قانونية من الحدوث في المستقبل.

إن هناك حاجة كبيرة لوعي الشركات والأفراد على حد سواء للمخاطر الناتجة عن التجارة عبر الإنترنت لذا لا بد للجميع من العمل على تحديث الطرق الأمنية باستمرار لمنع عمليات الهجوم والتخريب حيث أن هؤلاء القراصنة أيضاً يقومون بين الفينة والأخرى بتحديث أدواتهم التي يستخدمونها في القرصنة وذلك لإجراء عمليات خرق للعديد من المواقع والعمل على سرقة المعلومات السرية وبطاقات أرقام الاعتماد البنكية من أجل سرقة الأموال حتى أن هؤلاء القراصنة يقومون بنشر البرامج التي يقومون بتصميمها من أجل إجراء عمليات الهجوم على الإنترنت لذا نجد أن هناك العديد من الأشخاص والذين ليس لديهم أي خبرة باستخدام الكمبيوتر والبرمجة يقومون باستخدام هذه الأدوات والبرامج من أجل القيام بعمليات قرصنة على الإنترنت.

الشكلّ التالي 13-7 يبين أهم القضايا الأمنية التي توجد على الإنترنت ونسبة حصولها

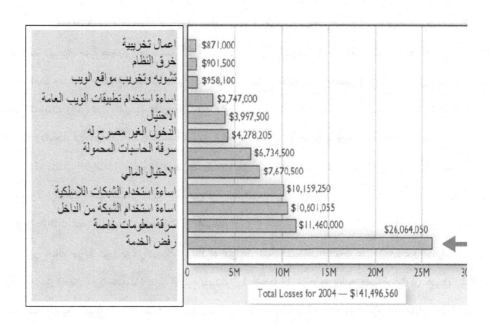

اعمال تخريبية
$871,000
خرق النظام
$901,500
تشويه وتخريب مواقع الويب
$958,100
اساءة استخدام تطبيقات الويب العامة
$2,747,000
الاحتيال
$3,997,500
الدخول الغير مصرح له
$4,278,205
سرقة الحاسبات المحمولة
$6,734,500
الاحتيال المالي
$7,670,500
اساءة استخدام الشبكات اللاسلكية
$10,159,250
اساءة استخدام الشبكة من الداخل
$10,601,055
سرقة معلومات خاصة
$11,460,000
رفض الخدمة
$26,064,050
0
Total Losses for 2004 — $141,496,560

شكل 13-7 جرائم الحاسوب حسب دراسة استطلاعية

13 - 6 القضايا الأساسية للأمن على الإنترنت

إن الأمن في أنظمة الحاسوب والانترنت لا يتطلب فقط منع حالات الاختراق والهجوم عبر الإنترنت ومنع عمليات التطفل والقرصنة بل هناك أيضاً قضايا تتعلق بكشف وفضح معلومات غاية في السرية لأفراد أو شركات . حيث يقوم الكثير من الأفراد عند طلب خدمة ما عبر الإنترنت من تعبئة نموذج خاص حيث يقوم المستخدم بتعبئة الاسم والعنوان وأرقام الهاتف وغيرها من المعلومات المطلوبة تعبئتها عند إجراء عمليات بيع أو شراء أو طلب خدمات مجانية من أحد المواقع الإلكترونية المنتشرة عبر الإنترنت حيث تطرأ الكثير من القضايا الأمنية والتي يجب على كلّ فرد أو شركة أن يأخذها بعين الاعتبار مثل :

- كيف يتأكد المستخدم من أن هذا الموقع وما فيه من قواعد بيانات مخزنة ومحفوظة في خادمات ويب WEB SERVER هي ملك لمؤسسات وشركات شرعية وليست وهمية أو محتالة.
- كيف يتأكد الفرد من أن هذا الموقع لا يحتوي على أي برامج تحتوي على شيفرات تقوم بعمليات قرصنة أو تصنت.
- كيف يتأكد الشخص بأن مالك هذا الموقع لن يقوم بنشر وتوزيع هذه المعلومات الشخصية إلى أطراف أخرى .

- ومن ناحية الشركات فكيف تتأكد الشركات صاحبة الموقع الإلكتروني بأن هذا المستخدم لن يقوم بعملية خـرق أو قرصنة لخادماتها والتي تحتوي على معلومات مخزنة في قواعد البيانات.

- كيف تتأكد من أن هذا المستخدم لن يقوم بتعطيل الخادم حتى لا يتمكن المستخدمين الشرعيين من استخدام الموقع.

- كيف يتأكد الطرفان المستخدم والشركة من عدم وجود طرف ثالث يسترق السمع عليهما.

- كيف يتأكد الطرفان الفرد والشركة من أن المعلومات التي يتم إرسالها بـين الطرفين لم يحـدث أن تـمّ اعتراضها وتغيير محتوياتها قبل وصولها إلى الطرف المستقبل.

إن هذه الأسئلة وغيرها توضح القضايا الأمنية والتي يمكن أن تظهر عند تنفيذ التعاملات والحركـات في التجـارة الإلكترونية وعبر الإنترنت والتي تتضمن عمليات ذات أهمية كبيرة مثل عملية دفع الأمـوال إلكترونيـاً وعمليـة إرسـال أرقام بطاقات اعتماد بنكية وعمليات إرسال معلومات قيمة وذات قيمة علمية وغيرها من المعلومات، لذا لا بـد مـن توفير المزيد من التقنيات الحديثة لمواجهة كلّ هذا القضايا الأمنية والعمل على منعها أو الحد منها.

النقاط التالية توضح بعض من القضايا الأمنية الأساسية والتي من الممكن أن تحدث عنـد التعامـل مـع أنظمـة التعليم الإلكتروني عبر الإنترنت أو عبر شبكات الاتصالات اللاسلكية مثل الهاتف الخلوي النقال:

1- التحقق من الهوية Authentication

إن عملية التحقق في أنظمة الشبكات وخاصة الإنترنت يمكن تقسيمها على عمليتين هما:

أ- عملية التحقق من الكائن Entity Authentication: وهي عملية التأكد من هوية العميل أو المستخدم المـدعي والتحقق من أنه هو ذاته وليس شخص آخر.

ب- عملية التحقق من الرسالة message authentication : وهي عملية تأكيد وتحقيق أن رسالة معينة هـي رسالة حقيقية أي أنها قد جاءت من المصدر ولم يتم عليها أي تغيير أو تبديل.

2- الصلاحيات

إن الصلاحيات المعطاة لأشخاص معينين تتكون من ضمانات تضمن أن العملاء المعنيين وتحت ظروف معينة مسموح لهم لتداول خدمة معينة أو الحصول على معلومات معينة في وقت معين وبصلاحية معينة (قراءة أو كتابة أو مسح أو تغيير أو صلاحيات كاملة أو أي خليط من هذه الصلاحيات) من قبل مزود خدمة معين.

3- السرية

إن السرية تعني الأخذ بعين الاعتبار الخصوصية والسرية عند تبادل الرسائل بحيث لا يتم فضح محتويات هذه الرسالة إلى أي أطراف غير مصرح لهم. والطرق العامة والمستخدمة لضمان السرية هي باستخدام نظام التشفير . ونظام التشفير يقوم بحفظ المعلومات المتبادلة بين الأطراف وعبر الشبكات السرية، ولضمان السرية للرسائل المتبادلة لا بد من ان تكون قناة التوزيع أمنة وأن الرسالة عند انطلاقها في فضاء الإنترنت يجب أن تكون مشفرة بأحد أنظمة التشفير القوية والمعترفة عالمياً.

4- التكامل

إن عملية التكامل يقصد بها تكامل الرسائل المرسلة بين الأطراف وعبر الشبكات كشبكة الإنترنت وشبكة الاتصالات اللاسلكية، حيث أنه لضمان التكامل للرسائل لا بد من استلام الرسائل نفسها بدون أن يتم اعتراضها أو تغيير محتوياتها وعادة يتم ذلك بتقنيات بسيطة لمعرفة ما إذا تمّ تغيير محتوى الرسالة أم لا.

5- الخصوصية

وهي عملية ضمان سرية وأمن المعلومات الخاصة بالزبائن أو العملاء والتي تمّ حفظها في قواعد البيانات وضمن مدى خادمات الويب بحيث لا يتم توزيعها إلى أي طرف آخر ولا يتم نشرها أو بثها أو الاتجار بها بدون موافقة خطية من العميل نفسه.

6- عدم الإنكار

ويقصد بعدم إنكار المرسل للرسالة التي أرسلها إلى أحد الأشخاص أو الشركات أي بكلّمات أخرى لا بد من استخدام طريقة تثبت من أن الذي أرسل هذه الرسالة هو شخص معروف وتحمل توقيعه ولا يمكن لأحد ما أن يقوم بتزوير هذا التوقيع ولا يمكن لمرسل الرسالة أن ينكر أنه أرسل هذه الرسالة حيث أنها تحمل توقيعه الإلكتروني المعتمد.

7- دوام الخدمة

إن هناك حاجة كبيرة لضمان أن المواقع الإلكترونية وخاصة مواقع أنظمة التعليم الإلكتروني متاحة للمستخدمين
24 ساعة على مدار الأسبوع بدون أن يتم تعطيل الخدمة لأي سبب من الأسباب. وقد ظهر نوع من القرصنة يسمى
هجوم رفض الخدمة Denial of service ويقصد به تعطيل الموقع لاستخدامه من قبل المستخدمين الشرعيين وذلك
بإرسال فيض من الرسائل وطلبات الخدمة في نفس الوقت من قبل قرصان يقوم بعمل ذلك باستخدام برامج معينة
بحيث يتم استنفاذ كافة مصادر الموقع وتعطيله حتى إذا جاء المستخدم الشرعي ليستخدمه وجده معطلا ولا
يستجيب أبداً، حيث تظهر رسالة في الصفحة تدل على تعطيل الموقع كما في الشكلّ 13-8 التالي

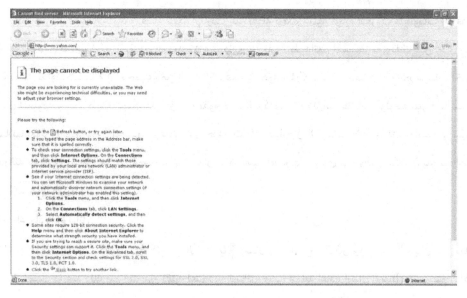

شكلّ13-8 يظهر رسالة في الصفحة تدل على تعطيل الموقع

8- التدقيق الأمني

وهي خدمة حقيقية تقوم بتسجيل كافة الأحداث والعمليات التي تتمّ في كلّ الأوقات على موقع معين أو شبكة
محلية معينة لإصدار ملفات تدقيق تستخدم لغاية المراقبة والمتابعة لفحص هذه الأحداث وتحليلها من أجل منع
هجوم معين في المستقبل.

9- إدارة الثقة

وهي عبارة عن طريقة يتم استخدامها من أجل التحكم وضبط تداول الخدمات أو المعلومات من موقع معين
حيث يتم منح رخصة الوصول إلى خدمة أو معلومات معينة بناءً

على عملية تفاوض بين طالب الخدمة ومزود الخدمة حيث يتم بين الطرفين التعرف على صفات وبصمات طالب الخدمة وذلك من أجل بناء الثقة بين الطرفين.

10- التفويض

التفويض هو عملية أو طريقة يتم إعطاء كائن ما صلاحيات أو حقوق ما تحت شروط معينة وهذه الطريقة مفيدة لتحسين عملية تطوير الأنظمة الموزعة ولإلغاء المركزية لعمليات ومهام ضبط الوصول إلى الخدمات أو المعلومات.

11- الفيدرالية

لأنه من المستحيل الاعتماد في فضاء شبكة الإنترنت على نقطة تحكم عالمية فردية لتعريف المعلومات لذا ففي كثير من الأحيان تقوم الشركات بامتلاك العديد من مسودات تعاريف لتطبيقاتهم المستخدمة وذلك من أجل بناء بنية تحتية تعاونية مقسمة إلى مجموعة من النشاطات. فعندما تقوم الشركات بعمل تجاري ما مع شركات أخرى لتبادل المعلومات حول هؤلاء العملاء الموثوق بهم تقوم هذه الشركات ببناء فدرالية علاقات موثوقة بينها بالسماح لعملائها الموثوق بهم لتداول المصادر والمعلومات والخدمات المستضافة في الشركات الأخرى التي قامت بتأسيس فيدرالية معها. وفي هذه الحالات تقوم الشركة بإصدار تذاكر أمنية لعملائها الموثوق بهم والتي يمكن أن يتم معالجتها من الأطراف الأخرى المعتمد عليها.

12- اعتمادية الرسائل

في خدمات الإنترنت والويب وفي كثير من الأحيان يتم إرسال رسائل بين طرفين وفي بعض الأحيان يتم قطع الإرسال لسبب ما عند ذلك يتم استخدام تقنية اعتمادية الرسائل، وهي عملية إعادة إرسال الرسائل حتى يتم التأكد من أنها قد وصلت كاملة إلى المستقبل ويتم التأكد من ذلك بإرسال إشعار بالاستلام من قبل المستقبل إلى المرسل.

13- التطفل

إن المتطفل يهدف إلى إخفاء هويته من أجل استخدام العديد من المواقع الإلكترونية لإغراض تجارية حيث قد يقوم المتطفل بالدخول إلى نظام شركة ما كعميل شرعي حتى يتم تمكينه من الوصول إلى معلومات غاية في السرية.

14- مشكلّة الغباء

إن نظام أمن المعلومات هو قضية تتعلق أكثر ما تتعلق بالأفراد أنفسهم . حيث أثبتت الدراسات بأن أكثر من 81.60% من التهديدات الأمنية تأتي من موظفين الشركة أنفسهم.

حيث أن أغلبية موظفين الشركة يفتقروا إلى المعلومات والوعي بكلّ ما يتعلق بالقضايا الأمنية حيث يعتبره الكثير من قراصنة الكمبيوتر الطريق الثمين للوصول إلى المعلومات والخدمات التي يريدونها فعلى سبيل المثال لا الحصر- بعض الموظفين من الممكن أن يقوموا بما يلي:-

أ- اختيار كلّمة مرور سهلة والتي يسهل عملية تخمينها من قبل المتطفلين مثل كلّمات سرية عبارة عن تاريخ ميلاد الموظف أو اسم عائلته أو أسماء أحداث معينة.

ب- بعض الموظفين يقومون بكتابة كلّمات المرور خاصتهم على ورقة ويقوموا بتعليقها على شاشة الكمبيوتر الخاص بهم.

ت- بعض الموظفين يقومون بتنزيل ملفات مجهولة من الإنترنت أو يقومون بفتح ملفات رسائل بريدية وهذه الملفات تكون متضمنة لفيروس أو لشيفرة حصان طروادة والذي يستخدم في عمليات التجسس والوصول إلى الملفات ولسرقة المعلومات السرية وتدمير البيانات والبرامج.

7-13 أنواع التهديدات والهجوم عبر الحاسو ب والإنترنت

إن التقدم الكبير في تقنية المعلومات ونمو الإنترنت أدت إلى ازدياد أعداد الأماكن والمنافذ التي يمكن التسلل من خلالها واختراق الأنظمة الأمنية كما أدى أيضاً التقدم في تقنية المعلومات إلى زيادة تعقيدات عمليات إدارة الأنظمة والحفاظ عليها. لقد تمّ ظهور تغييرات وتحسينات على أدوات التطفل والاختراق وتقنياتهم وفي نفس الوقت زادت التعقيدات لتعريف ولعملية اكتشاف الهجوم وزادت تعقيد عملية القبض على هؤلاء المهاجمين والمخربين. إن الشركات تعتبر القضية الأمنية هي الأهم عندما يقوموا بتبني التجارة الإلكترونية وعندما يقرروا استخدام الإنترنت في عمليات التسويق والتنظيم لأعمالهم التجارية. فبدون أخذ الكثير من الاعتبار والاهتمام بالقضية الأمنية فإن الشركات لن تقوم باستخدام خدمات وتطبيقات الإنترنت في بيئة غير أمنة . حيث أن حماية البيانات في الإنترنت تهدف إلى حماية البيانات من المتطفلين غير المصرح لهم حيث أن الإنترنت نفسها عند ابتكارها وتصميمها لم يتم الأخذ بعين الاعتبار القضية الأمنية وذلك لأنها في الأصل تم تأسيسها لأغراض البحث العلمي فقط، فمثلا يعتبر بروتوكول الإنترنت الأساسي TCP/IP والذي يستخدم كوسيلة لإجراء عمليات نقل المعلومات والاتصالات في الإنترنت بين مختلف أنواع الأجهزة وأنظمة التشغيل وأنظمة الشبكات على اختلافها وعلى اختلاف أجهزة الكمبيوتر. إن هذا البروتوكول يوجد فيه العديد من نقاط الضعف والتي يسهل على القراصنة

استخدامه للوصول إلى المعلومات التي يريدونها. وأيضاً وبالرغم من أن اتساع نطاق التجارة الإلكترونية في العالم أسره إلا أن عنصر الثقة في التعاملات الإلكترونية له أهمية كبيرة تفوق أهميته في التجارة التقليدية وذلك للأسباب التالية:-

1- إن الأطراف الذين يقومون بعملية البيع والشراء لا يستطيعون رؤية بعضهم البعض كما في التجارة التقليدية.

2- من الصعب التحكم الكامل بالبيانات التي تمّ ارسالها في فضاء الإنترنت .

3- إن الطرف الآخر من الممكن أن يكون في موقع مختلف حيث يتواجد في بلده قوانين وتشريعات مختلفة تتعلق بالتجارة والأعمال الإلكترونية.

4- إن المشتري لا يستطيع أن يلمس أو يشم أو يرى أو يحس البضاعة التي يريد شرائها كما في التجارة التقليدية لذا فعامل الثقة هنا مهم جداً وبكلّمات أخرى بدون الثقة الكاملة لا يمكن أن تتم صفقة على الإنترنت، بعكس التجارة التقليدية فحتى لو لم تتوفر الثقة بالبائع فالثقة بالمنتج الذي أمامه واضحة حيث استلم المنتج ودفع ثمنه مباشرة .

قام الباحث فارنر وكاروينى بتوضيح المتطلبات الأمنية المتعلقة بالمراحل المختلفة للعلاقة في التجارة الإلكترونية وكما هي موضحة بجدول 13-1 التالي:

Requirement المتطلبات	Typical considerations الاعتبارات المثالية
• Security at the user side النواحي الأمنية من جهة المستخدمة	• User authentication and authorization التحقق من المستخدم والصلاحيات • Physical access control to the machine التداول الطبيعي للبيانات والخدمات والسيطرة على الآلة • Confidentiality السرية • Data integrity تكامل البيانات
• Security during transport of data النواحي الأمنية خلال عملية نقل البيانات	• Secure storage of user information الحفظ الأمين والأمن لمعلومات المستخدمين • User's privacy protection حماية خصوصية المستخدم
• Security at the merchant side النواحي الأمنية من جهة التاجر	• Authentication of parties involved عملية التحقق من صحة الأطراف المشتركة في الاتصال

جدول 13-1 قضايا أمنية في الإنترنت

13 - 8 الأنواع المختلفة للتهديدات والهجومات

إن الخبراء المختصين بالقضايا الأمنية عبر الشبكات والإنترنت قاموا بتصنيف نوعين من أنواع الهجـوم المحتملـة هي الهجوم التقني والهجوم غير التقني، فالهجوم الغير التقني هو ذلك الهجوم الذي يتم عبر الشبكات حيـث يقـوم المهاجم باستخدام طريقة الحيلة والمكر والدهاء من أجل خداع المـوظفين العـاملين في الشركات للحصـول عـلى الإذن والتصاريح لاستخدام الخدمات والحصول على المعلومات واختراق أمن الشبكات والقيـام بعمليـات غـير قانونيـة وقـد يسمى هذا النوع من الهجوم بالهجوم الاجتماعي . وفي المقابل يستخدم ذوي

المعرفة بالأنظمة والبرمجيات خبرتهم ومعلوماتهم التقنية بهذا المجال للقيام بعمليات الهجوم من النـوع التقنـي. إن فيروسات الحاسبات الإلكترونية والتي هي عبارة عن برامج مبرمجة بأحد لغات الحاسبات الإلكترونية للقيام بعمليات تخريب على البرامج والبيانات وأجهزة الكمبيوتر وفي كثيراً من الأحيان يستخدم كـلا النـوعين، الهجـوم التقنـي والغـير تقني في إجراء الكثير من القرصنة عبر الإنترنت، فعلى سبيل المثـال مـن الممكـن لمتطفـل مـا اسـتخدام بـرامج وأدوات محوسبة وتلقائية لعرض رسالة التي تزود بخدمات البريـد الآني الإلكـتروني، حيـث أنـه مـن الممكـن أن تعـرض هـذه الرسالة الفرصة لتنزيل برامج أو بيانات مهمة ومثيرة للقارئ مثل تنزيل ملفات فيديو أو موسيقى، حيث عندما يقـوم القارئ الغير مشتبه به بتنزيل برنامج يقوم بعمليات قرصنة حيث هذا البرنامج ينفذ بشكل تلقـائي عنـد الانتهـاء مـن إنزاله على جهاز الكمبيوتر ويبدأ بالقيام بعمليات قرصنة تمكن المتطفل من السيطرة والتحكم عليه بجهاز الكمبيـوتر واستخدامه للبدء بإجراء وترتيب للهجوم التقني.

إن مفتاح النجاح لعمليات الهجـوم باسـتخدام تقنيـة الهجـوم الاجتماعـي تعتمـد بالدرجـة الأولى عـلى الأفـراد الضحايا وهناك مواقع كثيرة داخل الشركات تكون فيها الحساسـية والأهميـة أكـثر مـن غيرهـا أي أن عمليـة اختراقهـا تكون عرضة أكثر من غيرها وهي تمثل الأفراد الذين لديهم صلاحية وصول لمعلومات سرية أكثر مـن غـيرهم وعملهـم يجبرهم على الاتصال والتواصل مع العامة وعبر الإنترنت أو عبر أي وسيلة اتصال أخرى كالهـاتف أو البريـد الإلكـتروني أو حتى عبر المنتديات وعلى أساس متواصل ويومياً، ومن هذه المواقع الحساسة والقابلة للخرق أكثر من غيرها:-

- قسم السكرتاريا
- مساعدي المدراء الفنيين
- المدراء الفنيون لقواعد البيانات والشبكات
- مشغلي الكمبيوتر
- قسم الدعم الفني والهاتفي
- مراكز الاتصالات.

لذا يجب على الشركات أن تقوم بعمليات ونشاطات لمنع هـذا النـوع مـن الهجـوم وذلـك بالقيـام بالنشـاطات التالية:-

- **التعليم والتدريب** : كلّ الموظفين وخاصة هؤلاء الموظفين الذين يحتلون مواقع قابل للاختـراق و القرصـنة أكـثر من غيرهم، يحتاجون إلى أن يتم توعيتهم وتعليمهم

وتدريبهم عن المخاطر المترتبة وحيل القراصنة وكيفية معالجتها والتنبه منها .

- **الإجـراءات والسياسـات المتبعـة :** إن هنـاك سياسـات وإجـراءات لا بـد مـن تطويرهـا واتباعهـا واسـتخدامها والاستمرار في تحسينها حسب التقنيات والظروف الجديدة التي تطرأ على الإنترنت وذلك لحماية المعلومات السرية ولارشاد الموظفين لسلوك واتباع هذه الإجراءات واتخاذ الخطوات الضرورية والطارئة عند أي عملية تسجيل لمثل هذا النوع من الهجوم .

- **إجراء اختبارات لفحص مدى المقدرة على خرق النظام:** إن السياسات والإجراءات واستجابة الموظفين لا بد من إجراء مناورات واختبارات عليها من أجل اكتشاف مدى ملاءمتها وصمودها، حيث لا بد من عمليات الإرشاد والتعليم وتحسين الإجراءات عند اكتشاف أن هناك خرقاً ما قد حصل عند عمليات الاختبار.

13 - 9 قرصنة رفض الخدمة الموزعة **Distributed Denial of Service Attacks (DDoS)**

في العام 2004 حصلت هناك العديد من حالات الهجوم عبر فيروسات تكون موجودة في ملف مرفق مع البريد الإلكتروني، حيث تقوم هذه الفيروسات بالعمل بعد أن يقوم المستخدم بالنقر على الملف المرفق حيث يقوم بعملية إعداد لبرنامج فيروسي ويتم تنصيبه على جهاز الضحية وبدورة يقوم هذا الفيروس باستخدام العناوين البريدية الموجودة على جهاز الضحية واستخدامها للوصول إلى ضحايا آخرين وبذلك يتم نشر الفيروس في ملايين أجهزة الكمبيوتر المنتشرة حول العالم، والأخطر من ذلك هو أن تستخدم هذه الضحايا أو الملايين من أجهزة الكمبيوتر كلها وفي نفس الوقت بأن تقوم بنفس اللحظة بطلب خدمة من شركة معينة عبر الإنترنت حيث تعتبر هذه الشركة هي ضحية هجوم ما يعرف بقرصنة رفض الخدمة الموزعة فعندما يقوم ملايين من أجهزة الكمبيوتر وفي نفس اللحظة من مخاطبة الخادم لشركة معينة فيحصل عندها استهلاك كامل لكلّ مصادرها فعندئذ يتم تعطيل واستنفاذ طاقة الحاسوب المركزي وما فيه من ذاكرة ومعالج وبرامج فيحدث تعطيل للخدمة التي تقدمها هذه الشركة عبر الإنترنت فعندما يأتي مستخدم شرعي للحصول على الخدمة من موقع الضحية يجد صفحة تحتوي على خطأ أو أنه يطلب الخدمة ولا يلقى أي رد من الشركة.

إن القرصان الذي يستخدم مثل هذا النوع من القرصنة أي قرصنة رفض الخدمة الموزعة يقوم بذلك باستخدام برامج وأدوات تعمل على تزييف أرقام عناوين الإنترنت

فتوحي للمستخدمين بأن هذا المستخدم هو شركة شرعية مثل الهجوم الذي تم على موقع yahoo.com حيث يقوم القرصان بما يعرف بعمل ما يقوم به الزومبي وهم آكلي لحوم البشر- حيث باستخدام برامج معينة وأدوات يقوم بالاتصال بملايين من المستخدمين عبر الإنترنت والسيطرة عليهم ليقوموا كلّهم بالهجوم على شركة ما تكون هي الضحية وفي مثالنا هذا شركة yahoo.com . عندئذ تستهلك كلّ مصادر هذه الشركة ويتم رفض الخدمة للمستخدمين الشرعيين القادمين لاستخدام موقع yahoo.com. والشكلّ 13-9 التالي بين ميكانيكية طريقة القرصنة الموزعة لرفض الخدمة.

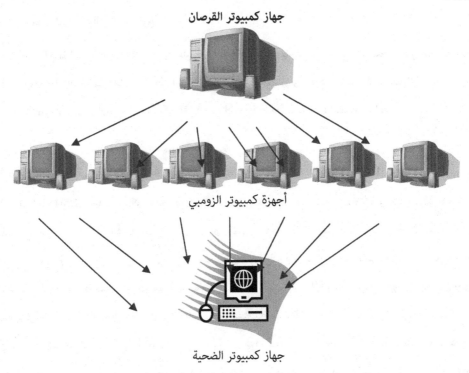

جهاز كمبيوتر القرصان
أجهزة كمبيوتر الزومبي
جهاز كمبيوتر الضحية

شكلّ 13-9 يبين آلية الهجوم الموزع لرفض الخدمة DDsS

إن المهاجم بطريقة قرصنة رفض الخدمة الموزعة يقوم باستخدام برامج ذكية تمّ تصميمها للوصول إلى ملايين من أجهزة الكمبيوتر الممكنة عبر الإنترنت وذلك بهدف استنفاذ كلّ مصادرها واستنفاذ كلّ الخدمات التي تؤديها هذه الشركة وبالتالي تعطيلها، وقد يحصل هذا النوع من القرصنة بين التجار، حيث أنه من الممكن لبعض التجار أن يقوم

بتأجير العديد من الأشخاص وإرسالهم إلى محل ما لإشغاله والقيام بالعديد من الأسئلة والطلبات منه بهدف إلهائه بحيث أنه عندما يأتي مستخدم شرعي يريد الشراء يرى بأن المحل مزدحم فيمتنع عن الشراء ويذهب إلى محل آخر للشراء.

يقوم العديد من القراصنة باستخدام برامج غيرهم من القراصنة للقيام بمثل هذا الهجوم حيث يتم توفير هذه البرامج عبر الإنترنت بدلاً من أن يقوموا بتصميمها بأنفسهم.

إن أجهزة الكمبيوتر والتي يتم تحميل برامج القرصنة الموزعة DDoS تسمى بالزومبي. فالزومبي يكون متواجداً في أجهزة كمبيوتر شركات وأفراد ومواقع حكومية وجامعات وأجهزة كمبيوتر في المنازل والتي تكون متصلة بالإنترنت من خلال أجهزة مودم أو من خلال وسائل أخرى مثل DSL . ونظراً لتوفر البرامج المستخدمة في عملية قرصنة DDoS فافتراضياً يمكن لأي شخص مع خبرة قليلة بالكمبيوتر من أي يقوم بعملية قرصنة DDoS .

إن عملية إيقاف مثل هذا الهجوم تكون صعبة جداً، حيث في كثير من الأحيان يتم إيقاف الخدمة وأجهزة كمبيوتر الشركة الضحية لفترة معينة حتى يتم التخلص من هذا الهجوم. وقد ابتكرت العديد من الطرق للكشف المبكر عن مثل هذا النوع من الهجوم مثل مراقبة حركة الدخول إلى موقع الشركة بحيث أنه إذا زاد عن المعدل اليومي فيتم القيام بالإجراءات اللازمة للحد من هذا الهجوم بإيقاف الخدمة مؤقتاً لحين زوال التهديد.

13 - 10 الكود الفيروسي الإرهابي (الدودة وأحصنة طروادة)

لقد ظهرت أنواع كثيرة من الفيروسات والتي تقوم بأعمال قرصنة بهدف سرقة المعلومات أو التجسس أو تدمير البيانات أو تغييرها أو بهدف تدمير أنظمة الكمبيوتر والتطبيقات المختلفة. وقد بلغت الخسائر من نتائج هذه الفيروسات أرقام يصعب تخيلها فأحد أنواع هذه الفيروسات وهو من النوع الذي يتم تنشيطه بتاريخ معين مثل فيروس تشيرنوفل حيث ينشط بتاريخ 5/21 من كلّ عام فيقوم بأعماله التخريبية فقط في ذلك اليوم وهناك فيروس الدودة والذي يقوم بشكل سريع بالتكاثر ونسخ نفسه في جهاز الكمبيوتر الواحد وينتقل إلى جهاز كمبيوتر آخر عبر البريد الإلكتروني أو عبر أقراص السي دي الموبوءة بهذا الفيروس فيستهلك كلّ طاقة الكمبيوتر من ذاكرة ومعالج ويصبح جهاز الكمبيوتر بطيئاً جداً حتى يتوقف عن العمل كلياً. وهناك أحصنة طروادة والتي تنتشر بكلّ طرق الاتصالات المحتملة فتعمل على التجسس على أجهزة كمبيوتر الشركات أو الأفراد وإرسال المعلومات السرية إلى القراصنة عبر الإنترنت مما يؤدي إلى فضح الكثير من المعلومات السرية

وسرقة الكثير من أرقام بطاقات الاعتماد المالية.

إن هناك العديد من الأسباب والتي أدت إلى انتشار مثل هذه الأنواع من الفيروسات عبر الإنترنت ومن هذه العوامل :-

- **الخلط بين البيانات والتعليمات المنفذة:** ففي الماضي كان هناك تفريق بين المعلومات والتعليمات التي يتم تنفيذها وهذه لم تعد الطريقة الموجودة الآن وعبر مختلف قواعد البيانات والشبكات المنتشرة في العالم. ففي أشهر الأنواع المستخدمة لإدارة قواعد البيانات مثل نظام أوراكلّ لا يتم تخزين وحفظ البيانات في قواعد البيانات فحسب بل يتم حفظ التعليمات المبرمجة المتعلقة بتنفيذ وإدارة قواعد البيانات هذه وتنظيمها. وكذلك كلّ الطرق الأخرى المستخدمة في معالجة البيانات مثل برنامج الإكسل الشهير من شركة ميكروسوفت وبرنامج معالج الكلمات ميكروسوفت وورد والتعليمات المستخدمة فيه مثل الماكرو وتعليمات الفيجوال بيسك المدمجة فيه. وأيضاً ما يعرف بجافا سكريبت وفيجوال بيسك سكريبت والمستخدمة في تصميم كلّ صفحات الإنترنت .حيث يتم خلط هذه النصوص المبرمجة مع البيانات مما يسهل عملية القرصنة والدخول إلى البيانات السرية من قبل القراصنة.
- **زيادة بيئة الحوسبة المختلفة الأنواع:** في الماضي كان هناك أنواع من أجهزة الكمبيوتر المختلفة والتي لها معالجات وشرائح مختلفة تعمل من خلال برامجها الخاصة وبروتوكولات اتصالات خاصة بها أما اليوم فنحن في بيئة تستطيع كلّ أجهزة الكمبيوتر على اختلاف نوعية أجهزتها ومعالجاتها وبياناتها وأنظمة التشغيل المصممة لها وحتى مع اختلاف نظام الشبكة تستطيع هذه الأجهزة مع كلّ هذه الاختلاف من التواصل معاً وكأنها من نفس النوع ونفس البرامج باستخدام بروتوكول اتصال واحد عبر الإنترنت وهو بروتوكول TCP/IP حيث فقط يستطيع القرصان تصميم شيفرة كود واحدة بسيطة تمكنه من الاتصال بكلّ أجهزة الكمبيوتر في العالم بأسره.
- **تواصل بين العالم لم يسبق له مثيل:** ففي الماضي كانت الشبكات منفصلة عن بعضها البعض مثل الجزر في البحار، أما اليوم فكلّ شيء متصل مع بعضه البعض فأجهزة الحكومات وأجهزة خدمات الطوارئ في المستشفيات وأجهزة المؤسسات المالية والبنوك وأجهزة الكمبيوتر الشخصية في المنازل وخطوط حجز تذاكر السفر وغيرها من الأنظمة كلها متصلة معاً وبخطوط اتصال مباشرة وسريعة وفي الوقت الحقيقي وقد أعطى هذا الفرصة للفيروسات الماكرة من الانتشار وبسرعة كبيرة جداً.

- **ازدياد نسبة المستخدمين والذين ليس لديهم معلومات كافية عن الكمبيوتر وعلم الكمبيوتر:** إن معدل المستخدمين والذين ليس لديهم معلومات كافية عن الحاسوب وتطبيقات وعلمه كبيرة جداً، فنسبة كبيرة من المستخدمين ليس لديهم فكرة عن الطرق الأمنية لاستخدام البريد الإلكترونية وليس لديهم فكرة عن كيفية حماية أنفسهم وبياناتهم وحاسباتهم من التعرض للهجوم أو للقرصنة من قبل قراصنة الكمبيوتر مما سهل عمل هؤلاء القراصنة.

ونتيجة لكلّ ما سبق فإن هناك زيادة كبيرة بنسبة وأعداد الهجوم المسجلة والتي تسجل كلّ يوم ويذهب ضحيتها مئات الآلاف من الشركات أو الأفراد، وازدادت أيضاً صعوبة القبض على مثل هؤلاء القراصنة والوقت اللازم لاكتشافهم وأيضاً مما ساعد على انتشار مثل هذه الأعمال القرصانية زيادة نسبة أجهزة الكمبيوتر والبرامج والتي يتم التحكم بها عن بعد، حيث ظهرت برامج وأجهزة يستطيع الشخص من خلالها التحكم بكلّ ما في البيت على سبيل المثال وعبر الإنترنت فيستطيع الشخص في هذه الأيام أن يقوم بتشغيل أو إطفاء الثلاجة عبر الإنترنت من أي مكان في الأرض كما يستطيع أن يقوم بتشغيل الأضواء أو إطفائها أو تشغيل أنظمة الحماية أو تعطيلها من أي مكان في الأرض وذلك عبر الإنترنت.

13 - 11 النقل الإلكتروني الأمن SET وطبقة المنفذ الأمن SSL

إن من أهم أساليب حماية البيانات هي الحصول على طريق اتصالات أمنة بين الأطراف المتصلة، ومن أهم الأساليب الشائعة لحماية الاتصالات بين طرفين هي استخدام تقنية طبقة المنفذ الأمن. فعندما يتم أحد الأطراف المتصلة بالنقر على أحد أزرار النقر في الموقع الإلكتروني والذي لديه تقنية SSL فإنه يقوم بتأسيس منفذ أمن بين جهازي الكمبيوتر المتصلة .

ولزيادة تحسين أمن الإنترنت بين الشركات وزبائنهم فقد قامت شركات بطاقات الاعتماد بتطوير معيار جديد أكثر أمناً يسمى النقل الإلكتروني الأمن SET والذي اثر تأثيراً كبيراً على الحركات والمعاملات التجارية عبر الإنترنت [أ]

ومبدئياً فإن SET تركز على السرية وتأكيد هوية الكائن المتصل حيث أن سرية تقنية SET تقوم ليس فقط بمنع الدخلاء من سرقة أرقام بطاقات الاعتماد بل أيضاً تمنع التجار من رؤية هذه الأرقام ومعرفتها مع تقديم التأكيد على عملية قبول هذه البطاقة وعملية اعتمادها من قبل الشركات التجارية. حيث يتم النقل للبيانات بعبورها من خلال أيدي الشركات التجارية مباشرة إلى مستخدم بطاقة الاعتماد حيث يتم فك تشفير البيانات وتحويل المبالغ

منها إلى الحساب المالي للشركات التجارية.

إن تقنية SET تعتبر أحد برتوكولات تطبيقات الإنترنت والتي تمّ تطويرها من قبل الشركتين فيزا وماستر كارد كطريقة أمنة لإجراء المعاملات والتحويلات المالية عبر الانترت والشبكات .[ii]

حيث تعتبر هذه التقنية حالياً الوحيدة مستخدمة في معظم التطبيقات والتعاملات عبر الإنترنت. ولكن هناك الكثير من الانتقادات حول عملية التعقيد في استخدام وتطبيق هذه التقنية [iii] ، إن تقنية SET تحوي العديد من المكونات عند تطبيقها وهي:-

- حامل البطاقة
- التاجر أو الشركة التجارية
- بوابة الدفع المالية
- المصدر للبطاقة
- الوسيط
- شهادات التفويض

ومن أهم المزايا التي تمتاز بها تقنية SET هي ,[iv] :

- **سرية البيانات واستخدام طريقة المغلف الرقمي**

حيث أن هذه التقنية لديها ميزات استخدام تقنية التشفير المتماثل الخاص والغير متماثل العام

- **تكامل البيانات المنقولة واستخدام التوقيع الرقمي الثنائي**

لقد أسست هذه التقنية لاستخدام تطبيق للتوقيع الإلكتروني جديد يسمى مفهوم استخدام التوقيع الإلكتروني الثنائي حيث تمنع هذه التقنية التجار من مشاهدة المعلومات والتفاصيل السرية لعملائهم وتزود هذه التقنية عملية اتصال بين رسالتين بحاجة إلى ربطهما بشكل سري من أجل إرسالها إلى طرفين مختلفين حيث يحتاج كلّ منهما إلى قراءة رسالة واحدة من هذه الرسالتين:

- **التحقق من الكائنات المتصلة واستخدام تقنية الشهادات الرقمية**

إن تقنية SET تعتمد على تنظيم هرمي من مكونات عديدة في عملية إدارة الشهادات الرقمية والتي سوف يتم شرحها في الفقرات التالية من هذا الفصل. حيث تعتبر SET مجموعة من البروتوكولات الأمنية والتنسيقات التي تمكن المستخدمين من استخدام البنية التحتية للدفع الإلكتروني الأمني عبر شبكة الإنترنت العالمية بطريقة أمنة جدا.[v]

إن من مكونات تقنية SET الرئيسة هو التاجر الذي يقوم بعملية البيع والبرامج التي يستخدمها حيث تتكون هذه البرامج من الخادم هي يقوم بعمليات التنظيم والتنسيق وعمليات الحفظ لنظام الدفع المالي وأيضاً هناك مكونات أساسية لا بد من توفرها من أجل إكمال العملية لهذه التقنية وتشمل خادم لصفحات الويب WEB SERVER ويقوم بعمليات التنسيق بين العميل وقواعد البيانات و التي يتم تداولها عبر صفحات الإنترنت والشكلّ 10-13 التالي يبين هذه المكونات وطريقة وصلها والتي يجب أن تكون متواجدة عند أي شركة ترغب بإجراء عمليات بيع وشراء عبر الإنترنت وبطريقة تقنية SET

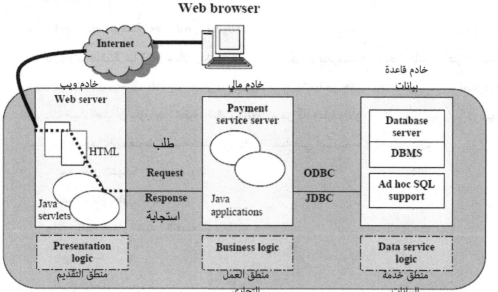

13 - 12 بروتوكولات نقل النصوص المتشعبه الامنيه SHTTP

هناك تقنة أخرى مستخدمة كثيراً في الإنترنت لإجراء عمليات نقل واتصال أمنة بين الأطراف وهي تقنية SHTTP وهي تقنية شبيه كثيراً بتقنية SSL إلا أنها صممت لتأمين بروتوكولات خاصة بصفحات الإنترنت HTTP والتي تعتمد على النصوص المتشعبة أو النصوص الحية والتي عندما يتم التأشير عليها بالفأرة يتحول مؤشر الفأرة إلى قبضة يد وعند النقر على هذا النص المتشعب يتم الانتقال إلى صفحة انترنت أخرى حيث يتم تداولها من قواعد بيانات موجودة على خادمات ومن خلال خادمات الويب يتم إرسالها إلى العميل وعند استخدام تقنية SHTTP يتم نقل هذه الصفحات وتداولها بطريقة أمنة [vii] حيث تقوم

هذه التقنية بعملية تشفير للبيانات المنقولة عبر الإنترنت.

حيث أن تقنية SHTTP تعتبر بروتوكولات أو قواعد تحكم عملية الاتصال بين الأطراف عبر الإنترنت وتعمل فقط مع بروتوكولات HTTP فقط حيث تعتبر أكثر استخداماً وأكثر أمنا من غيرها من الطرق مثل طريقة SSL حيث تعتبر تقنية SSL ذات تقنية تشفير بمستوى اقل في عملية النقل عبر الشبكات إلا أن هذا التقنية تتطلب من كلا الطرفين التسجيل مع طرف ثالث برسم معين وأيضاً تتطلب استخدام كلا الطرفين مستعرض انترنت مناسب ومتوافق مع تقنية SSL

13 – 13 الشهادات الرقمية **Digital Certificates**

الشهادات الرقمية عبارة عن وثائق إلكترونية تستخدم حصرياً لتعريف الأشخاص والمصادر عبر الشبكات وخاصة شبكة الإنترنت. حيث عادة يتم إصدار هذه الشهادات وتشكيلها من خلال طرف ثالث يسمى سلطة إصدار الشهادات حيث يجب أن يكون هذا الطرف الثالث موثوقاً به من كّلا الطرف الأول والثاني، حيث تحتوي كلّ شهادة رقمية يتم إصدارها على معلومات مهمة تتعلق بمالكها وبالسلطة التي أصدرت هذه الشهادة مثل:

- اسم حامل الشهادة
- المفتاح العام لحامل الشهادة
- اسم سلطة إصدار الشهادة الرقمية
- رقم متسلسل
- تاريخ الإصدار
- مدة صلاحية الشهادة [viii]

تعتبر الشهادات الرقمية توسيع وتوثيق للمفتاح العام للتاجر والفرد مثل رقم بطاقة الفرد. حيث تحتوي على المفتاح وعلى ضمانات من أن هذا المفتاح يخص الفرد أو الشركة الحقيقية وليس شخص آخر يدعي ملكية مفتاح عام ما. وحيث أن المفتاح العام متوفر لكلّ شخص فإن هذه السلطة الموثوقة والمصدرة للشهادة الرقمية تضمن بأن صاحب هذا المفتاح هو نفس الشخص وليس مدعي آخر. وكلّ شهادة رقمية أساسية تحتوي على المكونات التالية:

- معلومات تفصيلية حول الشركة التي تشغل الخادم مثل اسم المالك الذي أعطى صلاحية التوقيع.
- توقيع رقمي فريد للمالك
- مفتاح عام يطابق ويناظر المفتاح الخاص للمالك

- توقيع من سلطة الشهادات الرقمية التي أصدرت الشهادة الرقمية

إن مصدر الشهادات الرقمية يقوم بعملية تشفير لتوقيع الشهادات التي تمّ إنشاءها وبذلك بإنشاء شيفرة تقوم بالتشفير بالمفتاح الخاص بالمالك حيث يمثل هذا التوقيع معاً بأن المصدر لهذه الشهادة هي شركة رسمية وعالمية وموثوقة حيث إذا العميل يثق بالمصدر للشهادات الرقمية إذن يمكن الوثوق بالخادم وبالمفتاح العام للمصدر والتي تمكن المستخدمين من إنشاء تواقيعهم الرقمية لوثائقهم الإلكترونية وملفاتهم.

13 - 14 أنظمة الكشف عن الدخلاء IDS والشبكات الخاصة الافتراضية VPN

ومن التقنيات الأمنية المستخدمة لزيادة الأمن عبر شبكات الإنترنت تقنية الكشف المبكر عن الدخلاء والتي تستخدم برامج معينة ذكية تقوم بالكشف عن أي نشاطات هجومية ماكرة وتقوم بذلك عبر مراقبة دقيقة للشبكة هي أن هذا النظام يجب أن يكون لديه المقدرة على جمع المعلومات عن كلّ العمليات التي تتم في الشبكة من عمليات تحميل وتنزيل وإرسال وبث ونقل للمعلومات وتداول للبيانات واستخدام أرقام المستخدمين والكلمات السرية للدخول حيث يقوم هذا النظام بتحليل كلّ هذه المعلومات من أجل تأمين مصادر الشركة والكشف عن أي عمليات تخريبية. أما تقنية الشبكات الخاصة الافتراضية فتستخدم الشبكات العامة وبروتوكولات الإنفاق Tunnel والتي تسمح للطرفين بالاتصال عبر نفق أمن لا يمكن اختراقه من قبل أي طرف آخر كما أن هذه الأنظمة تستخدم إجراءات أمنية لنقل البيانات بين طرفين وعبر نفق أو ممر سري أمن حيث تستخدم الشركات حول العالم هذه التقنيات وذلك لحماية نفسها من الدخلاء القادمين عبر الإنترنت حيث يتم إجراء كلّ الاتصالات بين الأطراف المتصلة بشكل أكثر أمناً وأكثر سرية.

إن كلّ التقنيات التي تمّ شرحها لها علاقة بالقضية الأمنية للشركات، حيث يجب على كلّ الشركات التي تجري عمليات البيع والشراء للمنتجات أو الخدمات كخدمة التعليم الإلكتروني أن تحمي نفسها ومصادرها من الدخلاء لتجنب الخسائر المادية والمعنوية لها بالإضافة إلى كلّ التقنيات السابقة الذكر يجب على الشركات أن تتبنى مجموعة من الإستراتاجيات المتواصلة التحديث والتطوير حيث يجب على الشركات في البداية أن تتعرف على كلّ التهديدات والمخاطر التي يمكن ان تواجهها وبعدها عليها أن تقرر الطريقة أو الطرق المناسبة لاختيار أفضل الأدوات التي تلائمها من أجل أن تضمن الأمن والسلامة لها ولعملائها والشكل 13-11 التالي يبين الخطوات اللازمة إتباعها في عمليات إدارة الأمن والحماية لشركات التجارة الإلكترونية.

حيث يبين الشكلّ ويصف الاستراتيجيات التي على الشركات أن تتبناها عندما تقرر الشركات أن تتبنـى الخطـط الأمنية لحماية نفسها من الخطر القادم عبر الإنترنت:

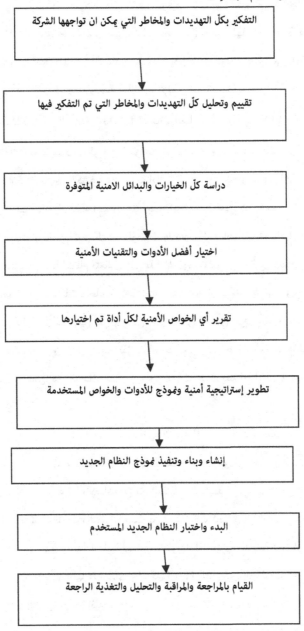

التفكير بكلّ التهديدات والمخاطر التي يمكن ان تواجهها الشركة
تقييم وتحليل كلّ التهديدات والمخاطر التي تم التفكير فيها
دراسة كلّ الخيارات والبدائل الامنية المتوفرة
اختيار أفضل الأدوات والتقنيات الأمنية
تقرير أي الخواص الأمنية لكلّ أداة تم اختيارها
تطوير إستراتيجية أمنية ونموذج للأدوات والخواص المستخدمة
إنشاء وبناء وتنفيذ نموذج النظام الجديد
البدء واختبار النظام الجديد المستخدم
القيام بالمراجعة والمراقبة والتحليل والتغذية الراجعة

شكلّ 13-11 إستراتيجية لتطبيق الأمن الإلكتروني

13 - 15 ضبط كلّمات المرور Password control

إن كلمة المرور المنتقاة لا بد لها من إستراتيجية معينة وإدارة لا بد من توظفيها وتطبيقها من أجل الحماية للنظام المستخدم .إن المستخدمين للنظام والذين يقومون بإدخال كلّمات مرور لتداول البيانات لا بد من اختيار كلمات مرور أمنة حيث أن اختيار كلمة مرور سيئة وقابلة للتخمين والاستخدام من قبل أشخاص غير مصرح بهم سوف تؤدي إلى عقبات ومشاكل أمنية خطير جداً للنظام والشركة . كما أنه لا بد من وجود إستراتيجية لتغيير كلمات المرور بشكل منتظم ودوري كما أن عملية انتقاء كلمة المرور لمدير الشبكة الفني هي عملية مهمة جداً حيث أن هذه الكلمة هي روح الشبكة ولو وقعت في أيدي خاطئة فسوف تؤدي إلى عواقب وخيمة ودمار لكلّ نظام الشركة والبيانات والتطبيقات والموجودة فيه.

لذا لا بد من مدير الشبكة أن يقوم بتطبيق الإرشادات والتوجيهات التالية والتي تؤدي إلى ضمان أمن وسرية المعلومات والشبكة وقواعد البيانات وما تحويها:

- يجب أن يكون طول كلمة المرور على الأقل سبعة رموز تضم أرقام وحروف وإشارات أخرى.
- تجنب استخدام الأسماء وخاصة تلك المشابهة لاسم المستخدم وأيضاً يجب تجنب استخدام تواريخ معروفة مثل تاريخ الميلاد وتاريخ الزواج وغيرها من التواريخ الشائعة أو الأرقام الهواتف أو غيرها من الأرقام.
- تجنب استخدام كلمات موجودة وخاصة من القاموس حيث يجب أن تكون كّلمة المرور كلمة غير موجودة وغير مستخدمة .
- يجب فرض استراتيجية لاجبار المستخدمين على تغيير كلمات المرور بشكل دوري .

إن كلّ هذه التوصيات ضرورية لمنع الدخلاء وقراصنة الكمبيوتر من استخدام برامج معينة تعمل بشكل سريع لتخمين العديد من الكلمات ومن ثم القيام بعمليات التخريب أو السرقة أو فضح سرية المعلومات.

13 - 16 أهداف الحماية

إن من المهم اعتماد وتعريف أهداف حماية البيانات والتي يجب تحقيقها باستخدام التقنيات التي تمّ شرحها أعلاه . وعموماً يوجد خمسة أهداف أساسية يجب أن يتم تحقيقها لحماية البنية التحتية للبيانات الموجودة وهذه الأهداف الخمسة هي:-

- **حماية البيانات من التزوير والحماية من عمليات الخداع** - إن مستلم لرسالة ما أو ملف ما يجب أن يكون متأكداً من أن مرسل الرسالة أو الملف هو نفس الشخص المدعي وليس شخص آخر يدعي وينتحل شخصية أخرى حيث يسمى هذا في النظام التقليدي الورقي الحماية من التزوير والخداع.

- **توزيع الاعتماد** – إن الملفات والرسائل يجب أن يتم فتحها ومن ثم قراءتها فقط من الأشخاص الشرعيين والذي لهم صلاحية لذلك إلا أن التوزيع المعتمد لا يمنع من إيقاف رسالة أو ملف من عملية اعتراضها أو قراءتها ولكنه يضمن أن الرسالة إذا تمّ بشكل عرضي اعتراضها فإن محتويات هذه الرسالة لن يتم فهمها أو قراءتها.

- **تكامل البيانات** – إن من المهم على المستقبل للبيانات المرسلة إليه أن يتأكد من أن الرسالة لم يتمّ تغيير محتوياتها أو حذف أجزاء منها منذ عملية إرسالها.

- استمرار فعالية تبادل الرسائل – إن الفعالية والسرعة لتبادل المعلومات يجب أن لا يتم منعه عند تطبيق تقنيات الحماية حيث يجب على المستخدمين أن يأخذوا على عاتقهم مهمات أخرى شاقة مثل إدارة تبادل المفاتيح أو التزويد بمعلومات إضافية وذلك لتطبيق الشروط الثلاثة التي تمّ شرحها.

- **حماية كلا من مستخدمي أجهزة الكمبيوتر المكتبية وأجهزة الكمبيوتر النقالة المحمولة** - لضمان نجاح حماية الرسائل بين مختلف الأطراف المتصلة عبر الإنترنت فيجب ضمان كلّ التسهيلات والبرمجيات اللازمة للحماية ولكلّ المستخدمين بغض النظر عن مكان الأطراف وكيفية اصدار الرسائل والمكان المصدر منه الرسالة، حيث تحقيق هذه الشروط سوف يضمن للكثير من المستخدمين باختلاف البنية التحتية والأجهزة المستخدمة من استخدام تقنيات الحماية عبر الإنترنت.

17-13 الجدر النارية

إن الجدر النارية عبارة عن مجموعة من الحاسبات الإلكترونية والبرمجيات المصاحبة معها والتي تقوم بعملية فصل الشبكات الخاصة للشركة عن الشبكات العامة حيث تقوم بعض هذه الجدر النارية بعملية تصفية وفلتره للبيانات والطلبات والتي تنتقل من شبكة الإنترنت العامة إلى الشبكة المحلية الخاصة بالشركة والمبنية على عناوين شبكات العمل للحاسوب والذي يقوم بعملية الإرسال والاستقبال للطلبيات أو البيانات.

وعادة البيانات التي تنتقل بين الحاسبات عبر الشبكات يتم تقسيمها إلى كتل صغيرة حيث تحتوي كلّ كتلة من البيانات على:

- عنوان انترنت للحاسوب المرسل والمستقبل للبيانات
- معلومات أخرى تستخدم لتعريف البيانات وتمييز الكتل عن بعضها البعض والتي تأتي من عدة مصادر محتملة عبر الشبكات

وهناك ما يسمى بقواعد الكتل حيث تقوم إما بقبول أو رفض كتلة البيانات القادمة بناءً على مصدر الكتلة وهدفها وغيرها من المعلمات التعريفية ومن الأمثلة على هذه القواعد لفلاتر الكتل البيانية :-

1- منع كلّ الكتل المرسلة من عنوان انترنت معروف وخاصة بين الشركات التجارية وذلك لأسباب تجارية وتنافسية.

2- منع أي كتلة قادمة من الخارج والتي لها عنوان حاسوبي يخص الشركة من الداخل وذلك لحجب طلبات يمكن استخدامها من دخلاء يستخدمون حاسوبهم لانتحال شخصية كمبيوتر أو شخص موجود في الشركة .

مع كلّ ما ذكر فإن لتصفية كتل البيانات مساوئ كثيرة فعند وضع بعض القواعد التي تحكم عملية قبول أو رفض بعض كتل البيانات القادمة من شبكة الإنترنت أو كتل البيانات الذاهبة إلى شبكة الإنترنت عبر الجدار الناري

فقد يغفل مدير الجدار الناري الفني عن بعض القواعد المهمة أو أي يضع بعض القواعد بطريقة غير صحيحة حيث يعمل ذلك على وضع فجوة كبيرة في الجدار الناري وحيث أن محتوى كتل البيانات ليس لها علاقة بعملية التصفية فعندما يتم السماح لكتلة البيانات بالمرور والسماح لها باختراق الجدار الناري فسوف يكون ما داخل الشبكة متاحاً لعملية الهجوم المعتمدة والمقادة من كتل البيانات حيث أن من الممكن أن تحتوي هذه البيانات على تعليمات مخفية قد تتسبب للكمبيوتر المستقبل بتحديث وتعديل عملية السيطرة وضبط تداول البيانات أو بتغيير محتويات الملفات التي تتعلق وتتحكم بعمليات الأمن والحماية .

الفصل الرابع عشر

المسائل القانونية والأخلاقية في الأعمال الدولية و الالكترونية

الأهداف التعليمية Learning Objectives

بعد إتمامك لهذا الفصل سوف تكون قادرا على :

- معرفة وفهم أهم التحديات القانونية والأخلاقية في الأعمال الإلكترونية

- فهم ومعرفة القضايا القانونية في ضوء مراحل الأعمال الالكترونية

- التمييز بين القضايا القانونية والقضاية الأخلاقية

- معرفة ما هية حقوق الملكية الفكرية لك من حقوق الطبع والعلامات التجارية واسماء المجالات وبـراءات الاختراعات الرقمية.

المحتويات Contents

14-1 التحديات القانونية في الأعمال الالكترونية التجارية

إن أنشطة الأعمال الالكترونية التجارية والعلاقات القانونية الناشئة تثير في بيئتها العديد من التحديات والعقبات القانونية للنظم القانونية الحالية، تتمحور في مجموعها حول أثر استخدام الوسائل الالكترونية في تنفيذ الأنشطة التجارية، فالعلاقات التجارية التقليدية قامت على أساس الإيجاب والقبول بخصوص أي تعاقد وعلى أساس التزام الطرفين بمضمون العقد المبرم بينهما فالبائع مثلا يقوم بتسليم المبيع بشكل مادي وضمن نشاط ايجابي خارجي ملموس، وأن يقوم المشتري بالوفاء بالثمن إما مباشرة (نقدا) أو باستخدام أدوات الوفاء البديل عن الدفع المباشر من خلال الأوراق المالية التجارية أو وسائل الوفاء البنكية التقليدية، والى هذا الحد فإن قواعد تنظيم النشاط التجاري سواء الداخلية أو الخارجية، وبرغم تطورها، بقيت قادرة على الاحاطة بمتطلبات تنظيم الأعمال، إذ بالرغم من تطور نشاط الخدمات التجارية والخدمات الفنية واتصال الأنشطة التجارية بعلاقات العمل والالتزامات المتعلقة بالامداد والتزويد ونقل العلوم والمعرفة و التكنولوجيا، فإن القواعد القانونية المنظمة للأنشطة التجارية والعقود يمكن أن تظل حاضرة وقادرة على محاكاة الواقع المتطور والمتغير في عالم الأعمال التقليدية الحالية، لكن الأمر يختلف بالنسبة للتجارة الكترونية، فالتغير، ليس بمفهوم النشاط التجاري، وإنما بأدوات ممارسته وطبيعة العلاقات الناشئة في ظله حيث يتوسط كل نشاط من انشطة الأعمال الالكترونية الكمبيوتر والانترنت والأطراف الأخرى مثل الوسطاء والمؤسسات المالية وغيرها من الشركات التي تقوم بخدمة الطرفين إما مجاناً أو برسوم معينة يتفق عليها الأطراف فيما بينهم، إن أثر وجود التقنية وهيمنتها على آلية انفاذ النشاط التجاري في ميدان الأعمال الالكترونية، بل ضرورتها لوجود الأعمال الالكترونية، كان لا بد أن يخلق عقبة وتحدياً جديداً أمام النظم القانونية الحالية المتعلقة بالأعمال التقليدية.

إذن، فما هي التحديات القانونية التي ظهرت في مجال الأعمال الالكترونية القائمة على الانترنت أو حتى على أي شبكة كمبيوتر أو شبكة اتصالات لاسلكية كالهاتف الخلوي مثلا؟؟

هل الأعمال الالكترونية مجرد نشاط تجاري بين أطراف غائبين يمكن أن تطبق عليها نصوص التعاقد بين الغائبين المقررة في التشريعات المدنية للتجارة التقليدية؟؟

2-14 القضايا القانونية في ضوء مراحل الأعمال الالكترونية

إن تحديد تحديات الأعمال الالكترونية القانونية، يستلزم تصور العملية من بدايتها وحتى نهايتها بشكل عام لا تفصيلي، ومن ثم توجيه مؤشر البحث نحو استخلاص عناوين التحديات، ومن ثم بيان محتوى التحدي وما تقرر من حلول مقارنة لمواجهته .

الأعمال الالكترونية في صورتها العامة، طلبات بضاعة أو خدمات يكون فيها الطالب في مكان غير مكان المطلوب منه الخدمة أو البضاعة ،أي أن كل من الطرفين يكون في مكان مختلف ولا يمكن لهما أن يتقابلا وجها لوجه كما في الأعمال التقليدية وتتم الإجابة بشان توفر الخدمة أو البضاعة على الانترنت، وقد يكون الوضع - كما في المتاجر الافتراضية الالكترونية - إن تكون البضاعة أو الخدمة معروضة على الانترنت يتبعها طلب الخدمة أو طلب الشراء من الزبون المتصفح للموقع، وعلى خط الانترنت أيضاً، وبالتالي يمثل الموقع المعلوماتي على الشبكة، وسيلة العرض المحددة لمحل التعاقد وثمنه أو بدله في حالة الخدمات على الانترنت (أي عبر شبكات المعلومات) . وتثير هذه المرحلة (السابقة على التعاقد فعليا) مشكلات وتحديات عديدة:-

1. توثق المستخدم أو الزبون من حقيقة وجود الموقع أو البضاعة أو الخدمة .
2. مشروعية ما يقدم في الموقع من حيث ملكية بضاعة أو منتج ذات الطبيعة المعنوية (مشكلات الملكية الفكرية) .
3. تحديات حماية المستهلك من أنشطة الاحتيال على الانترنت ومن المواقع الوهمية أو المحتوى غير المشروع للخدمات والمنتجات المعروضة .
4. الضرائب المقررة على عائدات الأعمال الالكترونية عبر الانترنت، ومعايير حسابها، ومدى اعتبارها قيدا مانعا وحادا من ازدهار الأعمال الالكترونية . وهذه التحديات أيضاً ترافق المراحل التالية من خط نشاط الأعمال الالكترونية، فالخصوصية والموثوقية وحماية المستهلك تحديان يسيران بتواز مع سائر مراحل انشطة الأعمال الالكترونية .

المرحلة التالية تتمثل في إبرام العقد، بحيث يتلاقى الإيجاب والقبول على الانترنت أيضاً، ويتم ذلك بصور عديدة بحسب محتوى النشاط التجاري ووسائل التعاقد المقررة على الموقع، أشهرها العقود الالكتروينة على الويب، والتعاقدات بالمراسلات الالكترونية عبر البريد الالكتروني ، وبوجه عام، تتلاقى إرادة المزود أو المنتج أو البائع مع إرادة الزبون، ويتم عقد الاتفاق على الانترنت، وهنا تظهر مشكلتين رئيستين:-

- **أولهما** :- تأكد كل طرف من صفة وشخص ووجود الطرف الآخر وأمانته وصدقه، بمعنى التوثق من سلامة صفة المتعاقد . وحيث أن من بين وسائل حل هذا التحدي ايجاد جهات محايدة تتوسط بين المتعاقدين (سلطات الشهادات الوسيطة) لجهة ضمان التوثق من وجود كل منهما وضمان أن المعلومات تتبادل بينهما حقيقية، وتمارس عملها على الخط من خلال ارسال رسائل التأكيد أو شهادات التوثيق لكل طرف تؤكد فيها صفة الطرف الآخر .

- **وثانيهما** :- حجية العقد الالكتروني أو القوة القانونية الإلزامية لوسيلة التعاقد، وهذه يضمنها في الأعمال التقليدية توقيع الشخص على العقد المكتوب أو على طلب البضاعة أو نحوه أو البينة الشخصية (الشهادة) في حالة العقود غير المكتوبة لمن شهد الوقائع المادية المتصلة بالتعاقد إن كان في مجلس العقد أو فيما يتصل بانفاذ الأطراف للالتزامات بعد ابرام العقد، فكيف يتم التوقيع في هذا الفرض، وما مدى حجيته إن تمّ بوسائل الكترونية، ومدى مقبولية بينته في الاثبات، وآلية تقديمه كبينة إن كانت مجرد وثائق وملفات مخزنة في النظام .

ان بيئة الأعمال الالكترونية توجد وسائل تتفق وطبيعتها لضمان نجاح اتمام عملية الأعمال الالكترونية ومن هنا وجدت وسيلة التوقيع الرقمي (Digital Signature) لتحقيق وظيفة التوقيع العادي.

والمرحلة الثالثة تتمثل في انفاذ المتعاقدين لالتزاماتهما، البائع أو مورد الخدمة الملزم بتسليم المبيع أو تنفيذ الخدمة، والزبون الملزم بالوفاء بالثمن، ولكل التزام منهما تحد خاص به، فالالتزام بالتسليم يثير مشكلات التخلف عن التسليم أو تأخره أو تسليم محل تتخلف فيه مواصفات الاتفاق، وهي تحديات مشابهة لتلك الحاصلة في ميدان الأنشطة التجارية التقليدية، أما دفع البدل أو الثمن، فإنه يثير اشكالية وسائل الدفع التقنية كالدفع بموجب بطاقات الائتمان، أو تزويد رقم البطاقة على الخط، وهو تحد نشأ في بيئة التقنية ووليد لها، إذ يثير أسلوب الدفع هذا مشكلة أمن المعلومات المنقولة، وشهادات الجهات التي تتوسط عملية الوفاء من الغير الخارج عن علاقة التعاقد أصلاً، إلى جانب تحديات الأنشطة الجرمية في ميدان إساءة استخدام بطاقات الائتمان وأنشطة الاستيلاء على رقمها وإعادة بناء البطاقة لغرض غير مشروع.

يضاف إلى هذه التحديات، تحديات يمكن وصفها بالتحديات العامة التي تتعلق بالنشاط ككل لا بمراحل تنفيذه كتحدي خصوصية العلاقة بين المتعاقدين وخصوصية المعلومات

المتداولة بينهما وتحد حماية النشاط ككل من الأنشطة الجرمية لمخترقي نظم الكمبيوتر والشبكات، أو ما يعرف عموماً بجرائم الكمبيوتر التي يقوم لصوص الكمبيوتر والانترنت بتنفيذها وتحدي مشكلات الاختصاص القضائي في نظر المنازعات التي تظهر بين أطراف العلاقة التعاقدية، إذ في بيئة الانترنت، تزول الحدود والفواصل الجغرافية، وتزول معها الاختصاصات المكانية لجهات القضاء، فأي قضاء يحكم المنازعة وأي قانون يطبق عليها عند اختلاف جنسية المتعاقدين، وهو الوضع الشائع في حقل الأعمال الالكترونية وسوف يتم التطرق الى هذه التحديات في الاقسام التالية.

14 - 3 المسائل القانونية والمسائل الأخلاقية

إن من أهم العقبات والتحديات التي تحد من استخدام الأعمال الالكترونية هي المسائل القانونية والأخلاقية والتي تعكر صفو انتشار الأعمال الالكترونية وممارستها بشكل ناجح لجميع الأطراف. وبدءاً ذي بدء سوف نقوم بالتمييز بين المسائل القانونية والمسائل الأخلاقية فنظرياً يمكن التمييز بين القضايا القانونية الأخلاقية بشكل سريع فالقوانين والأحكام يتم سنها من قبل الحكومات ويتم تطوير هذه القوانين سنة تلو الأخرى حسب الظروف والحالات والقضايات التي تطرأ في الدولة حيث يعتبر القانون هو الجهة السائدة والمطبقة على كل المواطنين وبشكل حاسم وهو الذي يحكم تصرفاتهم وتعاملاتهم الاجتماعية والتجارية والاقتصادية وفي كل شئون حياتهم المعاصرة. فإذا قام شخص بخرق القانون أي قام بفعل غير قانوني فسوف يتم التعامل معه ومعاقبته حسب القانون والنظام العام للعقوبات، وفي المقابل فالمسائل الأخلاقية هي جزء من فلسفة تتعامل مع ما يسمى بالخطأ والصواب . فما يعتبر مسألة أخلاقية ليس بالضرورة أن يكون مسألة قانونية قد يعاقب عليها القانون فالأخلاقيات هي ما تعارف عليه الناس في مجتمعاتهم بما هو صحيح أو خطأ ولكنها ليست خاضعة للقانون والعقوبات المترتبة على فعلها أو عدم فعلها .

إن الأعمال الالكترونية خلقت العديد من القضايا القانونية والأخلاقية والتي أيضاً تختلف تصنيفها من دولة الى أخرى ففي الولايات المتحدة الامريكية تعتبر قضية ارسال فيض كبير من الرسائل الالكترونية إلى شخص ما بدون موافقته قضية قانونية يعاقب عليها القانون إما في دول أخرى وخاصة الدول النامية منها فتعتبر قضية أخلاقية ولا يعاقف عليها القانون. وأيضاً كمثال آخر تخيل شركة فيها موظفين يعملون على الكمبيوتر وممكن لهم استخدام الانترنت في انجاز الكثير من أعمالهم فهل يعتبر استخدام الانترنت في المسائل الشخصية للموظفين قضية أخلاقية أم قانونية قد تؤدي إلى فصل الموظف من الشركة. وأيضاً عمليات

التنصت واستراق السمع والتجسس كلها تعتبر قضايا أخلاقية أو قضايا قانونية وذلك حسب الدولة وحسب تقدمها وسنها للقوانين المتعلقة بالانترنت والأعمال الالكترونية، فعلى سبيل المثال التوقيع الالكتروني المطبق بين البائع والمشتري معترف فيه في الدول الغربية والأوروبية ولكن معظم الدول النامية ليس لدينها أي قانون يتعلق بالتوقيع الالكتروني وقس على ذلك باقي المسائل المتعلقة بالانترنت والأعمال الالكترونية. أيضاً قد تختلف نسبة الاعتراف والمعيار وقد يختلف تصنيف عملية ما على أنها قضية أخلاقية أو قانونية أي بمعنى آخر أنه ليس هناك إلى الآن أي قانون دولي موحد يتعلق بالأعمال الالكترونية والانترنت كما هو الحال في الأعمال التقليدية فما هو اخلاقي في دولة ما قد يعتبر قانوني في دولة أخرى.

4-14 شيفرة الأخلاقيات Code of Ethics

إن العديد من الشركات تقوم بالعديد من العمليات والنشاطات من أجل منع موظفيها من استخدام الانترنت والبريد الالكتروني في المسائل الشخصية والتي ليست لها علاقة بعمل الموظف، فبعض الشركات تقوم بوضع سياسات حول استخدام الكمبيوتر والانترنت وارسالها إلى الموظفين لكي يلتزموا بها وبعض الشركات الأخرى تقوم بعمليات مراقبة لكل ما يقوم به الموظف حيث تقوم باخبار الموظفين بأن الشركة لديها الحق بمراقبة وقراءة الرسائل الالكترونية التي يقوم الموظف بارسالها من داخل الشركة وأيضاً بمراقبة كل المواقع التي يقوم الموظف بزيارتها حيث تقوم بتسجيل كل موقع قام بزيارته الموظف وبناء على ذلك يتم التعامل مع الموظف كل هذه الحالات تعتبر جزء من الشيفرة الأخلاقية، فهل مراقبة الموظفين ووضع كاميرات مراقبة تعتبر مسألة أخلاقية وهل قراءة البريد الشخصي- للموظفين تعتبر مسألة أخلاقية ولا يجوز للشركات أن تقوم بها أو أنها جائزة وما تفعله الشركة هو حماية مصلحتها التجارية وحث الموظفين على الالتزام بالعمل لمصلحة الشركة وليس لمصلحته الشخصية.

هناك العديد من المنظمات من مختلف التخصصات قامت بتطوير شيفرة من الأخلاقيات لمطوري البرمجيات حيث قامت بتبنيها كل من ACM و IEEE في العام 1998 والتي تنص على ما يلي :-

" أن على مديري المشاريع والموظفين أن يلتزموا ويلزموا أنفسهم باخلاقيات المهنة عند قيامهم بعمليات التحليل والتصميم والتطوير وعمليات الاختبارات للبرامج والصيانة بحيث يقوموا بتصميم هذه البرامج حسب المتطلبات السلامة العامة والصحة والسعادة

للجميع، وعلى مديري المشاريع والموظفين أن يلتزموا بالمبادىء الرئيسية الثمانية التالية:-

1. **العامة Public**

على مديري المشاريع والموظفين أن يعملوا من أجل المصلحة العامة لكل الأفراد على الكرة الارضية.

2. **العميل وصاحب العمل Client and Employer**

على مديري المشاريع والموظفين أن يقوموا بعملهم لمصلحة عملائهم وموظفهم بما يتلائم مع المصلحة العامة .

3. **المنتج Product**

على مديري المشاريع والموظفين أن يتأكدو أن المنتج يراعي أعلى المقاييس والمعايير العامة الممكنة والتي تتوافق مع المصلحة العامة.

4. **اتخاذ القرار Judgment**

ان مديري المشاريع والموظفين يجب أن يكون لهم القرار المستقل عند الحكم على صلاحية منتج معين ولا يخضع لمصلة صاحب العمل فقط.

5. **الادارة Management**

على مديري المشاريع والموظفين أن يقوموا بدعم الطريقة الأخلاقية في إدارة وصيانة و تطوير المشاريع.

6. **الاحترافية Profession**

على مديري المشاريع والموظفين أن يلتزموا بالأخلاقيات والثوابت المتعلقة بالمهنة.

7. **الزمالة Colleagues**

على مديري المشاريع والموظفين أن يكونوا عادلين ومتعاونين مع زملائهم في العمل.

8. **النفس Self**

على مديري المشاريع والموظفين أن يلتزموا بتعليم أنفسهم وتطوير تعليمهم بشكل مستمر وأن يروجوا للمسائل الأخلاقية ويقوموا بنشر المباديء الصحيحية المتعلقة بأخلاقيات المهنة.

لقد كان للحاسوب السبب الرئيسي لمقتل العديد من البشر وكان السبب في خسارة مئات الملايين من الدولارات، فكما نعرف فإن الحاسوب أصبح يستخدم في كل نواحي الحياة فنحن نراه حالياً في غرف العمليات في المستشفيات وهو يتحكم بنظام الطائرات المدنية والحربية وعميات اطلاق الصواريخ إلى القمر والمريخ والفضاء الخارجي. وأيضاً الحاسوب يستخدم

حاليات في التحكم بكمية الاشعة اللازمة تسليطها على الأورام الخبيثة لمرضى السرطان حيث يعمل برنامج داخل الجهاز للتحكم بالكمية، وقد حدثت حالتها توفي فيها العديد من الأشخاص في ولاية تكساس بامريكيا بسبب حصولهم على جرعات تزيد عن الحد المطلوب وذلك بسبب خطأ في برمجة الجهاز , أيضاً حصل تدمير لأحد المركبات الفضائية في القمر بسبب خطأ في البرنامج الذي يتحكم بحساب المسافة لهبوط المركبة على سطح القمر مما أدى إلى خسارة الاف الملايين من الدولارات وغيرها حالات كثيرة سببها عدم كفاءة البرامج المصممة أو البرامج التي تحتوي على أخطاء كثيرة لم يقوموا المبرمجين بالتصريح عنها حتى يستطيعوا أن يقوموا ببيع هذه المنتجات.

وقد قام بناءً على ذلك العديد من الباحثين والمنظمات الغير ربحية بكتابة العديد من المبادىء المتعلقة باستخدام التقنيات والكمبيوتر، حيث ظهر ما يسمى بالوصايا العشر لأخلاقيات الحاسوب من قبل معهد أخلاقيات الكمبيوتر في العام 2002 وهذه الوصايا العشر هي :-

1- يجب أن لا يستخدم الحاسوب في أذية الناس.

2- يجب أن لا يستخدم الحاسوب للتدخل في عمل الآخرين.

3- يجب أن لا يستخدم الحاسوب للتنصت والتجسس على ملفات الغير.

4- يجب أن لا يستخدم الحاسوب للقيام بعمليات السرقة.

5- يجب أن لا يتم استخدام أو نسخ الممتلكات الخاصة من برمجيات من غير أن يتم دفع ثمنها.

6- يجب أن لا يستخدم الحاسوب كشهادة زور كاذبة.

7- يجب أن لا يستخدم مصادر الآخرين من ملفات وبرامج بدون صلاحية وإذن مسبق.

8- لا يجوز انتهاك الملكية الفكرية للاخرين .

9- يجب أن يؤخذ بعين الاعتبار العواقب الاجتماعية لكل برنامج تقوم بتصميمه أو تطويره.

10- يجب دائما استخدام الحاسوب بطريقة تضمن الاعتبارات والاحترام لكل البشر على وجه الارض.

14 – 5 القضايا القانونية والأخلاقية الرئيسية في الأعمال الالكترونية:

Major Legal and Ethical Issues.

هناك العديد من القضايا القانونية والأخلاقية التي ظهرت عند اطلاق الانترنت وعند اجراء العمليات والمعاملات التجارية الالكترونية ومن هذه القضايا :

- **الخصوصية :-**

إن الخصوصية تعني العديد من الأشياء للعديد من الأشخاص، وفي العموم فإن الخصوصية تعني حق المرء في يترك وشأنه وحقه في عدم خرق خصوصيته ويعتبر هذا الحق قانونا ودستورا في التعاملات التجارية والمالية عبر الانترنت في الدول المتقدمة كالولايات المتحدة الامريكية . في السابق كانت عملية الحصول على المعلومات عن أشخاص أو شركات أو اسرار تجارية أو عسكرية عملية صعبة ومعقدة ومكلفة جداً، أما اليوم فبوجود الانترنت والتي تحوي مليارات من الصفحات المكونة من ملايين المعلومات الصورية والنصية والصوتية والحركية عن العديد من المواضيع والأشخاص والشركات والأسرار التجارية والتي تكون محفوظة في قواعد بيانات في العديد من الخادمات قد سهلت من عملية الحصول على المعلومات واختراق قانون الخصوصية، حيث لا يمكن ان تتم اي عملية بيع أو شراء قبل أن يقوم العميل بملء بيانات خاصة عنه كاسمه وعنوانه ورقم الهاتف ورقم بطاقة الاعتماد وفي كثير من الأحيان تقوم الشركات بجمع معلومات أخرى اكثر خصوصية عن الحاجات التي يفضلها وعن مرتبه وغيرها من المعلومات، حيث تكون هذه المعلومات عرضة للسرقة أو البيع أو للكشف بطرق كثيرة منها طريقة القرصنة أو قيام أحد الموظفين ببيع هذه المعلومات بدون علم الشركة مما يؤدي إلى انتهاك الخصوصية للعميل.

لذلك كله فالانترنت يمكن استخدامها للبحث عن معلومات حول الأشخاص وذلك بـ:-

- قراءة المعلومات الشخصية المعلقة في المجموعات الإخبارية في الانترنت.
- بالبحث عن اسم الشخص وهويته في فهارس ومكتبات الانترنت.
- بقراءة البريد الالكتروني للأفراد.
- بالقيام بمراقبة الموظفين في الشركة عبر الشبكات أو كاميرات المراقبة.
- بوضع أجهزة مراقبة لا سلكية ومراقبة تصرفات الموظفين وسلوكهم وأعمالهم ونشاطاتهم .
- بالطلب من الأفراد تعبئة نماذج الكترونية حولهم.

- بتسجيل نشاطات الأفراد عبر برامج متصفحات الانترنت ومراقبت عملية وسلوكهم في الانترنت.
- بدس برامج تجسس في حاسبات الأشخاص تكون مخفية في برامج تم تنزيلها بدون علم الأفراد حيث تقوم بعملية مسح كامل لحاسوب الفرد وارسال تقارير عن كل حركاتهم عبر الانترنت بدون علمهم.

لذلك كله لا بد من حماية الخصوصية للأفراد ومنع أي عملية كشف لمعلومات الأفراد بدون إذن منهم وذلك بالمباديء والطرق التالية:-

1. **الوعي والادراك** : يجب على المستهلكين العملاء أن يكون لديهم الحق باعطاء أو عدم اعطاء معلومات سرية عنهم للشركات ويجب أن يكون هناك إذن مسبق عند رغبة الشركة بارسال معلومات ما إلى جهة أخرى من قبل العملاء.
2. **الرضا والخيار** : لا بد أن يتم اعلام كل العملاء عن كيفية التعامل مع معلوماتهم وكيفية حفظها وكيفية استخدامها وبماذا قبل أن يتم جمع هذه المعلومات بحيث يكون العميل راض كل الرضا عن الطريقة التي سوف يتم استخدام هذه المعلومات فيها.
3. **التداول والمشاركة**: لا بد من أن تكون هناك طريقة تمكن العميل من الوصول إلى معلوماته واجراء إي عمليات تعديل أو إضافة أو حذف عليها بالطريقة الصحيحة والآمنة.
4. **الأمن والتكامل** : يجب أن يكون العميل متأكداً من أن المعلومات التي قدمها هي نفسها ولم يتم اجراء أي تغيير أو تبديل عليها ويجب أن يتم حفظها بمكان آمن لا يمكن أي شخص غير مصرح له للوصول اليها.

14 - 6 حقوق الملكية الفكرية Intellectual Property Right

إن الملكية الفكرية هي كل ما يتمّ ابتكاره بجهد ذهني وعقلي ويتضمن: الاختراعات، والأدب والأعمال الفنية والعلامات والاسماء والصور والتصاميم المستخدمة في الأعمال، حيث يجب حماية كل هذه الحقوق، وذلك بمنع استخدامها من غير إذن أو ببيعها بدون تصريح أو القيام بعمل نسخ لها وبيعها.

إن حقوق الملكية الفكرية يمكن تقسيمها إلى أربعة أنواع في الأعمال الالكترونية:

1. حقوق الطبع Copyrights
2. العلامات التجارية Trademarks
3. اسماء المجالات Domain names

4. براءة الاختراع Patents

14 - 6 - 1 حقوق الطبع Copyright

حقوق الطبع هو عبارة عن حق تمّ منحه من قبل الحكومة المفوضة للمالح حصريا حيث يمنحه هذا الحق بـ

- إعادة نسخ العمل كلياً أو جزئياً.

- توزيع أو تنفيذ أو نشر هذا العمل إلى العامة باي شكل أو طريقة ويتضمن نشره أيضاً بالانترنت.

- يكون للمالك الحق بتصدير العمل إلى دولة أخرى.

14 - 6- 2 حقوق العلامات التجارية Trademarks

العلامة التجارية هي عبارة عن رمز أو علامة تستخدمها الشركات لتعريف منتجاتهم وخدماتهم، وهذه العلامة أو الرمز يمكن أن تتكون من كلمات أو تصميمات أو أحرف أو أرقام أو أشكال أو أي خليط من الالوان أو غيرها من المعرفات، وتحتاج العلامات التجارية إلى عملية تسجيل في القطر الموجودة فيه الشركة من أجل حمايتها من قبل القانون والدولة، وحتى تكون العلامة التجارية مسجلة ومحمية من قبل القانون لا بد من أن تكون العلامة التجارية مميزة وفريدة واصلية وغير مسجلة من قبل، وعندما يتم تسجيلها تصبح هذه العلامة باقية وإلى الأبد بشرط أن يتم دفع الرسوم السنوية المستحقة على العلامة التجارية بانتظام وبدون تأخير.

ولمالك العلامة التجارية الكثير من الحقوق الحصرية منها :-

- استخدام العلامة التجارية على البضائع والخدمات التي تمّ تسجيل العلامة التجارية لها.

- اتخاذ اجراءات قانونية من أجل منع أي شخص أو أي شركة أخرى من استخدام العلامة التجارية من الغير البضاعة أو الخدمات المسجلة لها في الأصل.

14 - 6 - 3 حقوق اسماء المجالات Domain names

من أنواع العلاما ت التجارية في العصر الحالي هي اسماء المجالات لمواقع الانترنت، واسم المجال هو عبارة عن اسم يستخدم لتعريف عنوان الانترنت لموقع ويب لشركة معينة والذي يتكون من مجموعة من الصفحات الالكترونية من ضمنها الصفحة الرئيسية home page والتي عادة يتم تحميلها عند طلب اسم المجال , ومن الأمثلة على اسماء المجالات العالمية :

http://www.islamonline.net

http://www.google.com

http://www.amrkhaled.com

http://www.yahoo.com

http://www.ayna.com

وهناك عدة أنواع من اسماء المجالات ملخصة بالجدول التالي:

Edu	للمؤسسات التعليمية كالجامعات والمعاهد والمدارس
Com	للشركات التجارية
Net	للشبكات ومقدمي خدمات الانترنت
Gov	للمؤسسات الحكومية
Mil	للمؤسسات العسكرية
Org	للمنظمات الغير ربحية

وقد تمّ حجز حرفين يتم إدراجهما في نهاية اسم المجال لتدل على اسم الدولة المضيفة للموقع والجدول التالي يلخص أهم هذه الحروف والدول التي تشير اليها:

jo	الأردن
us	الولايات المتحدة الامريكية
eg	مصر
sy	سوريا
uk	المملكة المتحدة
Ja	اليابان
Pa	فلســـــــطين

مثال:-

http://www.ammanu.edu.jo

14 – 6 – 4 براءة الاختراع Patents

براءة الاختراع هي وثيقة تمنح صاحبها الحقوق الحصرية لاختراع أو ابتكار أو اكتشاف معين لعـدد محـدود مـن السنوات على سبيل المثال 17 سنة في الولايات المتحدة و20

سنة في المملكة المتحدة. إن براءة الاختراع وجدت لكي تعمل على حماية الاختراعات التقنية الملموسة وخاصة في مجال الصناعات التقليدية، ولم يتم تصميم براءة الاختراع لحماية الابداعات الفنية والأدبية، حيث يمكن أن يكون الاختراع أو الابتكار على شكل جهاز مادي ملموس أو وسيلة أو عملية لصنع جهاز.

أسئلة الفصل الرابع عشر

ضع دائرة حول رمز الإجابة الصحيحة لكل مما يلي:

1-	إن عملية جمع وتخزين و بث المعلومات حول الأفراد تكون من ضمن :
	أ- الخصوصية privacy
	ب- الدقة
	ت- الوصول للمعلومة
	ث- الاملاك
2-	إن السبب الأساسي لكتابة خطة العمل هي :
	أ- للحصول على التمويل الكافي
	ب- لتزويد الموظفين نحو الاستراتيجة السليمة في العمل
	ت- مساعدة ذوي المصلحة لمعرة ماذا يريدون تحقيقه
	ث- تزويد أطار للعمل التجاري
3-	الفرق الرئيسي بين الخطة التجارية والحالة التجارية هو :
	أ- كل الأعمال التجارية يجب أن يكون لـديها خطة تجاريـة ولكـن فقـط الشركـات التجاريـة الموجودة حالياً والتي لها خطة تجارية للانتقال إلى الأعمال التجارية الالكترونية يجب عليهـا أن تقوم بتطوير حالة تجارية لتبرير العمل التجاري
	ب- كل الأعمال التجارية الموجودة حالياً والتي لها حالة تجارية للانتقال إلى الأعـمال التجاريـة الالكترونية يجب عليها أن تقوم بتطوير خطة تجارية لتبرير العمل التجاري
	ت- ليس كل الأعمال التجارية يجب أن يكون لـديها خطة تجارية ولكـن فقـط الشركـات التجارية الموجودة حالياً والتي لها خطة تجارية للانتقال إلى الأعمال التجاريـة الالكترونيـة يجـب عليها أن تقوم بتطوير حالة تجارية لتبرير العمل التجاري
	ث- أن كل حالة تجارية هي جزء من الخطة التجارية

4-	إن المواقع الالكترونية والتي تزود بمعلومات فقط عن العمل التجاري والمنتجات التي تقدمها تسمى :
	أ- موقع معلوماتي
	ب- موقع تفاعلي
	ت- موقع قواعد بيانات
	ث- موقع عمليات تجارية
5-	إن أول قرار يجب اتخاذه عند بناء موقع الكتروني هو :
	أ- من سوق يقوم باستضافته
	ب- ما هو اسم المجال
	ت- كيف يدفع المستهلكون النقد
	ث- ما هي الألوان والخلفيات المطلوبة في الموقع
6-	إن عملية الاتفاق حول مكان الموقع الالكتروني هي جزء من عملية اختيار:
	أ- مضيف موقع الويب
	ب- اسم المجال
	ت- المحتوى
	ث- شكل الموقع
7-	إن النسخة طبق الأصل لنفس موقع الويب موجودة في خادم أخر يحويها تسمى :
	أ- تسمى موقع المرأة mirror site2
	ب- مزود خدمة انترنت
	ت- استضافة ذاتية
	ث- استخدام شركة أخرى لاستضافة الموقع
8-	إن الاسم مبني على عنوان يقوم بتعريف خادم متصل بالانترنت يسمى :
	أ- اسم مجال
	ب- عنوان مزود خدمة انترنت
	ت- اسم مضيف مواقع
	ث- غير ذلك

-9	إن المحتويات الموجودة في موقع واحد ولا توجد في أي موقع آخر تسمى : أ- محتوى نوعي premium content ب- محتوى مجانا ت- محتوى محلي ث- محتوى شائع
-10	استخدام محتوى ثانوي شبيه بالمنتج أو الخدمة المعنية يسمى : أ- بيع عابر cross selling ب- بيع تحديثي up selling ت- ترويج ث- ملاحظات
-11	إنشاء محتوى محدث أو موسع لمنتج معين يسمى أ- بيع تحديثي up selling ب- بيع عابر ت- ترويج ث- ملاحظات
-12	كيفية تنظيم صفحات الموقع وعنونتها والتنقل فيما بينها لدعم عملية التصفح والبحث تسمى : أ- هيكلية معلومات الموقعinformation architecture ب- شكل الويب ت- تصميم الويب ث- قالب الويب
-13	إن الصفحة الترحيبية للزائر والتي تقدم موقع الويب تسمى : أ- الصفحة الأم homepage ب- صفحة النقل ت- صفحة المساعدة ث- صفحة المحتوى

14-	على الزوار أن يجدو ما يبحثون عنه في موقع الويب :
	أ- بثلاث نقرات أو اقل
	ب- بأقل من ثلاث نقرات فقط
	ت- بنقرة واحدة
	ث- بدون نقر
15-	إن مفهوم الثبات consistency في تصميم مواقع الويب هو:
	أ- التأكيد من أن صفحات موقع الويب تبدو متشابهة بغض النظر عـن متصـفح الانترنـت المستخدم.
	ب- التأكيد أن الرسائل تم إرسالها إلى الزبون بشك ثابت
	ت- التأكيد أن الزور سوف يجدوا ما يبحثوا عنه بسرعة ثابتة
	ث- غير ذلك
16-	جزء من الموقع يستطيع الزوار الاتصال معا بشكل متزامن
	أ- مجموعة الدردشة chat group
	ب- قائمة المجتمع
	ت- قائمة البريد الالكتروني
	ث- منتديات المناقشة

الفصل الخامس عشر

القانون الدولي للتجارة الإلكـترونية

الأهداف التعليمية للوحدة

- فهم ماهية تشريعات الأعمال الالكترونية

- التعرف على أسس الأعمال الالكترونية

- فهم آلية وماهية العقد الالكتروني

- التعرف على أدلة الاثبات الالكترونية

- التعرف على مفهوم التطبيق الفعلي لقانون الأعمال الالكترونية

محتويات الفصل الخامس عشر

15 - 1 المقدمة

إن انتشار الأعمال الالكترونية عبر الانترنت وعبر الشبكات اللاسلكية بشكل واسع وعالمياً وبين مختلف الدول والأفراد والشركات أدى إلى سن العديد من القوانين والتشريعات المتعلقة بالأعمال الالكترونية، وقد دأبت كل الدول المتقدمة كالولايات المتحدة الامريكية واوروبا وكندا إلى سن العديد من القوانين التي تضبط عمليات البيع والشراء وكافة نشاطات الأعمال الإلكترونية التي تتم بين مختلف الأفراد، وقد دأبت أيضاً بعض الدول العربية كالمملكة الأردنية الهاشمية ودولة الإمارات العربية المتحدة على تنفيذ ما جاء من الالتزامات الدولية ومواكبة التطورات والمستجدات الاقتصادية وقامت بكل الوسائل من أجل تشجيع وتطوير حركة الاستثمار وجذب مختلف رؤوس الأموال إليها بحيث أصبحت الأردن والإمارات العربية المتحدة من أكثر الدول الجاذبة للمستثمر الأجنبي وذلك لما تمتاز به من استقرار وأمن وذلك ناتج عن الالتزام التام بالقانون وبسن القوانين المحلية والتي تتواكب مع التقدم والتطور الحاصل في هذا العصر، عصر المعلومات والانترنت وعصر الكمبيوتر. حيث قامت كل من المملكة الأردنية الهاشمية ودولة الإمارات العربية المتحدة بسن قانون خاص يسمى قانون الأعمال الالكترونية حيث تمت تسميته بناءً على النسخة الأردنية بقانون المعاملات الالكترونية رقم 85 لسنة 2001، بينما تمت تسميته طبقاً للنسخة الاماراتية والمتمثلة في امارة دبي بقانون المعاملات والأعمال الالكترونية رقم 2 لسنة 2002، وبالرغم من اختلاف التسمية لقانون الأعمال الإلكترونية إلى أنه يعالج نفس المواضيع والتي تتم عبر أجهزة الكمبيوتر وشبكات الانترنت وعبر الأجهزة الخلوية حيث تبين هذه القوانين ما هيتها وآلية القيام بها وتحدد طرق اثبات مخرجاتها وتقرر لها السقف الأدنى من الحماية القانونية بكل طرفيها المدني والجزائي.

إن الأعمال الالكترونية تعتبر نوعاً من الأعمال الدولية وذلك لأنها تتم بين أفراد وشركات من مختلف الدول، فعلى سبيل المثال قد تكون هناك شركة لها موقع الكتروني مستضافاً في كندا ومالكي هذا الموقع موجودين في السويد والمشتري قد يكون من الأردن والوسيط بين البائع والمشتري قد يكون من الولايات المتحدة الامريكية، لذا فإن الأعمال الإلكترونية هي تجارة دولية وللأسف لا يوجد قانون موحد دولي يتعلق بالأعمال الإلكترونية فقد تتعارض في كثير من الأحيان القوانين المسنة في الولايات المتحدة الامريكية مع تلك الموجودة في أوروبا أو كندا، حيث أن الدول المتقدمة كافة يتحاورون حواراً قوياً وساخناً حول القواعد الأساسية للأعمال الإلكترونية كالضرائب المفروضة على المبيعات التي تتم

عبر الشبكات الالكترونية والرسوم الجمركية وطرق الدفع المالية عبر الانترنت والعقود الالكترونية وعمليات التشفير وفك التشفير وحيث أن الكثير من الدول الإسلامية والعربية غائبة ومغيبة عن هذا الحوار حيث تعتبر هذه مسألة في غاية الخطورة ولا بدّ من تداركها وعدم الاكتراث بنا إلا كدول نامية ليست شيئاً بالنسبة لهم إلا أسواق استهلاكية، و من هنا وجدت المسافة الساحقة بين حجم التعاملات التجارية التي تتم عبر الانترنت في الدول المتقدمة وتلك التي تتم في الدول العربية والإسلامية .

15- 2 أسس الأعمال الالكترونية **Basis of EC**

لكي يتمكن البائع أو التاجر من مزاولة عمله التجاري عبر الانترنت لا بد وأن تتوفر عدد من الأسس والركائز التي هي العمود الفقري والأساسي للأعمال الإلكترونية، وهذه الأسس هي:

1. **البنية التحتية**

حيث تتمثل البنية التحتية للأعمال الالكترونية بتوفر المعدات والبرمجيات، حيث تتكون المعدات من أجهزة حاسوب وخطوط اتصالات وخدمة الشبك والربط بالانترنت ولا بد من توفر البرمجيات والأدوات اللازمة في المعاملات التجارية كموقع الويب والذي يحتوي العديد من المهمات مثل برامج لاتمام عمليات الدفع المالي الالكتروني والتحويلات المآلية وغيرها.

2. **الوعي والثقافة والعامل البشري**

حيث لا بد لمن يرغب بالعمل التجاري عبر الانترنت من معلومات وثقافة عامة تتعلق بكيفية التسويق وادارة العمليات التجارية وعمليات التنظيم والتنسيق مع كافة الأطراف كالمؤسسات المآلية والوسطاء، كما لا بد من توفر الأفراد ذوي الخبرات الفنية والمؤهلات العآلية لتمكنهم من إجراء كافة العمليات اللازمة لاتمام كل المعاملات التجارية المطلوبة الكترونياً .

3. **التشريعات والقوانين المتعلقة بالأعمال الالكترونية**

ويتمثل هذا المحور الأساسي في عمليات سن القوانين والتشريعات المحلية والقادرة على تنظيم أمور الاقتصاد الرقمي وتوضيح ماهيتها وفقاً لحاجات الدولة بحيث لا تكون هذه القوانين مجردة ترجمة غير دقيقة للقوانين العالمية المتعلقة بالأعمال الإلكترونية، حيث يجب أن تأخذ هذه القوانين الحق الكامل في الدراسة والتمحيص والبحث، وحيث تعتمد هذه التشريعات على دور الحكومة والسلطة التشريعية والتي يجب عليها وضع نظام كلي وعام

وقانون كامل متكامل ينظم هذا النوع من الأعمال ليحمي جميع الأفراد والمؤسسات ويضفي على كل التعاملات الأمن والأمان والسلامة ويعزز الثقة والأمانة والمصداقية.

إن موضوع القوانين المتعلقة بالأعمال الالكترونية أو موضوع المعاملات الإلكترونية عموماً والأعمال الإلكترونية خصوصاً ومنذ نهاية التسعينات التي ظهرت فيها الأعمال الالكترونية ولا تزال عند معظم الباحثين والعلماء والمهتمين على حد سواء رغبة كبيرة في تناولها كمحور أساسي في أبحاثهم ودراساتهم ومؤلفاتهم وذلك في محاولة منهم للغوص في اعماق هذا النوع من الأعمال وكشف اللثام عن محتوياتها وملامحها وتوضيح ماهيتها وبيان نصوصها وأحكامها وطرف حمايتها وتحديد نقاط القوة ونقاط الضعف التي تتميز بها مخرجاتها في عمليات الاثبات وبيان القوانين التي يجب أن تطبق فيها.

15 - 3 التعريف التشريعي للأعمال الالكترونية

لقد برز مصطلح الأعمال الالكترونية لأول وهلة في الولايات المتحدة الامريكية في نهاية الثمانينيات تحت اسم تبادل البيانات الكترونياً (EDI (Electronic Data Interchange ثم في بداية التسعينيات وتحديداً في العام 1993 ظهرت ما يسمى بالأعمال الالكترونية وهي عملية تبادل البيانات والمعلومات والنقود والخدمات أو المنتجات وما يصحبها من أعمال تجارية الكترونياً وعبر شبكات الانترنت حيث تكون المنتجات إما ملموسة يتم شحنها بالبريد العادي وإما تكون المنتجات رقمية كملفات البرامج والموسيقى والأفلام ويتم تنزيلاها رقميا بعد اتمام عمليات الدفع المالي. وبعد ظهور الأعمال الالكترونية في امريكا وكندا واوروبا وبقية العالم بدأ الاهتمام العالمي والدولي سواء على مستوى الشركات او الأفراد او الحكومات والمنظمات الدولية بهذا النوع من الأعمال يتزايد ويتطور يوما بعد يوم، الأمر الذي دفع اللجنة المنبثقة عن الأمم المتحدة والمتخصصة بالقانون التجاري الدولي والمعروفة باسم UNCTRRAL والتي تتكون من مجموعة من اللجان الدولية بمناقشة المسائل السياسية والأمنية ووسائل السيطرة على كافة الأنواع المختلفة من المنتجات مثل الأسلحة وتناقش لجان أخرى المسائل المتعلقة في المسائل الاقتصادية والمآلية ولجان تناقش المسائل المتعلقة بمشاكل البلدان التي لا تتمتع بالحكم الذاتي وتناقش لجان أخرى المواضيع المتعلقة بالميزاية والشؤون الإدارية والشؤون القانونية حيث تقوم كل لجنة بدراسة المسائل الموكلة إليها وتقوم بتقديم توصياتها إلى الجمعية العامة للأمم المتحدة حيث يتم اتخاذ القرارات بناءً على هذه التوصيات من هذه اللجان.

لقد حاولت UNCTRRAL تضمين مشروع القانون الموحد للأعمال الالكترونية تعريفا محددا لهذه الأعمال إلا أنه ومع ذلك جاء هذا المشروع خالياً من مثل هذا التعريف على الرغم من تعلق هذا المشروع وارتباطه الوثيق بموضوع هذه الأعمال، حيث لم يتضمن إلا تعريفاً لتبادل المعلومات عبر أجهزة الحاسوب والتي تحوي بين طياتها الأعمال الإلكترونية.

وطبقا لمشروع القانون المشار إليه تمّ تعريف عملية تبادل المعلومات الإكترونية EDI بأنها نقل البيانات عبر جهازي كمبيوتر باستخدام نظام معلومات متفق عليه. وعلية واستناداً للجنة القانون الدولي فإن التعريف السابق يشمل كل استعمالات المعلومات عبر الكمبيوتر ومن ضمنها الأعمال الالكترونية.

لقد تمّ تعريف الأعمال الالكترونية حسب المشروع الأردني بأنها إجراءات الاتفاق بين طرفين أو عدة أطراف بوسائل الكترونية على تنفيذ عملية تجارية وفي مسألة تعريف اصطلاح الكتروني اعتباره يشمل الكهربائي والرقمي والمغناطيسي والضوئي والكهرومغناطيسي ومن الملاحظة على هذا التعريف أنه يعد مفهوم الأعمال الالكترونية لتشمل الاجراءات التمهيدية السابقة على اتمام الأعمال الالكترونية .

15 - 4 العقد الإلكتروني E-Contract

يتمثل نموذج العقد الالكتروني نموذجاً من نماذج الأعمال الالكترونية في القيام بتبادل طرفي العملية التجارية كافة المستندات والبيانات المتعلقة بعمليات الأعمال الالكترونية حيث يتفق الطرفان البائع والمشتري على العروض والتفاوض بشأن بنود الاتفاق ومن ثم يتم ابرام هذا الاتفاق على شكل عقد يتم طباعته ومن ثم توقيعه الكترونيا باستخدام مفاتيح خاصة لا يعلمها إلا الطرف الموقع ولا يمكن تزويرها أبداً وهذا النوع من العقود الالكترونية معترف فيه في معظم الدول الاوروبية وكندا والولايات المتحدة وغيرها من الدول وحتى الان يتم دراسته من قبل بعض الدول العربية من أجل سنه والاعتراف فيه في المحاكم.

وبمعنى آخر فإن العملية التجارية الالكترونية وفقا لهذا النموذج تتم كأي عملية تعاقدية بين طرفين، حيث يتواجد قرار الايجاب وهو عملية عرض المنتجات أو الخدمات على موقع الويب الخاص بالشركة أو الشخص الذي يقوم بعملية البيع عبر شبكة الانترنت كما يوجد القبول المصرح عنه من قبل المستهلك أو العميل المتصفح لموقع الويب الخاص بالشركة أو الفرد التاجر العرض للمنتج أو الخدمة المنوي شرائها أو الحصول عليها، كما يوجد أيضاً ثمن لهذا المنتج أو الخدمة المعروضة والخاص بالمبيع المتفق عليه والذي يجب أن يتم دفعه بطرق الدفع المالي الإلكتروني عبر الانترنت، مما سبق يتبين بأن عناصر وبنود العقد

جميعها من ايجاب وقبول واتفاق على السعر وطريقة تسليم المنتج أو الخدمة وكافة العناصر الأخرى الأساسية متوفرة، وبالتالي يمكننا القول أننا أمام عقد كامل متكامل مع ذلك إن ما يميزه أنه عقد الكتروني تم الاتفاق عليه وتوقيعه عبر الانترنت وبوسائل وأساليب جديدة تعتمد على مبدأ التشفير بالمفاتيح الخاصة السرية والعامة وهو ما يسمى بالعقد الالكتروني.

وقد تمّ تعريف العقد الالكتروني حسب القوانين الصادرة بأنه الاتفاق الذي يتم بوسائل الكترونية جزئياً أو كلياً، وكغيره من العقود لا بدّ للعقد الالكتروني من أطراف تسمى أطراف العقد الالكتروني وهي :-

اولا: الموجب

وهو المؤسسة أو الشركة أو الفرد العارض للسلع أو الخدمات ويسمى هذا الشخص بالمنشيء وفقاً لنص القانون الأردني، وهو الشخص الذي يقوم بنفسه أو بواسطة من ينيبه بانشاء أو ارسال رسالة المعلومات قبل تسلمها وتخزينها من المرسل إليه .

ثانياً : القابل

وهو المؤسسة أو الشركة أو الشخص الذي طلب المنتج أو الخدمة أو السلعة المعروضة على شبكة الانترنت من خلال الموقع الافتراضي للموجب أو المنشيء حيث يسمى في القانون الأردني ب " المرسل إليه " حيث تمّ تعريفه حسب القانون الأردني بانه الشخص الذي قصد المنشيء تسليمه رسالة المعلومات .

وبمعنى آخر فإنه يجوز أن يتم ابرام العقد بين الطرفين المرسل إليه والمنشيء وانشاء العقد الالكتروني والالتزام به من قبل الاثنين إذا استخدم لتحقيق ذلك وسائط الكترونية محوسبة وهي عبارة عن برمجيات تشمل أنظمة الكترونية لكمبيوتر يمكن أن يتصرف أو يستجيب لتصرف بشكل مستقل كلياً أو جزئيا دون إشراف أي شخص طبيعي في الوقت الذي يتم فيه التصرف أو الاستجابة له على أن تكون هذه البرمجيات والأنظمة محتوية على أكثر من نظام معلومات مبرمجة مسبقاً للقيام بمختلف المهمات المتعلقة بالعملية التجارية حيث يعتبر هذا التعاقد نافذاً وصحيحاً على الرغم من التدخل الشخصي أو المباشر لأي شخص طبيعي في عملية ابرام هذا العقد في هذه الأنظمة.

15- 5 أدلة الاثبات الالكترونية **Electronic Evidence**

تعتبر الأدلة الالكترونية والمبنية على الحاسوب والمعلومات المخزنة عليه من صور ونصوص ومقاطع فيديو هي نوع جديد من الأدلة دخل إلى مجموعة أدلة الاثبات التقليدية والكلاسيكية وذلك لمواكبة التطورات العلمية

والمقصود بالأدلة الالكترونية هي تلك المستندات المستخرجة من تقنيات المعلومات الحديثة كالحاسوب والانترنت ورسائل البريد الالكتروني وأجهزة الهاتف المحمول وغيرها.

إن وسائل اثبات الأدلة تختلف حسب نوع النشاط المراد غقامة الحجة عليه فيما إذا كان تعاملاً مدنياً أو كان تعاملاً تجارياً فإذا كان الأول كان الاثبات مقيداً بنوعية معينة من المناهج لا يجب قانوناً اثباته إلا بها، أما إذا كان تعاملاً تجارياً فإن أدلة الاثبات تكون حرة فيستطيع أي من أطراف هذا التعامل إقامة الحجة عليه واثباته بكافة الوسائل المتاحة قانوناً ولا يقيد من اطلاق هذه القاعدة سوى اثبات بعض الحالات المقررة على سبيل الاستثناء.

لذا فإن العقود التجارية وكافة التعاملات التجارية الالكترونية إذا كانت بين تاجرين فإنها تكون قابلة للاثبات بكافة الطرق والوسائل أي دون أن يلتزم أي من طرفيها بتقديم مستند كتابي وفقاً للنظرة التقليدية لهذا المستند حيث حلت محلها المستندات والوثائق الالكترونية المنتجة من قبل الحاسوب أو ما اصطلح على تسميتها بمخرجات الحاسوب Computer Output.

ومخرجات الحاسوب هي عبارة عن جميع الوثائق والمستندات التي يتم انشاءها في الحاسوب وبإحد تطبيقاته مثل تطبيق برنامج مايكروسوفت وورد واكسل ومخرجات البريد الالكتروني والفاكس والتلكس ورسائل الهاتف الخلوي وقد تكون هذه المخرجات نصية أو صوتية أو على شكل أفلام فيديو حيث تبين هذه المخرجات حقيقة الأوامر التي تم ادخالها إلى الحاسوب وتتضمن أيضاً الحلول المناسبة لها وفقاً لطاقة الحاسوب ومدى قدرة البرامج والتعليمات فيه على حلّ وتنفيذ الأوامر المعطاه له لغرض ما .

فإذا كانت مخرجات الحاسوب مصدقة وموقعة توقيعاً معترفا فيه بدون تزوير فإن لها نفس حجة الاسناد التقليدية في الاثبات ما لم يثبت من نسبت إليه أنه لم يستخرجها أو لم يكلف أحداً باستخراجها، وعلى الرغم من اعتبار مخرجات الحاسوب كالسندات العادية إلا أن ذلك لا يعني أن من نسبت إليه لا يستطيع انكارها بل على العكس حيث يستطيع كل من الطرفين اثبات عدم صدورها أو صدورها منه بشتى الطرق حيث يحقق هذا نوعاً من الانصاف والعدالة ويشكل قيداً وسداً لباب التلاعب أو الإدعاء الكاذب في وجه من تسول له نفسه نسبة مستخرج من الحاسوب لغير صاحبه أومن استخدامه بشكل يضر بصاحبه

15 – 6   تطبيق قانون الأعمال الالكتروني Applying EC Law

إن الأعمال الإلكترونية تواجه العديد من المشاكل القانونية والصعوبات منها ما يتعلق بطرق اثبات الأدلة ومنها ما يتعلق بالحماية القانونية بشقيها المدني والجزائي، ومنها ما يتعلق بتحديد القانون الواجب التطبيق على هذا التعامل لذا لا بد من تحديد القوانين المتعلقة

2

بتطبيق مسائل الأعمال الالكترونية سواءً وفقاً للقواعد القانونية المقررة حالياً وبيان مدى انطباقها وشمولها لهذه الأعمال، وذلك للوصول إلى حلّ عادل ودائم لمسائل القانون الواجب التطبيق على الأعمال الالكترونية.

إن سلوك الأشخاص عادة يكون بلا ضوابط أو محددات مما يؤدي إلى الفوضى لذا لا بدّ من وجود ضوابط وقواعد وقوانين منظمة ومحددة لهذا السلوك والمهذبة له والمقررة للمعيار الذي يجب أن يكون عليه سلوك الفرد بمواجهة الجماعة والذي أصبح أمراً لا بد منه في أي مجتمع من المجتمعات الإنسانية المختلفة. وإضافة إلى ذلك لا بد من توفر عامل الارتباط والاحترام والالتزام والتقيد بالقوانين والقواعد والخضوع لها بشكل كامل وذلك من أجل نشر العدالة والأمن التجاري.

وبناءً على ذلك فإن وجود قواعد عامة تحكم سلوك الفرد ومرتبطة بالتزامه وخضوعه إليها والتي أوجدت ما يسمى بالقانون والذي يعرف بأنه مجموعة من القواعد التي تنظم علاقة الأفراد بعضهم ببعض وعلاقتهم مع الدولة التي يقيمون فيها، والقانون بهذا المعنى يمكن تقسيمه إلى قسمين :-

1. **القانون العام**

والذي يتضمن قواعد عامة تحكم وتنظم علاقة الدولة برعاياها والقاطنين على أقليمها والخاضعين لسيادتها ويتمثل بالقانون العام الداخلي. وقواعد عامة تحكم وتنظم علاقة الدولة بغيرها من الدول حيث يتمثل بالقانون العام الدولي.

2- **القانون الخاص:**

وهذا القانون يتضمن قواعد عامة تحكم وتنظم علاقة الأفراد بعضهم ببعض والتي تنظم أيضاً علاقاتهم بدولتهم دون أن تكون هذه الدولة صاحبة السلطة والسيادة.

إن الأعمال الإلكترونية من الممكن أن تكون وطنية من كافة الوجوه كما قد تكون أيضاً وبنفس الدرجة أجنبية في بعض الوجوه أي أن يكون المنشيء لهذه العلاقة يرجع الى واقعة تمت خارج دولة اشخاص هذه العلاقة، كما لو تمّ عقد بين أردنيين في دولة أجنبية وتعلق هذا العقد بمال موجود في المملكة العربية السعودية على سبيل المثال أو كان موضوع هذه العلاقة موجوداً خارج الدولة الأم كما لو تمّ عقد بين أردنيين على شراء بيت موجود في كندا على سبيل المثال.

إن الأعمال الالكترونية على الأغلب من التعاملات التجارية التي تتم بين الأفراد هي علاقات تجارية تنشأ وتستمر وتطبق بين أفراد من جنسيات و وطن ومكان للتسليم مختلف

فهي على الأغلب تتضمن عنصراً أو أكثر من العناصر الأجنبية التي تدعونا بشدة للتصدي نحو تحديد القانون الواجب التطبيق عليها.

لذا إن وجود قواعد تحكم مسألة تنازع القوانين مسألة يفرضها ويقتضيها التعامل الدولي خصوصا وإننا نعيش الآن في عصر الانترنت وعصر المعلومات وثورة الاتصالات حيث أصبح العالم ليس كقرية صغيرة بل كسطح مكتب صغير يلتقي كل الأطراف معاً ومن مختلف أنحاء العالم، حيث يجب أن يرتبط كل الأطراف برباط وثيق ومتين ولكن بشرط أن تتوفر شروط لقيام حالة التنازع بين الأطراف. حيث يتوجب على القاضي الناظر في مسألة التنازع ان يلغي تماما جميع الاعتبارات السياسية ومن ضمنها قضية عدم الاعتراف بالحكومات، لأنه يحكم في مسألة قانونية تتعلق بها حقوق الأفراد وغايته هي ايصال الحق لصاحبه وتحقيق التوازن والعدالة في مراكز الخصوم حتى ولو كان القانون الواجب الاتباع لحلّ القضية التي ينظر بها تقتضي تطبيق قانون دولة لا تعترف دولته بحكومتها تنفيذا للغاية المرجوة من قاعدة الاسناد والتي تستوجب أن يكون القانون الذي تشير باختصاصه هو القانون السائد بالفعل في الدول الأجنبية، حيث يتوجب على القاضي العادل أن يتحرى الدقة عند تطبيقه للقانون بحيث يتأكد من أن القانون صادر عن هيئة تشريعية وتنفيذية مستقرة على دفة الحكم في الدولة . لذا لقيام حالة التنازع بين القوانين لا بدّ من توفر شروط تتمثل في ضرورة :

- وجود عنصر أجنبي في أحد أركان العلاقة القانونية.
- توفر شروط تتمثل في ضرورة وجود عنصر أجنبي في أحد أركان العلاقة القانونية محل التنازع وهو ما اصطلح على تسميته بالبعد الدولي للعلاقة القانونية.
- وكذلك يجب أن تكون الدول والتشريعات المتنازعة متكافئة من حيث السيادة والسلطة والدرجة التشريعية .

[ⁱ] [21] M. Soriano and D. Ponce, 2002, **"A security and usability proposal for mobile electronic commerce,"** *IEEE, Communications Magazine*, vol. 40, pp. 62-67, 2002.

[ii] S. Lu and S. Smolka,, 1999, "**Model Checking the Secure Electronic Transaction (SET) Protocol**", Proceedings of the 7th IEEE International Symposium on Modeling, Analysis and Simulation of Computer and Telecommunication Systems (MASCOTS'1999), USA,October 1999, pp. 358-365.

[iii] P. Jarupunphol and C. J. Mitchell, 2002, "**The future of SET**" Proceedings of UKAIS

2002, Leeds, UK, April 2002, pp.9-17.

[iv] SET Co., **Secure Electronic Transaction Standard Glossary, SET Specification** Book1: Business Description, 2007. http://www.setco.com.

[v] SET Co., Secure ElectronicTransaction Standard Glossary, SET Specification Book2: Programmer's Guide, 1998. http://www.setco.com.

[vi] Sufyan T. Faraj, Media A-R Ali,2003 , " Development of a Secure SET-Based E-Commerce System", Proceedings of UKAAIS 2003, Leeds, UK, April 2003, pp.19-27.

[vii] VeriSign (2003), "**Building the InfraStructure for Secure Electronic Commerce**", VeriSign, available at:

http://www.verisign.com.au/whitepapers/enterprise/ecommerce/infra1.shtml

[viii] Robinson, P. (2001), "**Understanding Digital Certificates and SSL**", Entrust Inc., http://www.entrust.com/resources/pdf/understanding_ssl.pdf

T0300899

Printed in the United States
By Bookmasters